图书馆高质量发展创新实践

——成都市公共图书馆2021年学术年会论文集

成都图书馆　成都市图书馆学会
肖平　主编

西南交通大学出版社
·成　都·

图书在版编目（CIP）数据

图书馆高质量发展创新实践：成都市公共图书馆2021年学术年会论文集 / 肖平主编. —成都：西南交通大学出版社，2022.1

ISBN 978-7-5643-8564-4

Ⅰ. ①图… Ⅱ. ①肖… Ⅲ. ①公共图书馆 - 图书馆工作 - 成都 - 文集 Ⅳ. ①G259.277.11-53

中国版本图书馆 CIP 数据核字（2021）第 281449 号

Tushuguan Gaozhiliang Fazhan Chuangxin Shijian
——Chengdu Shi Gonggong Tushuguan 2021 Nian Xueshu Nianhui Lunwenji

图书馆高质量发展创新实践
——成都市公共图书馆 2021 年学术年会论文集
肖平　主编

责任编辑	李晓辉
封面设计	原谋书装
出版发行	西南交通大学出版社 （四川省成都市金牛区二环路北一段 111 号 西南交通大学创新大厦 21 楼）
发行部电话	028-87600564　028-87600533
邮政编码	610031
网　　址	http://www.xnjdcbs.com
印　　刷	成都蜀通印务有限责任公司
成品尺寸	185 mm × 260 mm
印　　张	14.75
字　　数	288 千
版　　次	2022 年 1 月第 1 版
印　　次	2022 年 1 月第 1 次
书　　号	ISBN 978-7-5643-8564-4
定　　价	88.00 元

目录

公共图书馆发展策略

传统文化保护及传承

公共图书馆管理服务

公共图书馆阅读推广

公共图书馆数字化建设

PART ONE

公共图书馆发展策略

高质量发展背景下成都市促进全民阅读，发展天府文化，建设书香成都的路径研究

张轶

（成都图书馆，四川成都，610041）

【摘　要】高质量发展是新时期公共图书馆事业发展的主旋律。成都市各级各类公共图书馆及其他阅读推广组织在经过了多年新建数量增加和覆盖范围扩大的快速发展后，逐渐进入了以高质量发展为核心的转变阶段。本文探讨了成都市全民阅读的基础和现状，研究目前全民阅读工作存在的瓶颈与现实问题，最后提出成都市促进全民阅读，发展天府文化，建设书香成都的路径。

【关键词】高质量发展；全民阅读；天府文化；书香成都

1　引言

阅读是一个文化记载和传承的重要方式，也是一个民族文明积聚与创造的重要途径。建设书香成都，既是传承巴蜀文明应有的文化传统，又是发展天府文化的现实需要。在成都建设全面体现新发展理念的城市、建设“三城三都”和世界文化名城的战略背景下，市民的阅读氛围与水平已成为体现城市品质、塑造城市精神、支撑城市发展的重要因素。

2　成都全民阅读的基础与现状

2.1　成都的阅读传统与基础

汉代，蜀郡太守文翁在成都创立了中国最早的地方官学——文翁石室，为成都崇文重教文化传统的形成开启先河。两千多年来，天府大地人才辈出。仅文学方面，就有汉赋第一人司马相如、被誉为“汉代孔子”的扬雄、诗仙李白、诗圣杜甫（客

居）、大文豪苏东坡、明代著述最丰影响最大的思想家文学家杨慎、文学巨匠巴金、被誉为中国左拉的李劼人，等等。

成都既是文化人才的诞生地，也是中国文化精英的汇聚地。清代学者李调元曾用“自古诗人例到蜀”来总结成都所拥有的这种奇特的文化地理现象。唐代大诗人李白、杜甫、王勃、卢照邻、高适、岑参、李商隐、白居易、刘禹锡、元稹、贾岛、温庭筠、韦庄等都曾旅居成都。抗战时期，陈寅恪、钱穆、梁漱溟、朱光潜、顾颉刚、吕叔湘、吴宓、冯友兰、许寿裳等一大批知名学者云集华西坝，极大地促进了成都的文化交流与融合。

唐代成都是中国的造纸中心和雕版印刷中心，一直延续至宋代。时至清末，成都仍是全国著名的刻书、印书中心，与北京、白下（南京）、吴门（苏州）、西泠（杭州）、徽州齐名。宋代成都的沧江书院、蒲江的鹤山书院，都是全国著名书院，仅鹤山书院藏书就多达 10 万卷。光绪元年（1875），四川学政张之洞在成都创办尊经书院，倡导“中学为体，西学为用”。民国时期，有“成都天一阁”之称的贲园书库藏书多达 30 万卷，是当时全国规模最大的私人藏书楼之一。

2.2 成都的阅读现状与特点

2.2.1 成都市全民阅读指数

根据《2018 年度成都市全民阅读指数调查研究报告》结论（2019、2020 年该报告还在调查统计中，未正式发布）。成都市民综合阅读率达 87%（其中成年人的综合阅读率为 90.54%，未成年人的为 83.62%）；成都市民日均综合阅读时长 94.3 分钟（超过 2017 年度全国成年国民 71.47 分钟的阅读时长）；年人均纸质阅读量 7.306 本，数字阅读量 7.920 本，高于全国水平；成都市民数字阅读率达到 86.02%，日均数字阅读时长为 46.40 分钟，两项数据均高于全国平均水平；80%以上的市民以“长知识、开眼界、优素养”为主要阅读目的；成都市居民家庭户均藏书约 90 册，2018 年度市民人均纸质阅读消费约 192 元，人均数字阅读消费金额约为 89 元。

综合而言，成都人的阅读指数在全国大城市中居于中等偏上位置。

2.2.2 图书馆与全民阅读

全民阅读推广是新时期图书馆工作的重要内容，在高质量发展和提供高品质公共服务中发挥着重要作用。成都市 23 家县级以上公共图书馆（含省馆）通过文化和旅游部第六次评估定级全部评为一级图书馆。在全国所有参评的直辖市及副省级以上城市公共图书馆中，仅北京（16 个区县）、上海（16 个区县）、宁波（10 个区县）和成都（21 个区县）所辖区域的公共图书馆全部为一级馆，其中，成都市公共图书馆以数量最多，范围最广名列前茅。

目前，成都市围绕成渝地区双城经济圈建设、成德眉资同城化一体化及省市融合等重要工作逐步建成了成渝——成德眉资——省市区县——高校及社会力量四级公共图书馆联盟，服务体系覆盖全省、成渝及成都全域，实现身份证免费注册，纸本资源“通借通还”，数字资源全域免费共享。这种高度融合、集群服务、深度共享的全民阅读资源和服务网络在全国都具有代表性。

截至 2019 年 12 月，1 393.67 万已激活的成都市社保卡均成为成都市公共图书馆天然读者证，16 周岁以下的青少年和儿童拥有了自己的借阅证，阅读正式成为市民“与生俱来”的基本权益。成都市公共图书馆持证读者与服务人口占比跃居全国第一，成为国内首个全市公共图书馆支持电子社保卡认证的城市，极大地增强了市民阅读获得感和幸福感。

各级图书馆通过讲座、展览、阅读推广活动等形式助推全民阅读活动持续深入开展。创新馆店融合、文旅融合等新的“阅读+”模式，通过与书店、高校、酒店等各行业深度合作，为市民提供了多场景、多渠道、多元化的阅读选择。

2.2.3 书店与全民阅读

2016 年成都举办“成都国际书店论坛”，方所被评为世界最美的 15 座书店之一；2017 年成都举办“亚洲书店论坛”，钟书阁、言几又等民营书店在成都的崛起引发关注。根据《2019—2020 中国实体书店产业报告》，2019 年成都实体书店数量已达到 3 522 家，成为中国城市书店数量排行榜第一名。政府自 2015 年起，每年均安排数百万元资金对全市的实体书店进行奖励补贴。

3 成都市全民阅读存在的不足

3.1 缺乏地方性全民阅读促进法规

尽管成都市全民阅读工作的推广一直在前进，但与国内一些发达地区和城市相比，全民阅读工作的立法进程还有待推进。截至 2020 年 1 月，我国有 13 个省、市对全民阅读制定了专门的法规及规章（含草案），而成都市目前全民阅读立法工作还没有实质性成果。全民阅读工作中涉及设施场馆建设、经费投入以及人员等问题就无法得到有效保障，从而在制度上制约着全民阅读工作向纵深发展。

3.2 缺少具有代表性的城市阅读品牌

2000 年，深圳市委、市政府创立并举办“深圳读书月”大型综合性群众读书文化活动，培育出深圳读书论坛、年度十大好书、海洋文化论坛等许多知名品牌；上海市委、市政府创立并举办“上海读书节”、市民文化节等大型活动，成为上海市民的文化庆典、城市的文化名片和实现市民文化权利的重要载体，影响遍及全国。相比之下，成都还缺少由政府推动的具有代表性的公众文化节庆和城市阅读品牌。

3.3　阅读组织及平台融合度不高

上海市成立“上海市存进全民阅读联盟”，首批发起者包括上海市图书馆行业协会等 10 家社会相关行业组织，由政府主导，整合资源，协同推进，极大地提升了全民阅读工作中的价值引领和示范带动效应。成都虽然从事阅读推广的企事业单位和机构团体也为数众多，但长期以来版块化、条块化现象严重，在推广阅读中各自为战，无法形成有效合力，需要有更高层面的组织来统筹。

3.4　社会力量参与阅读的程度不够

建立健全全民阅读保障体系，既需要有政府参与和主导，也需要社会力量的参与。成都有丰富的社会资源参与阅读推广工作，基础很好但缺少相应的制度和机制保障。社会力量参与阅读的长期、深入、灵活程度不够，鼓励、激励措施还很欠缺。

3.5　社区基层图书馆、阅读空间的数量不足、质量不高

虽然成都市已经建成了基本覆盖城乡的总分馆服务网络，但是“阅读最后一公里”的提质升级还不到位。成都市现有县级以上公共图书馆 22 家，各类分馆和流通点 2195 个，按照 14334 平方千米计算，全市公共阅读场所平均密度为 6.46 平方千米/馆，而日本东京的平均密度为 2.32 平方千米/馆。现有的社区基层阅读场所普遍存在设施设备老化，资源更新较慢，阵地流失等问题。

4　成都市全民阅读发展路径选择

4.1　出台全民阅读促进法规和相关文件

在国家全民阅读发展战略的推动下，成都应更加重视制定系统、全面的全民阅读促进条例，以推动全民阅读工作的蓬勃发展。同时，应重视制定“全民阅读

中长期发展规划”，逐步提升全民阅读服务质量，不断深化全民阅读服务效果。出台有关阅读促进工作考核、评估等方面的文件。在借鉴国外相关优秀评估体系的基础上，确定定性与定量相结合的评价指标，不断提升全民阅读工作的系统性与规范性。

4.2　举办国际读书节，创立城市阅读品牌

整合成都现有阅读资源，如图书馆、书店、各类讲坛、音乐诗歌活动、民间阅读组织、文化创意机构、媒体读书品牌等，开展以市委、市政府命名的天府阅读行动计划，创立有全国影响力、全球视野的国际阅读品牌活动，彰显天府文化的时代风采，让阅读成为传播城市形象的大使。一个喜爱阅读的城市，必定是一个充满活力、受人尊重并拥有美好未来的城市。

4.3　加强全民阅读宣传和引领，以阅读提升市民道德素养和文化自信

市民是发展文化、创造文化、享受文化、消费文化的主体，文明养成和价值观的确立，是文化名城的灵魂。要加强全民阅读工作的宣传和营销，在市民中形成“营造书香社会，共建美好家园”的人文共识，形成人人爱读书的良好社会风尚，构建起具有高度认同感和强大凝聚力的精神家园。

4.4　开展天府文化主题阅读系列活动

2021 年“4.23 世界读书日”期间，广州开展了“领读中国·书香羊城”系列阅读活动，全城联动，全民关注，该活动让读书成为城中热点。与广州相比，成都具有更加深厚的人文底蕴和独具魅力的文化传统，在传承巴蜀文明、发展天府文化的时代要求下，以更高层面的机构或组织（如全民阅读指导委员会）统筹各行业力量和资源，开展天府文化主题阅读系列活动，营造全民参与的阅读时尚。

4.5　提升全民阅读服务队伍专业水平

通过建立阅读推广人制度提高全民阅读服务的质量，细化阅读推广人招聘标准、培训制度、劳动报酬等方面内容，保证全民阅读工作的高质量与先进性。提高对各类学术性组织在提升阅读服务专业度作用中的重视，如发挥图书馆学协会在加强阅读推广理论研究中的作用，探索更加科学有效的全民阅读服务方式；发挥各类城乡规划协会在开展人口、土地调研中的作用，提高基础阅读设施布局与建设的系统性与效益性。

4.6 建立健全全民阅读鼓励和激励措施

出台全民阅读鼓励政策和激励措施，更实质性地鼓励先进个人与组织发挥阅读示范作用。可设立政府层面的“读书文化奖”，评选“书香之家”，授予“阅读勋章”等。为阅读促进组织设立全民阅读专项基金，建立专家智库，颁发奖金等，推动优秀群众组织发挥作用，进而引领良好的社会阅读风尚。

参考文献

[1] 王立波. 公共图书馆阅读推广策略创新研究[J]. 科技资讯，2020(35).

[2] 张慧英. 公共图书馆开展儿童分级阅读推广的思考[J]. 今古文创，2020（45）.

[3] 杨志亮. 纸质阅读与数字阅读的邂逅：传承、互补、融合[J]. 湖州师范学院学报，2020（11）.

[4] 荆琦. 全民阅读立法背景下的阅读网格化结构效能研究——以“全民阅读·书香大庆”为例[J]. 开封文化艺术职业学院学报，2020（11）.

[5] 黄菊，陈林琳. 大数据环境下基于数字阅读行为的阅读推广策略研究[J]. 信息与电脑(理论版)，2020（22）.

[6] 孙成江，马宇明，李冕斌. 我国公共图书馆馆员职业能力建设研究[J]. 图书馆学研究，2017（1）.

[7] 孙金星. 阅读推广对全民素养提升的作用及途径探析[J]. 河南图书馆学刊，2020（12）.

“十四五”时期区级公共图书馆高质量发展展望

周淑琼

（新津区图书馆，四川成都，610000）

【摘　要】“十四五”时期是我国全面建成小康社会，实现第一个百年奋斗目标之后，乘势而上开启全面建设社会主义现代化国家新征程，向第二个百年奋斗目标进军的第一个五年，各行各业都将面临巨大的发展机遇，都将飞速高质量发展，助力我们中华民族伟大复兴梦想的实现。

【关键词】公共图书馆；高质量；发展

“十四五”是我国全面建成小康社会、实现第一个百年奋斗目标之后，乘势而上开启全面建设社会主义现代化国家新征程、向第二个百年奋斗目标进军的第一个五年[1]。在实现中华民族伟大复兴的梦想中，公共图书馆作为公共文化的基层阵地，将面临巨大的发展机遇，将飞速向高质量发展。

1　做好图书馆战略发展规划

发展需要规划，公共图书馆发展也不例外。决策层要在思想上要高度重视，组织上给予保障。省市县（区）局分管文化事业的领导、相关业务处室（科室）以及公共图书馆馆长们要高度重视公共图书馆“十四五”发展战略规划工作，提早做准备，有条件的可以成立专门的战略管理常设机构，专职负责战略的研究制定和落地实施。条件不成熟的可以结合每年的财政资金投入以及当地“十四五”规划发展中提出一些可行性的战略发展规划。再则，做规划要注重个性化与可行性。可以邀请图书馆内部、学术界内部举办开放交流的合作会，图书馆学会要发挥好桥梁纽带作用，要根据所处的地方、实施的政策、面对的读者、自身的资源条件等制定一个突出地方特色及个性化战略规划；要有针对性，量身打造，量体裁衣。只有制定的战略具有地方个性化和可行性，能实施并且能落地，这样的规划才能真正创造价值，否则就是纸上谈兵，失去了应有的价值和意义。最后就是要广泛开展规划的宣传。

规划制定好了，就要广泛宣传，让更多人知晓，并为之奋斗，众人拾柴火焰高，多渠道推动公共图书馆规划落地，才能造福于人，助力我们中华民族伟大复兴的中国梦早日实现。

2 “十四五”期间图书馆发展方向

2.1 多元化融合发展

一是开展跨界空间融合发展。以成都市新津区图书馆为例，我们要积极与其他行业开展合作，如：“图书馆 + 书店”“图书馆+地铁”等模式。“十四五”规划中“第七篇　坚持农业农村优先发展　全面推进乡村振兴”，用一个篇章规划了乡村振兴，足见乡村振兴发展的重要性。我们要充分利用这一契机，勤于思考，利用第三方资源，吸引、鼓励热心图书馆事业发展的各方力量来参与建设，将图书馆建设与乡村振兴融合，促进图书馆建设与民宿融合、与景区景点融合、与乡村旅游融合、与林盘融合、与文创产品融合，与民宿发展融合……将我们的事业推向前进。

还可以跨区域与同行业合作。“成渝”双城经济圈、“成德眉资”区域一体化等，必将推动区域合作和交流，也将促进跨区域公共图书馆之间的交流和合作，作为图书馆人员要紧紧抓住这一机遇，开展川渝之间全民阅读活动、馆际及馆员之间的交流学习、互动等等，强化馆际、馆员相互间的学习，促进馆际之间相互发展，让馆员之间共同进步；还可以开展公共图书馆与高校图书馆间的合作，特别是乡村振兴局的挂牌成立，乡村振兴提上了重要的议事日程，高校在乡村振兴中拥有得天独厚的优势，旅游、规划、农业、地质、畜牧业、教育，等等，这些专业都与乡村振兴有关，各院校、各专业都会开展乡村振兴课题研究，有的甚至还与地方合作，这是一笔宝贵的财富，公共图书馆与高校图书馆合作，要将研究前期、初期、中期、后期等各项资料整理出来，形成巨大的资源库，为乡村振兴提供丰富的文献资料，有条件的可以建立乡村振兴特色馆。

二是开展内容的融合发展。公共图书馆与旅游融合、与乡村振兴融合等。在图书馆的书籍配置中要有乡村振兴、旅游等内容。图书馆采购中要适当地配置乡村振兴的书籍、杂志、报纸等等，涉及乡村规划、农业发展、产业发展、乡村旅游、民宿发展、乡村教育等内容。再是将旅游、乡村振兴相关主题融入图书馆活动内容上。借助我们图书馆的大讲堂培训，与属地的农业、规划、教育等部门合作，开展课题培训，邀请规划、旅游、产业、教育等方面的专家、高校教授或者当地有名的种植大户来讲解、培训；条件成熟的，还可以开展全县（区）乃至全市、全省的乡村振兴的规划、产业发展、民宿培育等等内容或课题培训；也可以开展一些以乡村振兴、乡村旅游有关的论坛、全民阅读活动、有奖征文、研学活动等。

2.2 数字化程度越来越深广

“十四五”规划中明确指出：“加快数字化发展。发展数字经济，推进数字产业化和产业数字化，推动数字经济和实体经济深度融合，打造具有国际竞争力的数字产业集群。加强数字社会、数字政府建设，提升公共服务、社会治理等数字化智能化水平”。“推进公共图书馆、文化馆、美术馆、博物馆等公共文化场馆免费开放和数字化发展。”这势必会推动公共图书馆数字化建设和发展。互联网的飞速发展也带动了各行各业数字化进程加快。

例如，新津区举办的“2020 老乡鸡战略发布会”，视频在网上一经推出，短短10 分钟阅读量便破 10 万+，在线观看 2.7 万+，2 个星期疯狂传播 8 000 万次……这个视频让人们真切感受到：肥西老母鸡汤好喝又营养，环境干净整洁卫生……而这个视频的制作成本只有 200 元。这就是“互联网+”带来的巨大效益。人民真真切切感受到互联网+带来的巨大好处：通过互联网，在家直播、阅读互动交流、网上征文、网上视频会议，等等。

随着虚拟现实、物联网、云计算、大数据、人工智能等新兴技术的发展，肩负提升人民群众日益增长的精神文化生活的公共图书馆，也要加快建设数字化和智慧化进程，数字图书馆的馆藏量将越来越庞大，读者足不出户就可以观看大量的文献资料、了解想知道的海量读物。数字化程度也将越来越广，自助式借阅机、机器人导览……随着智能化和数字化的发展，说不定未来就可以一站式将读者所借书籍送到读者手中，读者在图书馆数字平台上发出借书指令，图书馆后台接到读者借书指令，分配给就近的图书馆分馆，分馆找到所借书籍、到读者拿到书籍这一系列借书过程全部实现一体化的数字模式。或者在一些信息数字化的小区内，从接收读者借书指令、到找书、送书到家门口甚至于还书都可以进行一站式上门的人工智能服务，真正解决了公共文化服务供给最后一公里问题，为人民美好生活赋能。

2.3 地方文献库越来越丰富

“十四五”期间，我国的各项事业都将飞速发展，将会涌现出很多成功经验，这些成功经验加以总结，形成文字资料，将是一笔巨大的财富。在乡村振兴战略下，乡村旅游、乡村产业将会巨大发展，这也是会伴生巨大的文化资源积累，这些文化资源就是一座宝库，形成地方文献；再将这些地方文献收集在一起，成立地方文献室、文献库、特色馆，丰富图书馆的馆藏文化，为当地乡村振兴的发展提供参考。成都市新津区具有乡村振兴发展中重要资源——中国天府农业博览园，优势得天独厚。该园自 2017 年 8 月规划建设以来，围绕搭建服务四川的农业博览综合服务平台和农业科技创新服务平台，积极探索农博会展模式创新、乡村产业模式创新、村社复兴模式创新，致力于呈现“永不落幕的田园农博盛宴、永续发展的乡村振兴典范”，努力为擦亮四川农业大省金字招牌贡献积极力量。该地也是四川省委、省政府规划的四川农博会永久举办地，目前已成功举办了第六届国际农科院院长高层研讨会新津分会暨第二届国际山地农业会议。依托天府农博园的“三镇”兴义农博、宝墩文博和安西渔博三个组团,可以借助这个在兴义镇基层图书馆中多开展农博类的活动，在宝墩镇图书馆多开展文博类活动，还可以在安西镇开展鱼博类活动，也可让活动走进翔生有机农场、TINA 庄园、陶然柑橘中国芯博览园等具有田间博览示范，将全民阅读活动导入到房车节、啤酒节、鱼头火锅节、葡萄采摘节、乡村荷花季等活动中，为乡村振兴提供丰富的文化活动内容，为乡村振兴的发展添砖加瓦。还可以围绕乡村振兴开展农博、文博、鱼博类的征文活动，或者开展类似的乡村振兴的论坛、讲座，开展各种主题的摄影展、全民阅读活动等；周末或节假日，携家带口地走出城市、来到乡村，体验大自然的风光，感受大自然的美好，吃农家菜，带孩子摘草莓、摘葡萄等互动式的体验活动，既增长孩子的见识，又促进亲子和谐，这样的乡村旅游已经到越来越受游客的喜爱。

2.4 多元化高素质的图书馆员队伍

随着科技的发展，各行各业更加注重人才的引进和现有人才资源的挖掘，纷纷推出了一系列人才引进措施，为的是留住更多的人才。我们公共图书馆要充分利用现有资源，强化对现有馆员的人才提升工作，打造一支具有多元素养的综合服务团队。有条件的地方可以引进高素质人才，转变用工模式、调整和优化人员比例和架构，打造一支高素质高水平的图书馆馆员服务队伍。同时，紧抓全员终身学习制度培养，除了入馆培训、业务培训、上级培训等传统模式的线下培训形式，还应积极创新性开展线上模式培训，将我们有限的活动经费用到极致，达到更好的宣传和营销效果，让我们的“十四五”规划更好落地。

总之,“十四五”规划将促进各行各业高质量发展，公共图书馆要紧紧抓住这一机遇，谋划好发展策略。

参考文献

[1] 中华人民共和国国民经济和社会发展第十四个五年规划和2035年远景目标纲要（全文）[Z]. 央视新闻；发布时间: 03-13 08:12 中央广播电视总台新闻新媒体中心官方账号，https://baijiahao.baidu.com/s?id= 1694073331045922804，2021-06-30.

[2] 每日经济新闻[Z]. https://m.weibo.cn/status/IzliX0lQW?fromvsogou=1，2021-06-20.

以目标为导向，紧抓“六个优化”
——“十四五”时期县级公共图书馆的发展与思考

杨虹

（简阳市图书馆，四川成都，641400）

【摘　要】　国家为“十四五”时期公共图书馆发展指明了方向。公共图书馆必须对标建设，厘清当前存在的发展问题，着力提升公共图书馆高质量发展。本文在总结“十三五”的基础上，以问题为导向思考县级公共图书馆发展，提出“六个优化”措施。

【关键词】　“十四五”时期；县级公共图书馆发展；六个优化

“十四五”开局之年，公共图书馆界掀起了发展讨论热潮，个别图书馆已编制完成十四五规划。四川省图书馆于 2021 年 7 月 27 日召开了全省图书馆长会，共同探讨“十四五”期间如何推动全省图书馆事业高质量发展。近两年来，笔者通过对“十四五”公共文化服务发展的相关政策、案例的学习，关注权威专家的政策解读，了解公共图书馆行业的发展动态，在总结“十三五”的基础上，以问题为导向提出“六个优化”措施：建议县级公共图书馆在“十四五”时期，重点优化空间布局、优化文献资源建设、优化传统文化保护制度、优化读者服务、优化人才资源体系、优化社会力量参与机制。

1　把握发展动态，迎接图书馆事业新挑战

国家对公共文化服务建设越来越重视。2020 年 9 月 22 日，习近平总书记在教育文化卫生体育领域专家代表座谈会上强调，要“着力提升公共文化服务水平，让人民享有更加充实、更为丰富、更高质量的精神文化生活”。10 月 29 日，党的十九届五中全会通过《中共中央关于制定国民经济和社会发展第十四个五年规划和二〇三五年远景目标的建议》，提出“提升公共文化服务水平”，并做出一系列重大部署。2021 年 1 月 18 日，国家文化和旅游部明确将“着力提高公共文化服务效能”列为 2021 年我国文化和旅游工作的主要任务之一；4 月 29 日印发《“十四五”文化和旅游发展规划》。

公共文化服务的不断发展，给图书馆带来了新的机遇与挑战。《"十四五"公共文化服务体系建设规划》提出"建设以人为中心的图书馆"，推进公共图书馆功能转型升级，广泛开展全民阅读活动，加强古籍整理保护和传承利用，推动全民阅读项目、国家文献储备库建设项目、《永乐大典》保护传承项目、中华古籍全文数据库建设项目的实施。2021 年四川省图书馆馆长会，研究了全省公共图书馆"十四五"高质量发展任务：以政治建设为统领，以高质量发展为主题，以全民阅读推广为核心，以协同创新为契机，以文化传承为根本，以人才培养为抓手，以业务提升科学研究为导向，以行业协作为支撑，推动全省图书馆事业发展跃上新台阶。

2　以目标为导向，厘清县级公共图书馆发展面临的问题

回顾"十三五"时期公共图书馆的发展之路，我们应当客观分析成绩和问题，对公共图书馆发展趋势科学把握，对所处环境全面了解。面对"十四五"的宏伟蓝图，我们要以目标为导向，找准县级公共图书馆的职能定位，清楚认识面临的问题。总的来看，主要有四方面问题：一是高质量发展速度跟不上，二是标准化、均等化建设推进迟缓，三是社会力量参与不足，四是服务效能有待提升。

2.1　高质量发展速度跟不上

近年来，国家陆续颁布多项公共文化方面相关政策，多措并举落实落地。农家书屋的建立、图书馆总分馆制的推行，实现了基层"最短距离"阅读圈；"掌上阅读"的便捷，信息技术的迅猛发展，让基层群众足不出户即可享受"文化大餐"。文化不断深入人心，但服务质量、发展速度跟不上。笔者在简阳市曾走访多个乡镇、村调研，基层群众对文化的需求很高，期望值很大，但各层级对文化输送不够。以农家书屋为例，能够每周固定开放使用的村不到一半，且均无专职管理人员，日常开放、图书管理、借阅等无法满足群众需要。国家推行总分馆制，建立村级阅读点，简阳市建设体量大，至今无足够资金保障系统搭建、图书整合及补充等基础工作，无法有效推进。

2.2　标准化、均等化建设推进迟缓

公共文化服务建设的基本目标是保障人民群众基本文化权益，满足人民群众基本文化需求，实现城乡均等、全民共享。《中华人民共和国公共图书馆法》指明了图书馆发展方向，在馆藏量、文献外借量、到馆人次、图书流通次数、文献编目标准化、新媒体服务等方面细化服务规范。实施三年多来，公共图书馆事业呈现出崭新面貌。简阳市图书馆受益其中，馆舍新建、软硬件设施提升、运行经费等得以改善，但对标建设依然是漫长之路。以人均文献馆藏量为例，《成都市基本公共文化服务实

施标准》（2016—2020 年）要求为人均不少于 1.2 册、人均年增馆藏量不少于 0.08 册；实际情况为人均 0.53 册，人均年增长 0.042 册。简阳市图书馆以老年人和未成年人为活动参与主体，图书外借以少儿居多，年轻群体、知识分子群体为代表的主流群体对图书馆的各类活动参与热情不高。县级公共图书馆需要在供给内容和方式上多下工夫，补齐短板，抓住即将到来的第七次评估定级机遇，以评促建加速标准化、均等化建设。

2.3 社会力量参与不足

社会转型、技术创新、融合发展给图书馆事业带来了挑战，人们的需求更加多元化。图书馆面临服务手段传统单一、空间功能薄弱、阅读活动缺乏创新等问题。国家先后出台了诸多政策鼓励社会力量参与公共图书馆建设，社会力量参与图书馆建设也有诸多成功案例。笔者所在的县级城市，受经济水平制约，社会力量参与图书馆建设起步慢，“图书馆+”的服务模式成效有限，在少儿阅读推广中取得一定成绩，但仍有很多不足。

2.4 服务效能有待提升

近两年，成都市建立了“成都市文化旅游公共服务大数据管理平台——文旅 e 管家”，通过这个平台能清晰地看到各项数据信息。指标数字化、排名科学化、资料系统化实现，旨在有效提升基层服务效能、破解基层监管难题。各项指标参照图书馆评估定级相关要求，以《2021 年第二季度成都市各区（市）县图书馆效能监测排名表》进行分析，馆舍面积满分的占 52.4%，人均文献馆藏量满分的占 33.3%，总分馆制建设满分的占 52.4%，年文献借阅量满分的占 9%、得分为 0 的占 19%，年人均文献购置费得分为 0 的占 19%，法人治理结构改革得分为 0 的占 23.8%……这些数据告诉我们，县级公共图书馆的服务效能依然有待提升，空间还很大。

3 六个优化：促进县级公共图书馆高质量发展

3.1 优化空间布局

目前，公共文化服务体系已基本形成，图书馆总分馆建设应运而生，“省、市、县、乡镇、村”的五级体系框架结构基本完善，但县级公共图书馆在空间布局上发展不均衡，有明显的短板。如何破解？一是结合国家乡村振兴战略，将服务资源进一步向农村地区倾斜，阅读服务进农村常态化。二是借鉴学习成熟案例，建设主题功能空间，以城市书房、邻里图书馆、百姓书社、流动书屋等载体和空间，让群众可就近享受公共图书馆的各类服务。三是注重公共图书馆及分馆或服务点的空间结构设计，打造舒适、个性、智能、环保的阅读环境，创设“沉浸式”阅读、“全天候”

阅读、“场景式”阅读的多形式体验。

3.2 优化文献资源建设

《中华人民共和国公共图书馆法》指出，“公共图书馆向社会公众免费开放，收集、整理、保存文献信息并提供查询、借阅及相关服务”。文献资源建设是公共图书馆最基本的业务建设，是赖以存在并向社会提供服务最基本的资源，应加强对文献资源建设的重视，加大专项资金投入，建立完善的保障体制，结合实际逐步优化公共图书馆文献建设体系。县级公共图书馆由于文献购置经费长期不足，文献体系建设滞后，保障文献资源建设资金应是第一步；其次，要制定符合馆情的文献资源建设规划，可通过编制文献目录索引，对馆藏文献深入梳理，通过内在关联整合资源；积极向知识服务理念转型，以用户需求服务为导向，促进文献资源的系统化、专业化；加强与出版社、文化机构、数字资源供应商等合作，实现资源共建共享，建立多对多的文献资源服务模式。

3.3 优化传统文化保护制度

在国家图书馆建馆 110 周年之际，习近平给国家图书馆老专家的回信指出，“坚持正确政治方向，弘扬优秀传统文化”。《“十四五”文化和旅游发展规划》提出，开展古籍推广活动，加强古籍创意产品开发。县级公共图书馆应该积极履行职责和使命，推进历史文化传承、加强特色文献资源建设，走好“藏、护、用”之路，进一步加强古籍保护，开展整理、研究工作，对古籍进行数字化加工，培养古籍专业人才，开展古籍推广活动，让“古籍中的文字活起来”。简阳市图书馆现有古籍 11725 册件，每年由财政专项拨款由专业公司进行整理、修复，馆藏古籍保护初见成效；但对古籍的再生再用还未起步，馆藏的 483 个雕版尚属未解之谜，推动传统文化保护任重而道远。

3.4 优化读者服务

“读者至上、服务第一”是简阳市图书馆一直以来的服务理念。围绕读者服务，本馆近年来开展的各类活动层出不穷。“十四五”时期，县级公共图书馆可在读者服务结构上更优化，实行分众分类服务，推行“订单式”“菜单式”服务，创新融合体验式阅读，培育经典阅读，服务形式多样化，培育阅读新增长点。

3.5 优化人才资源体系

人才队伍是公共图书馆发展的核心动力。长期以来，县级公共图书馆人才队伍情况不容乐观，存在学历层次偏低、年龄结构不合理、专业人才短缺、考核评价激励机制不健全等问题。优化人才资源体系，要创新人才引进机制，可通过政府购买解决古籍修复、文献采编、参考咨询等专业技术岗位；要完善人才培育机制，加强对馆员的业务培训，采取“请进来、走出去”相结合的培养模式；要充分发挥人才效能，定岗定责，双向选择，发挥每位馆员的最大价值；要实施绩效奖励机制，为馆员提供发展空间，将工作质量、论文发表、读者评价等纳入职称考评范围。

3.6 优化社会力量参与机制

公共图书馆是社会存在发展的载体之一，源于社会又服务于社会。引入社会力量参与图书馆建设，加强社会化合作，是公共图书馆提升服务水平、高质量发展的必然道路。县级公共图书馆的发展会受到当地社会环境、人文素质、经济发展等多方面限制，可由浅入深地逐步开展与社会的合作，以项目合作为皮，以服务合作为骨，对象可为学校、社区、企事业单位、社会团体等。“破圈”跨界，“图书馆+”模式，将丰富图书馆内涵，使图书馆拥有多样的面孔、鲜明的个性，更好地满足不同人群的差异化需求，提升县级公共图书馆服务水平。

4 结语

“十四五”时期县级公共图书馆应依托国家政策，积极谋划发展战略，制订科学规划，直面困难问题，主动创新变革，推动县级公共图书馆服务转型，建设“以人为中心”的图书馆，加强体系化、标准化、信息化、多元化发展建设，引领公共文化服务向平等性、均衡性全面发展。

参考文献

[1] 中国共产党第十九届中央委员会第五次全体会议公报. http://cpc.people.com.cn/big5/n1/2020/1029/c64094-31911510. html，2020-10-29.

[2] 深圳图书馆,深圳图书馆发展规划(2021—2025年). https://www.szlib. org.cn/page/id-723. html, 2020-11-12.

[3] 王世伟，以七大结构优化提升“十四五”时期公共图书馆服务水平[J]. 图书馆论坛，2021（1）.

[4] 韩彬，宁夏回族自治区图书馆“十三五”工作回顾与“十四五”规划的思考[J]. 图书馆理论与实践，2021（2）.

[5] 方家忠，中国公共图书馆“十四五”规划的战略任务及其实现[J]. 图书馆情报工作，2020（1）.

基于本土视域下绵竹市图书馆的推广和发展研究

丁洋

（绵竹市图书馆，四川绵竹，618200）

【摘　要】 作为绵竹市公共文化机构之一的绵竹市图书馆（新馆），是当地2016年公共服务建设的重点项目。主体建筑包括藏阅一体的开架阅览大厅、电子阅览厅、外借厅、青少年阅览厅、自习区等主要开放功能，另有展厅、沙龙、培训教室、休闲等辅助开放功能；附楼包括一间多功能厅及若干中小型阅览室。因为融入了全新的设计理念，绵竹市图书馆（新馆）成为绵竹市当地地标建筑之一。面对互联网知识产业的不断围剿，它需要积极地站在本土视域角度来整合资源，要以服务本地文化发展、支持本地社会教育为根本落脚点，将绵竹市有关的各类重要文献资料整合起来，有效提升自身权威性，提高使用率。

【关键词】 本土视域；绵竹市图书馆（新馆）；服务推广；阅读推广

图书馆在文化传承、文献保护等方面具有很强的优势。互联网时代，大量的数字阅读平台、文献平台涌现，让我国公共图书馆整体处在了被边缘化的危险境地。如何整合资源，塑造自己独有的优势，夺回知识领域主阵地地位，是公共图书馆必须思考的问题。智慧阅读、总分馆、馆藏推广的线上线下融合等都是好的借鉴。

1　基于市图书馆的现状分析

站在本土视域之下综合看待绵竹市图书馆，可以发现其虽然曾经被评为国家一级图书馆，拥有多功能区、电子阅览室、音像资料室等，但在一些功能上已经落后于时代，馆藏规模、服务质量、服务途径有限。随着互联网的应用高速发展，其短板越来越明显，亟需另开新馆，突破瓶颈。

2 绵竹市图书馆（新馆）的发展机遇

大数据时代，新馆需要抓住机遇，明确具体发展方向，进行必要的宣传推广。我们首先需要明确现代宣传推广的重要性，在节省资源基础上提高馆藏利用率，将之打造成为绵竹市核心文化单位。

2.1 新馆发展机遇

新馆面对的最大机遇在于人们具有的旺盛的阅读需求。数字阅读形式多样化（各种电子平台、各种企业自媒体、社会公众微传播）促使新馆得以大规模扩展馆藏，能够实现馆藏的多样性、服务的多元化，保证为复杂的读者群体提供服务的同时不断驱动新馆不断发展。

2.2 新馆于新时代的发展方向

服务读者、服务社会，将自身嵌入到当地文化领域成为核心主导力量，这是绵竹市图书馆（新馆）的定位。这种发展定位需要新馆必须拥有强大的媒体体系、数据化管理平台、信息化管理体系，确保和不同社会阶层、社会群体、社会组织等形成良好互动，将馆藏精准输送给各类读者。

2.3 新馆进行阅读推广的重要性

绵竹市是新馆发展的舞台。市图书馆收藏了关于绵竹市的经济、文化、社会、科技等行业重要资料，是绵竹经济、文化、科技发展的智力支持。图书馆必须将服务本地群众、传播本地传统文化、支持本地社会教育为出发点和落脚点。这也决定了新馆必须要站在本土视域下去反思自身的推广和发展问题，只有做好了基本工作，才能去展开下一步的发展计划。

具体而言，站在本土视域反思服务及阅读推广，具有以下重要意义：

2.3.1 提高馆藏利用率，提升阅读体验

旧馆建成于 2002 年，在绵竹市已经成为文化领域标杆，新馆继承了旧馆的运营精神，并积极地开辟了电子阅览厅，这里有优良的电子阅读系统以及良好的阅读环境，有效对接现代人的阅读习惯，将更多馆藏转化为电子馆藏。在馆藏采编上积极地对接读者群体特点，做到精准采编，提升了读者阅读体验。

2.3.2 整合本地文献资料，提升图书馆公共服务能力

随着绵竹市发展，文旅项目不断增加，各领域对本地文化、本地古建筑、本地

历史以及风俗、本地历史名人的研究力度开始提升，这些资料大部分集中在了绵竹市图书馆当中，其在本土视域之下可以进一步完善这一类馆藏，切实提升了本身的公共服务能力，为当地社会文化发展做出贡献。

2.3.3　充分完善自身，融入本地文旅项目当中并成为文化代言人

绵竹市之所以花费 1.47 亿元建设绵竹图书馆新馆，主要是为了配合绵竹市政府实现“文旅名城”这一目标规划。新馆凭借自身优势充分融入当地景观阵列，可将本地年画作品整合成册，对本地非遗文化发挥出强大的推广作用，也为绵竹市增添书香。并且新馆会持续挖掘、收藏绵竹市传统文化，在文创政策下给予这些传统文化新的生命。

3　绵竹市图书馆（新馆）的发展与推广

3.1　结合智慧城市实现智慧阅读

在智慧城市之下，绵竹市图书馆（新馆）必须要能够迎合 5G 时代，充分地保证物联网、互联网技术可以充分融入自身建设当中，能够实现人和人、物和物、人和物的充分交互。其中更需要充分考虑到老年群体因为不熟悉这些技术偏向于传统阅读的现实情况，也需要注意青年群体数字阅读的特点，能够迎合两个群体的阅读特征，有效地保证实体馆藏、数字馆藏能够得到展示、保存、利用。

3.2　模式革新之“总分馆制”

通过总分馆建设可以将统一标准的服务深入到社区乃至于小区当中，切实地实现了“文化服务最后一公里”，让读者足不出区便可以获得优秀的文化服务，能够获取工作、学习、生活所需要的各类资料，为市民的技术培训、文化学习提供驱动力。最近几年公共图书馆的终端智能阅读站建设在全国取得很好的成绩，对于实现“全民阅读”做出了积极贡献。新馆有必要融入“智能阅读站”，将馆藏输送到小区、大型超市、休闲场所、公园园林当中，通过这种形式提升新馆服务社会的能力。

3.3　个性化服务

利用大数据分析，针对不同人群制定主题式套餐进行阅读推广。绵竹市图书馆（新馆）必须要通过大数据技术去综合了解现有读者的阅读特点、文化层次、所在地区、文献类型等，还要去理顺自己现有文献的领域、特点，必须保证科学整理文献，

提高文献的利用效率。为了做到线上线下融合，还需要新馆建设智能 App，通过其来输送电子馆藏，方便市民下载阅读和利用。同时为了吸引读者进入新馆体验新馆提供的电子阅读服务、方便社会企业利用培训场地、学术界利用多功能报告厅及学术研讨室，还需要在智能 App 上开通预约服务，让需要者能够在线报名，待到开馆之日，让他们提前体验新馆服务。也可以在当地论坛推出主题阅读活动，吸引当地知名论坛的用户进入新馆。

3.4 树立新馆文化品牌

在新馆文化品牌塑造方面，主要是结合绵竹历史文化来增加带有绵竹本地特色的标志性馆藏资源；另外积极地结合绵竹“三高三地”发展规划来塑造绵竹文化品牌。

第一，绵竹拥有两千余年历史，到如今拥有两项国家级非遗文化即绵竹年画、剑南春传统酿造工艺，这二者都带有浓郁的地方独特的历史韵味；还有包括竹文化、造纸文化等，这也是新馆设计灵感的来源；以及张轼、杨锐等本地历史名人文化，都可以成为绵竹市图书馆（新馆）的文化核心。新馆可以将绵竹分类整合以上历史文化内容，形成视频、图片、文字等，以书籍、艺术品等形式转化为馆藏，将其作为核心馆藏加以宣传、展览、保护，提升新馆无形资产的数量。

第二，绵竹市在 2020 年 10 月提出了“三高三地”发展策略，即将绵竹建设成为高质量产业集聚地、高颜值旅游目的地、高品质生活宜居地。三高三地当中旅游、生活和新馆有着紧密关联，故而需要积极响应政策，将自身融入旅游体系之内，实现文旅结合，给予当地旅游业强劲的特征优势。同时积极地服务社会群众，培养社会群众形成阅读习惯，为当地形成知识型社会提供助力。

第三，有效整合宣传。新馆还未投入使用，在宣传上需要带上老馆的宣传内容，希望可以吸引一些新的阅读群体进入老馆和吸引一部分人关注新馆。同时管理者也要努力冲破传统思维，能够积极地寻求合作，通过切实的跨界合作来拓展阅读群体。例如和当地学校、政府机构合作，将馆藏精准对接学生、公务员群体，提高馆藏利用效率，通过这样的形式扩大新馆的影响力。这种科学的宣传模式，能够有效地将老馆原有读者群转移到新馆。另外，鉴于新馆拥有现代化的数字阅读环境，在宣传当中必须将此作为亮点，面对年轻读者群体展开演示，吸引他们预约登记成为会员。

3.5 实现融媒体综合宣传

所谓融媒体指的新老媒体在宣传上的有机组合，能够针对不同的群体推送不同的内容，做到宣传的系统性、科学性、合理性。避免传统宣传上规划不足、不系统、不严密的短板，让宣传质量得以改善。从笔者所了解的情况来看，新馆目前官网尚未建设完毕，微信公众平台、官微还未开通；传统媒体公交车报站、车把手、电视台、广播、城市 LED 显示屏等也没有展开系统宣传。总的来说，新馆的融媒体策略制定已经到了必须着手的阶段，不能再拖延。需要从现在开始组建专业的策划团队，从官网建设、自媒体选择、传统媒体筛选、文旅融合宣传几个方面入手开展工作。

4 强化市图书馆自身建设

4.1 内部人员管理、培训

在培训上需要做到因人而异、因岗而异，确保围绕服务推广、阅读推广所需要的技术、知识、理念展开培训；要通过严格考核，确保服务人员、工作人员将所学到的知识、技能转化为产能。其中要求实体图书馆前台、网络平台服务人员必须要有及时建档、准确分流能力，确保读者和馆藏精准对接；采编部门可以通过前台数据、网络平台数据来最终制定文献采编计划，合理利用采编经费，提高采编质量；管理部门要以人资部门的职工档案为基础，形成详细的岗位胜任力标准，能够对每一位职工展开科学评价。

4.2 外联部门建设

所谓外联指的是采编部门，他们需要积极地借鉴老馆经验，结合新馆优势和特点来进行馆藏采购工作。他们需要拥有较强的信息素养，可以通过网络平台广泛比较各类馆藏，将目前市场当中备受读者欢迎且确实具有价值的文献、资料、书籍等积极采购进来，作为新馆的核心资源。

4.3 网络平台建设与维护

指的是新馆官网、智能 App 的规划和建设。首先，官网必须要有足够的空间，要保证官网打开、跳转的速度符合读者心理标准，影响现代人网络阅读的一个关键因素就是网页打开速度和网页跳转速度。虽然在一定程度上和客户电脑是否存在病毒有关，同时打开速度和跳转速度也和网页设计有关，需要不断优化。另外，在网络平台当中设计详细的导航，能够让读者很快地找到自己所需的文献资料，尽量缩短搜索时间，这样才能提升读者数字馆藏的使用体验水平。

4.4 发挥公共图书馆制度优势，联合文、教、旅等方面达到推广效应

公共图书馆会获得国家政策支持，能够有效地结合当地民俗、民族、群众文化，融合各类特色的教育资源（红色资源）、旅游资源，形成文旅结合综合项目，为社会文化发展、社会教育提供助力。在推进绵竹文化、教育、景观宣传过程里，也能够让新馆具有较高的知名度。

5 总结

绵竹市图书馆（新馆）目前还未投入使用，但其服务推广、阅读推广工作需要提前进行，这样才能打好提前量，积累读者群。鉴于新馆老馆一脉相承，在新馆投入使用之前，需要新老馆宣传并重。另外，新馆要创新工作方法，能够提前构想“总分馆”建设，对社区、小区等进行服务渗透。同时结合自媒体宣传来吸引潜在读者群。而未来发展需要抓住人员培训、软硬件完善、技术队伍组建、制度建设细化等抓手，多措并举才能夯实发展之路。另外，不可忽视工会的作用，其具有强大的技术、思想培训作用，是不可或缺的力量。

参考文献

[1] 梁秋萍. 文旅融合视域下地方图书馆转型发展研究[J]. 侨园，2020(03): 111.

[2] 梁丹婷. 图书馆总分馆视域下分馆服务品质研究[J]. 图书与情报，2020(03): 121-126.

[3] 吴秀明，刘云，高凡. 大数据背景下图书馆阅读推广研究综述[J]. 四川图书馆学报，2020(03): 97-100.

[4] 王铁军. 图书馆阅读推广体系建设与发展研究[J]. 图书馆学刊，2020，42(04): 21-25.

[5] 戴文静，韩祎楠. 融媒体背景下图书馆服务转型探索[J]. 数字图书馆论坛，2020(11): 56-62.

[6] 戴旭锋. 图书馆，文化馆，博物馆三馆公共文化服务融合发展前瞻——以浙江省嘉善县为例[J]. 图书馆研究与工作，2020(5): 10-13.

知识情境下图书馆服务拓展转型和发展研究

王伟

（绵竹市图书馆，四川绵竹，618200）

【摘　要】 科学技术的发展和智能设备在图书馆领域的应用使图书馆服务模式出现了变化。图书馆只有不断对自身服务功能进行拓展，促进服务体系的创新，才能提高综合服务效果，实现转型发展的目标，真正构建智慧化图书馆和数字化图书馆。本文结合知识情境的影响，对图书馆服务拓展和转型发展进行了系统的探究，旨在提高服务水平，推动未来图书馆服务工作实现知识的多元共享和有机交流。

【关键词】 知识情境；图书馆；服务拓展；服务转型

图书馆在推进社会公共文化体系建设，促进全民阅读发展方面发挥着重要作用，图书馆服务的创新关系社会文化体系的构建和社会主义精神文明建设工作的系统推进。因此在知识情境模式下，要注意对图书馆服务的拓展和转型发展进行系统分析，制订合理化的图书馆服务转型发展方案，逐步改变书馆的服务方式和服务方法，使图书馆能为读者提供多元化的服务，通过智慧图书馆的构建切实优化图书馆的综合发展效能。

1　知识情境的内涵

知识情境具体指在知识创建过程中涉及相关语境信息和环境信息，包含知识活动中物质背景、历史信息以及组织战略等多方面的内容，也与知识理解以及知识相关事物或者知识行为存在一定的关系。从图书馆知识服务的角度进行分析，知识情境是读者在图书馆中获取知识过程中形成的物理环境、工作流程、服务体系、服务项目、规章制度等，图书馆探索实质知识情境的构建，能更好地促进服务的创新，对于图书馆综合服务模式的构建也产生着重要的影响。

2 知识情境下图书馆服务的拓展

为了能在新时代背景下，有效适应社会发展对阅读和信息获取提出的要求，公共图书馆在对服务进行拓展的过程中，往往会突破时空限制，从多角度对服务模式进行拓展和创新，从而形成新的知识服务体系。系统探究，知识情境下，图书馆的服务拓展主要包含以下方面的内容：

2.1 从封闭走向开放，服务时空的拓展

在知识情境的作用下，图书馆发展过程中为了能为受众提供多元化的服务，逐渐从传统封闭化管理走向开放化管理，从能够提供一次文献，到能提供二次、三次文献服务，并且图书馆的服务时间也不断延长，空间进一步拓展，从每周开放五天到全年开放，从图书馆阅览室的开放到流动社区图书馆服务模式的构建，图书馆的服务便捷化程度和开放化程度明显增强，服务的时空范围也不断拓展和延伸，能增强图书馆综合服务的质量，促进知识资源的共享，真正为读者群体提供高水平服务体系。

2.2 从传统走向现代，服务内容的拓展

科学技术的飞速发展对图书馆知识服务的创新产生了重要的影响。在新时代背景下，图书馆服务创新的过程中，从传统在图书馆内部开展实地服务，转变为在网络图书馆、数字图书馆上提供多元化的知识服务，图书馆服务的法治化、科学化、现代化程度明显提升，能从多角度满足受众群体对图书馆服务的需求。在图书馆实际开展知识服务的过程中，除了能开发传统的阅读推广、个性化服务外，还能依托技术的创新，构建特色化的综合服务体系，提升知识服务的整体水平。如上海图书馆在服务创新方面，就引入创客空间，不仅能提供文献数据信息服务，还能提供 3D 打印服务、软件服务等，形成交流体验服务平台，方便读者群体在精神层面进行沟通和交流，使服务工作的开展表现出区域性和全球性的发展状态，图书馆综合服务的影响力有所提升。

2.3 从少数走向广泛，服务受众的拓展

从图书馆知识服务受众的变化角度进行分析，在图书馆发展过程中，随着新发展模式的构建，形成了开放化的、数字化的服务模式和服务体系：图书馆不仅仅能为馆内读者提供相应的知识服务，并且还能依托互联网信息平台和数字化图

书馆服务板块的设计，对服务对象进行拓展，为全民提供高质量的阅读引导服务，促进全民读者知识的生成。在此情况下，图书馆服务拓展方面就体现出从少数走向广泛的特点，知识服务的范围进一步拓展，能为图书馆现代化知识服务体系的构建奠定基础。

3 知识情境下图书馆服务的转型发展

在知识情境的影响下，图书馆发展过程中，应该明确认识到传统服务模式局限性明显，已经无法满足知识服务的需求，知识服务的转型发展成为主要的方向。下面就对图书馆知识服务的转型发展进行细化的研究：

3.1 信息化服务模式转型

在知识情境下，新时期图书馆在探索转型发展的过程中，应该结合知识服务的现实需要，引入先进的信息技术，构建信息化的服务体系，促进服务向着信息化、智慧化、开放化角度转型，形成新的知识服务模式。在实际促进图书馆服务模式信息化转型的过程中，应该认识到在信息技术的支撑下，能实现图书馆知识服务与信息技术的深度融合，发挥互联网信息技术的作用能促进服务模式的全面创新。可以重点促进综合化服务平台的构建，从而从多角度展示公共图书馆的资源和服务，使图书馆服务能凸显智能化服务特色。发挥信息技术的支持作用，在图书馆提供知识服务的过程中还能实现资源的共建共享，使知识服务在网络平台的支撑下实现高效化传递的目标，从而发挥资源供给的重要作用，凸显综合服务效果，确保知识服务模式的构建能得到受众群体的高度认可，加快图书馆的转型发展，使图书馆在信息技术的支撑下能逐步进入到新的发展业态和服务业态。

3.2 标准化服务模式转型

知识情境的生成要求图书馆在服务创新的过程中，能对服务工作的开展进行重新调整，构建新的服务模式和服务体系，为读者获取知识信息创造条件。在此情况下，图书馆服务创新工作中为了能对服务效果和服务影响力进行优化，使图书馆服务工作的开展与读者群体的需求保持高度的契合，就在服务创新工作中引入了服务标准化思想，为知识服务模式的构建提供了良好的支持。在图书馆探索服务标准化转型的过程中，一方面要发挥政策支持、法律保障的作用，在经费的支持下推进知识服务标准化体系的建设，对知识服务的组织机构和管理体制进行建设和完善，为知识服务工作的开展提供坚实的保障。另一方面，逐渐对知识服务的流程进行完善，从标准化服务体系建设和服务时间接轨的角度，按照不同服务特色和服务群体的要求对服务模式进行改进和完善，确保服务工作的开展能与服务体系的建设需求相适应；此外，在标准化服务模式建设的过程中，还要注意引入多样化的奖励机制，通过合理化的监督和引导促进服务的推广应用，在标准化服务模式的作用下使知识服务的转型发展能得到读者群体的认可和支持。如上海图书馆在标准化知识服务体系建设的过程中，就开发了 80 多个“上海之窗”，形成了完善的交流渠道和发展体系，上海图书馆在发展过程中能获取更多的信息，从而对服务模式和服务体系进行系统的优化。

3.3 智慧化服务模式转型

在信息技术发展水平不断提高，图书馆服务工作逐渐呈现出智能化和智慧化发展态势的情况下，我国图书馆在知识情境下对知识服务进行转型过程中，也要注意从智慧服务转型的角度进行系统的分析，探索科学技术的应用和智能化技术的融合，在知识资源共享、融合的基础上推进知识服务实现高层次转型，加快智慧图书馆的建设发展总体进程。

通过智慧图书馆的构建和智慧服务模式的转型发展，能将图书馆中的知识有机整合在一起，从而对读者的知识需求进行系统分析，按照读者需求数据的整合智能化的为读者提供更具针对性的服务，使服务工作的开展与读者需求之间形成有效的对接。在智慧图书馆服务模式转型的基础上，能实现知识服务内涵的逐步升华，对于图书馆可持续发展体系的构建以及知识服务模式的全面推广和应用产生着重要的影响。结合图书馆发展过程中智慧化服务模式体系的构建，能增强知识服务的高效性、便利性和共享性，也能使受众的多元化服务需求得到极大的满足，促进服务体系的构建和创新，确保知识服务体系的构建能产生巨大的影响力，优化综合发展效能。

3.4 国际化服务模式转型

知识情境的生成不仅对图书馆服务的内容创新提出了要求，也对图书馆服务范围的拓展提出更加明确的要求，因此在对图书馆服务模式进行转型创新的过程中，国际化服务模式的构建也成为重点方向。在新时代背景下，图书馆按照知识情境模式下服务工作的现实要求，尝试对国内图书馆的发展模式和发展经验进行分析，构建图书馆持续、专业服务发展机制，能实现对服务模式的全面创新，也能增强服务的专业性和服务的国际化发展效应。具体分析，图书馆管理员在对服务进行创新的过程中，依托网络化平台的整合，能对海量的数据信息进行组织和整理，按照国际化服务模式的要求开展专业化、个性化的服务，使图书馆知识服务能体现国际化的特色，产生巨大的影响力，优化服务效能，进一步增强受众对图书馆服务模式的认同度，从而提升服务工作的整体效果。

4 结语

综上所述，在新时代背景下，知识情境模式的构建为图书馆的转型发展提供了良好的支持。因此图书馆要注意把握知识情境的影响，对未来发展方向进行准确的定位，通过服务转型和服务的拓展不断提高图书馆的发展效能，使图书馆在发展实践中能为受众提供更加多元系统的知识服务，助力社会主义文化体系和精神文明体系的构建，加快图书馆的现代化服务发展进程。

参考文献

[1] 李浩君，袁叶叶，戴海容. 情境感知视角下移动图书馆主动知识服务模型构建[J]. 四川图书馆学报，2021，32(01):53-57.

[2] 彭松林，王春燕. 用户缄默知识显性化与图书馆空间转型路径探析[J]. 图书馆学刊，2021，43(01):10-15.

[3] 张亮，任亚茹，李梦茹，等. 基于团队科研——知识应用情境匹配的数字图书馆知识推荐方法研究[J]. 情报杂志，2021，40(02):195-200.

[4] 刘志国，陈威莉，赵莹，等. 第三知识建构场服务——基于理论基础演绎的图书馆空间服务认知[J]. 图书馆理论与实践，2021，12(01): 38-45.

[5] 王欣，宁淑华，刘妍，等. 基于情境感知的高校图书馆个性化科研知识推送服务研究[J]. 图书馆工作与研究，2020，16(06): 69-75.

[6] 王欣，吴月新，孟晓娇，等. 基于情境感知的高校图书馆个性化知识推送模式研究[J]. 管理观察，2019，29(36):127-128.

[7] 徐喆. 知识服务情境下高校图书馆学科馆员制度研究[D]. 长春：吉林大学，2015：33.

公共图书馆服务乡村振兴战略的实践路径研究

朱利华

（资阳市图书馆，四川资阳，641300）

【摘　要】 在我国公共文化服务体系中，公共图书馆占据着重要位置，发挥着不可替代和不可或缺的关键作用。对于公共图书馆来说，在新时代背景之下，不仅要贯彻落实自身的社会责任和服务义务，也要强化建设乡村公共文化机制，从而推动乡村振兴战略的实施。基于此，笔者针对公共图书馆服务乡村振兴战略的实践路径进行了分析与研究，以此为相关学者以及从业人员提供有价值的参考依据。

【关键词】 公共图书馆；乡村振兴；实践路径

1　引言

公共图书馆受到城乡二元结构的影响，在开展各项服务的过程中，主要方向为各大城市，乡村的公共文化基础设施相对不足，发展较为滞后，这也是导致城市居民和乡村居民文化素质差异的原因之一。本文将从乡村振兴战略文化建设的主要问题、乡村振兴战略下公共图书馆构成的服务体系、公共图书馆服务乡村振兴战略的主要手段、公共图书馆服务乡村振兴战略的保障机制四大方面来进行深入剖析。

2　乡村振兴战略文化建设的主要问题

针对乡村振兴战略文化建设的主要问题，笔者整理了三点，分别是：重视程度不够、基础设施薄弱、人才队伍不完善。

2.1　重视程度不够

伴随着不断推进的改革开放进程，我国社会经济得到了大力的发展，乡村群众的生活水平和生活质量也得到了很大提升。在乡村消费水平不断上升的同时，乡村群众对文化方面的需求也逐渐加大；但乡村文化建设仍然不足，城市文化建设与乡村文化建设之间的差距在加大。

2.2 基础设施薄弱

乡村文化建设的不足主要原因有三点：一是各个乡村地区经济发展水平各不相同，对于文化基础设施的需求也不相同，投入力度也存在较大的差异。二是乡村未能科学规划与利用公共文化空间，许多文化基础设施呈现荒废的情况；三是乡村缺乏丰富且创新的文化活动，无法调动乡村群众的积极性和参与性。

2.3 人才队伍不足

乡村文化建设缺乏专业的人才队伍，人员数量也不足，从而无法顺利开展和落实文化活动，所创设的文化活动由于缺乏人才，也没有创新性。乡村文化队伍普遍存在一系列的问题，例如：待遇差、素质低、思想落后、观念传统等。

3 乡村振兴战略下公共图书馆构成的服务体系

针对于乡村振兴战略下公共图书馆构成的服务体系，笔者整理了三点，分别是：服务主体、服务客体、服务渠道。

3.1 服务主体

服务主体是基于乡村群众对于精神文化方面的需求，而为其提供的各类服务和资源的公共图书馆。公共图书馆拥有自我职能和属性，以此能够对基层民众的文化权利进行保障，从而切实满足基层群众的文化需求。例如：在深入了解和调查当地乡村群众农业文化需求后，湖南某地的农家书屋就基于实际情况，开展了一系列的公共文化活动，包括：农业专家乡村行、农业图书下乡村等，切实对当地乡村群众的文化需求进行了满足，以此促进了本地农业的发展。

3.2 服务客体

接受各类信息文化资源的人员，即为服务客体，这里主要指的是知识水平和素质低下的乡村群众。根据相关调查研究发现，乡村地区中，群众缺乏一定的知识文化水平和综合文化素质。在人们接收信息的过程中，阅读是最为直接的渠道之一，如若没有一定的阅读量，就会缺乏判断能力和思维能力，这也是造成乡村群众普遍文化水平低下的原因之一。而乡村地区由于没有优越的地理位置，所以所获取的信息资源有限，一定程度上，对乡村群众获取信息的效率进行了降低。

3.3 服务渠道

影响乡村基层群众接收信息能力的原因有多种，例如：信息素养、信息渠道、文化素养等。现阶段，农家书屋是乡村基层群众所获取的信息渠道之一，除此之外，还包含互联网所带来的一些渠道。由于现如今互联网受到了越来越多人的推崇，乡村群众应用互联网的程度也越来越普及化，所以许多乡村群众可以通过各种渠道来获取相关信息，例如：抖音、QQ、微信等。

4 公共图书馆服务乡村振兴战略的主要手段

针对公共图书馆服务乡村振兴战略的主要手段，笔者整理了四点，分别是：基于“三农”提供信息化服务、推动发展农家书屋、开展面向乡村基层群众的培训服务、推动实现精准扶贫目标。

4.1 基于“三农”提供信息化服务

在现代化社会经济不断发展的过程中，在农业技术信息方面以及农业生产方面，乡村群众的需求正在日益提高。想要切实满足于不断提高的乡村基层群众文化信息需求，就要最大限度发挥出公共图书馆服务优点，以此为“三农”提供信息化服务。根据实际情况来说，针对建立健全的参考咨询服务体系以及互联网数字网络技术，公共图书馆能够为乡村基层群众提供全方面和全方位的信息服务，包括：项目咨询信息、农业技术信息、农业气象信息等。

4.2 推动发展农家书屋

农家书屋以乡村群众自我管理为主的，能够对乡村群众文化需求进行切实满足，还能设立一系列的文化服务基础设施，包括：音像电子产品、图书报刊等。各级公共图书馆想要有效解决乡村群众的各类问题，例如：看书难、买书难等，就要深入到乡村基层中去，全面掌握和了解乡村的切实需求，根据实际情况，设计可行方案，还要尽可能采购更丰富的文化资源。不仅如此，针对农家书屋，各级公共图书馆还可以建立健全管理制度，保证管理制度的科学性和合理性，最大限度调动出农家书屋的功能和优势。以上几种方法能够切实满足于乡村群众的文化信息需求，还能进一步扩大农家书屋服务范围和优势，提高农家书屋的引导力、传播力以及影响力。

4.3 开展面向乡村基层群众的培训服务

想要对乡村群众的文化素质和知识水平进行提升，公共图书馆要全面掌握和了解乡村群众的需求，以此开展培训教育活动，根据实际情况创建培训内容和培训计划，保证培训活动的科学性、合理性、可行性以及实际性。例如开展农业技能培训、宣传党的政策等，不仅能提高乡村群众的农业技术水平，一定程度上还能帮助乡村群众摒弃落后的观念和理念，进而提高农民的文化素质和文化水平，推动农村经济发展。

4.4 建立多元的服务体系

公共图书馆服务是一项润物无声的文化事业，服务对象是广大人民群众。实现公共图书馆服务的“精准供给”，需要同广大人民群众的需求相对接。农民群众相关需求也日益多元，公共图书馆不仅要在内容资源上不断进行更新，同时在载体上也应与时俱进，更多运用现代科技手段，让人们更便捷地获取知识和信息。发挥农家书屋的作用，提供适合广大人民群众文化需求的活动，如基本的公共文化服务，还应加强外延服务，针对农民的技能培训，可以邀请农业科技人员深入田间地头到现场开展农业生产指导活动，定期举行实用性较强的农业技术培训；还可以定期举办科技讲座，向农民朋友介绍一些实用性知识，如根据季节变化，邀请专家进行病虫害防治的讲座。

5 公共图书馆服务乡村振兴战略的保障机制

针对公共图书馆服务乡村振兴战略的保障机制，笔者整理了三点，分别是：集中管理、强化网络建设、健全监管机制。

5.1 集中管理

面向乡村基层群众的公共图书馆由于工作涉及领域范围较为宽泛，工作内容多，所以国家财政支出并不能全面满足所有服务项目和活动。各级政府应当加大投入力度，树立创新原则，建立完善的投入体系，最大限度地调动出市场体系发挥的功能；还应多多联系其他社会组织，不断深入交流和互动，从而进一步对公共图书馆服务乡村基层群众的职能和义务进行明确。这样做的目的能够减缓公共图书馆的压力，还能合理整合财政资源，从而最大限度发挥出公共图书馆服务体系的功能。

5.2 强化网络建设

在新时代背景之下，公共图书馆要科学合理地利用互联网技术，更好地开展乡村基层工作。要加强建设数字化服务体系，强化网络建设，方便群众获取文化信息资源。想要对数字资源利用率进行提高，公共图书馆就应当建立数字化集群管理体系，以此确保信息渠道能够正常运行。

5.3 健全监管机制

政府应当高度重视资金的投入问题，基于服务效益和服务质量，建立健全评价体系，最大限度发挥出乡村振兴战略下公共图书馆的优点和功能。针对于此，政府可以从两方面分别进行：树立创新意识，建立完善的评价指标和评价标准，保证其可行性和科学性；对政府目标管理责任制进行健全，使公共图书馆服务范围进一步延伸到乡村基层中去，进而推动落实乡村振兴战略。

6 结语

总而言之，公共图书馆应切实履行自我社会职责和义务，并在乡村振兴战略背景之下，应将服务范围扩大到乡村地区，以此满足于现代化乡村群众对于文化资源的需求，不仅如此，还要根据实际情况，加强完善和改革自我机制，提高乡村公共文化活动的丰富性和创新性，对服务内容和服务方式进行优化和完善，助力乡村振兴战略。

参考文献

[1] 周媛也，孙建娥. 共享发展理念下贫困地区农村图书室建设路径探析[J]. 新世纪图书馆，2018（12）：36-40.

[2] 王瑞. 乡村振兴战略视域下农家书屋可持续发展研究[J]. 魅力中国，2019（23）：43.

[3] 萧子扬，叶锦涛. 公共图书馆参与乡村文化振兴：现实困境、内在契合和主要路径[J]. 图书馆，2020（2）：46-52.

[4] 苏萦. 文旅融合背景下公共图书馆服务路径研究[J]. 办公室业务，2021（3）：148-149.

[5] 黄璇. 发挥公益图书馆优势，助力乡村振兴发展[J]. 文艺生活·中旬刊，2020（02）：76.

“阅读+传统文化”空间打造与文旅结合的发展研究

沈羽珂

（成都高新区巨力文化服务中心，四川成都，610100）

【摘　要】 文章以“阅读+传统文化”主题活动为例，分析了公共图书馆学习空间再造的实践路径，并结合传统文化要素提出关于文创产品宣传推广的设想。

【关键词】 公共图书馆；学习空间；传统文化；文创；文旅发展

阅读的重要性已经得到越来越多人的认同，这也正是积蓄和弘扬中国文化“软实力”的大好途径。在经济快速发展的现在，社会处于“快节奏”之中，大众更多地追求效率，而不是慢慢去阅读了解传统文化，这使得图书馆以前的纸质阅读模式受到了不小的冲击。面对这种情况，我们更需将图书馆阅读与新媒体技术相结合、转型，以新的形式更好服务读者。

1　图书馆的使命与职责

《中华人民共和国公共图书馆法》中第二条明确了公共图书馆的定义：公共图书馆是向社会公众免费开放、收集、整理、保存文献信息并提供查阅、借阅及相关服务，开展社会教育的公共文化设施，传承发展中华优秀传统文化是公共图书馆的重要职能之一。

党和国家一贯重视，传承和弘扬中华优秀传统文化，传承和弘扬传统文化有助于提高各族人民的文化水平和道德素养成为共识。中华优秀传统文化是中华民族的精神命脉，一个国家、一个民族的强盛，总是以文化兴盛为支撑的，传承民族精神，有助于彰显民族自信。

2 实体空间与虚拟空间的打造

2.1 实体学习空间打造

广义的图书馆学习空间包括图书馆所有能深化或丰富学习行为的场所，随着科技不断发展，经济水平不断提高的现在，人们更多地开始追求精神层面的提升。近几年来，人们对传统文化越发感兴趣，但又无法花费更多时间去搜索相关信息来加以了解。传统图书馆学习空间更多以读者在借阅室内通过纸质书本阅读为主，难以满足这些新的需求，因此图书馆学习空间转型刻不容缓。公共图书馆应该紧跟时代潮流，契合当今的时代背景，打造一个开放、个性化的学习空间，提高服务效能，实现因时而进，因势而新。

公共图书馆可利用摆放布局等，增加盆景花木、名人字画且配置简介图示，这些传统文化要素的装饰品等提升图书馆空间美感，使读者可以在柔和的灯光下，舒适美丽的环境中享受学习时光。图书馆大门外也可以放置一些高颜值传统文化装饰，例如灯笼门等，吸引大众打卡拍照，吸纳潜在读者前来借阅书籍。2017 年开始，浙江省委党校图书馆就利用了新技术、新设备来调整优化空间布局，新增了校园文库、茶艺书画区、庭院休息阅读区等，将传统的藏书和阅读空间打造成为集阅读、学习、研究、体验于一体的多元慧享空间。

公共图书馆可在阅览室内设立传统文化主题书库，挑选出传统文化主题相关的书籍，摆放在显眼处，以供读者查阅；打造文化长廊，结合新媒体技术，通过数字化屏幕或者张贴宣传公告栏等形式，在图书馆墙面简单科普宣传传统文化相关内容，例如民族历史文化、服饰文化、传统节日活动等，便于读者快速获取信息，找到自己感兴趣的内容；设置传统文化课程，讲解传统文化内容的公益性讲座等，以及古法美食制作，茶艺等传统文化相关课程。

2.2 虚拟学习空间打造

公共图书馆应增强实体学习空间服务竞争力以及构建虚拟学习空间。图书馆应构建创新型自媒体，知识属性以常识性为主，让知识通俗化，使知识能直达读者能获取的范围内，重构知识内容。

我们也构建线上学习空间，结合新媒体科技，紧跟时事潮流，开放直播间，邀请专家授课讲解传统文化系列话题，开展公益性活动。

通过流行网络在线平台渠道，推送传统文化艺术课程等[5]，通过直播或录播等方式开设例如古法美食烹饪、古典舞蹈和民族舞蹈、花艺、茶艺、书法书画等特色的传统文化课程，为更多人讲解历史传统文化相关内容，借此宣传图书馆最新活动动态等，与这些已经打造成为品牌的平台进行合作，为图书馆吸纳更多的潜在读者的同时也传承了中华民族传统文化。

3 文创物品宣传推广设想

目前，国家出台了《关于进一步加强文物工作的指导意见》《关于推动文化文物单位文化创意产品开发的若干意见》，大力推动公共文化服务供给侧改革，结合传统文化，发展文创产业，在拓宽传统文化发展空间的同时，也能满足大众对文化艺术的全新消费需求。

在文创产业迅猛发展的背景下，公共图书馆可着手于实用性、创新性的角度，将图书馆特色与传统文化相结合，设计贺卡、便签、创意书签、笔、书法用具、文件夹等文具系列产品；茶具、杯套、杯子等用具系列产品以及发饰、香包、荷包、领带、领结、服饰、帆布袋等服饰配件等生活产品。手机壳、充电器和充电宝等随手用具也可以融入传统文化要素，制作成具有新意的文创物品。坚持“新颖”“独特”，打造出集创意性、艺术性和实用性于一体的文创产品，提升文创产品的文化内涵，引导消费者了解文创产品的设计理念及蕴含的文化内涵，丰富了他们的消费体验，激发他们购买文创产品的热情，满足大众的生活消费需求。

此外，还可以通过举办传统文化文创产品设计比赛的方式，征集大众优秀的文创产品方案，也为图书馆文创产品做了推广。在文创物品方面，可以参考盲盒元素，制作文创盲盒系列，根据目前市场的发展走向，深挖馆藏资源的内涵，更多打造内涵丰富、意境深刻的文创物品。

在售卖渠道方面，可以采用“线上+线下”结合的模式，线上可在淘宝、天猫、京东等平台上线，线下可在图书馆内增设售卖点位，在多媒体平台上着重于传统文化内涵方面，大力进行推广；同时与文创物品合作单位，例如出版机构、其他文化单位等进行合作，扩大宣传渠道，促使图书馆文创产业良性发展。

4 文旅结合发展

随着经济社会的发展和大众生活水平的提高，中国进入了大众旅游的新时代，单纯以观光为主的旅游已经不能满足大众游客“求新、求异、求知、享乐”的需求，建议以传统文化为重点，将传统历史文化、民族文化等融入旅游经济发展之中，打造更多能体现文化内涵和人文精神的优秀文创产品，推动文化产业和旅游产业发展融合时推动两个产业转型升级。图书馆将地方特色与传统文化相结合，可形成有机融合和谐的发展模式，让游客在旅游的过程中既能学习到图书馆的魅力，又能学习到传统文化、当地的特色文化，了解文化内涵。成都博物馆就在洛带古镇开设了一个文创物品售卖点位，结合古镇元素，宣传博物馆文创物品，就是一个好的实践探索。

要促进文化和旅游发展，首先可以和当地其他文化单位合作，邀请来讲解地方历史及文化，吸引大众前来旅游和观摩。在图书馆构建虚拟学习空间时开设古法美食和茶艺等课程时，可邀请专业人员来教授，同时与他们展开合作，在图书馆线上和线下可增设他们的售卖点位。在讲解各民族传统文化时，还可以与这些开放了旅游参观的民族聚集地方单位进行合作，在讲解时附注推荐他们的旅游地点，便于感兴趣的读者可以有渠道深入了解。

图书馆可根据传统节日开展活动，例如灯会、春节、花朝节等，在各平台上进行宣传推广，吸引大众前来参加，打卡拍照，提高人流量，扩大号召力。通过宣传方式和内容的改变，促使图书馆自媒体人格化、创新性，实现跨平台传播。

5　结语

综上所述，打造图书馆学习空间已经成为重要的发展趋势，而图书馆可以结合传统文化、民族文化，构建特色学习空间，在引导大众阅读学习的同时，深挖传统文化的文化内涵，传承中华优秀传统文化，提高各民族人民的文化水平和道德素养。此外，图书馆也要加强与其他文化单位和机构的合作，扩大宣传渠道，提高品牌影响力，创造“图书馆+文创物品”的多种发展可能，实现共赢。

参考文献

[1]　祝凤云. 新时期高校经典阅读推广创新研究[J]. 河南图书馆学刊，2021（1）：133-135.

[2]　中华人民共和国公共图书馆法[M]. 北京：法律出版社，2017.

[3]　唐维. 地方高校图书馆在传承弘扬民族优秀传统文化中的作用探讨[J]. 河南图书馆学刊，2021（1）：40-41.

[4]　隆茜. 中外高校图书馆学习空间的设置与使用政策研究[J]. 图书与情报，2015（5）：53-64.

[5]　王家莲. 高校图书馆学习空间再造的理论逻辑与实践[J]. 河南图书馆学刊，2021（1）：64-66.

[6]　毕滕予. “IP”视角下图书馆文创产品宣传推广策略研究[J]. 河南图书馆学刊，2021（1）：82-85.

成都公共图书馆发展与天府文化建设

孙佳

（成都高新区巨力文化服务中心，四川成都，610100）

【摘 要】 天府文化是以成都平原为核心内涵的地域文化。天府文化深深影响着成都图书馆的发展。成都公共图书馆的发展可以对天府文化建设起到推动促进作用。本文以成都公共图书馆为例，介绍当下成都公共图书馆工作中针对天府文化建设内容的具体活动，探讨成都市公共图书馆发展与天府文化建设的相互作用与意义，展望成都市公共图书馆和天府文化建设的未来。

【关键词】 天府文化；图书馆；成都；文化建设

1 成都市公共图书馆与天府文化

1.1 什么是天府文化

天府文化从性质上讲是一种地域文化。其范围主要是以成都平原为主，向四周延伸包括了四川盆地。经过较为漫长的历史发展，而逐渐形成了鲜明的文化特色。[1]两千多年来从蜀郡到少城、从锦城到成都，岁月的沉淀赋予了成都厚重的文化底蕴。成都散发着与众不同的温润气质，呈现出着静谧别致的生活之美，影响着成都市民的生活方式。当下，成都经济实力不断增强，知名度稳步提高，市民物质生活条件逐渐改善，城市文化等软实力的地位与作用愈发引人注目，天府文化越来越成为市民自信力、凝聚力和创造力的重要泉源。现代的成都是西部经济发展水平最高的城市之一，兼具西部经济中心、金融中心、科技中心、文创中心、对外交往中心和综合交通枢纽功能，是亚欧门户城市，是“一带一路”南北线的交汇、东部与西部交流的要道，是“蓉欧班列”的起点。未来在国家重大战略指导下，天府文化的弘扬、互融创新潜力巨大。我们当下所说的“天府文化”，不仅是这座 2 300 多年城市的古老历史，也是当下发展进程中的一种新成都文化。“创新创造、优雅时尚、乐观包容、友善公益”是在悠长而深厚的“天府文化”中提炼出的精神内核。

1.2 公共图书馆与天府文化的密切关系

天府文化也深深影响着成都市图书馆的发展。一直以来，成都在天府文化推广方面举措颇多，例如宏伟的天府机场、天府文化元素的地铁站、太阳神鸟图案元素的东安湖体育场馆、天府智能制造产业园、《天府文化》期刊，以及国际非物质文化遗产节、诗圣文化节、金沙太阳节、成都创意设计周、成都大庙会等。这些成都文化设施、城市特色地标建筑都由内而外地传承融合了天府文化。成都市龙泉驿区图书馆新馆的建设也深受天府文化的影响，图书馆整体建筑结构及色彩搭配营造了传统围合式书院的意境，外立面用铝板仿造竹简肌理立面，凸显着成都的别致的“竹文化”。

公共图书馆也是天府文化的重要组成和构建部分。成都市公共图书馆作为成都市对外文化交流的展示窗口，本身也是天府文化的一部分，是天府文化的具体体现之一。公共图书馆在一个城市所发挥的文化传播作用是其他任何一个机构都无法替代的。

2 公共图书馆发展对天府文化建设的促进作用

传承天府文化和文明一直是成都市公共图书馆工作的目标之一。图书馆作为城市现代公共文化服务体系的重要组成部分，承担了广泛的社会职能，包括收集保存整理文献资源、传播科学文化知识、开展教育活动、提供文化休闲服务等。公共图书馆的社会职能拓展对天府文化建设有先天优势。

2.1 公共图书馆对天府文化有良好的记录保存作用

成都市公共图书馆丰富的馆藏资源以及庞大的数字资源中保存了各式各样的天府文化元素。例如成都市图书馆的古籍中心负责了全域的成都古籍保护工作，馆内共藏有上万册各类古籍及民国文献。如《国立四川大学师范学院院刊》《成都市第四届儿童节纪念特刊》《大邑县立女子初级中学校外同学会会刊》《新新新闻》《新蜀报》《华西日报》等，这些珍贵的资料对追溯天府文化的历史渊源有着重要的文献价值。此外成都市龙泉驿图书馆在 2020 年也开展了有关古籍修复的公益活动来宣传保护古籍传承民族文化。成都市公共图书馆用行动说明了图书馆本身就是保存积淀历史文化的宝库。

2.2 公共图书馆借助线上线下平台优势，对天府文化发挥宣传作用

自 2019 年起，成都市龙泉驿区图书馆就设立了天府文化系列图书专架，利用图书馆传统图书资源，让广大读者学习了解天府文化。成都图书馆的品牌活动锦城讲堂一直深受读者欢迎，锦城讲堂如今在成都图书馆，龙泉驿区图书馆官网，微信公

众号和微信小程序中也全面上线。2020年疫情期间，成都市图书馆，龙泉驿区图书馆利用官方微信公众号开展“宅家听讲座”活动，推出了《天府文化古今谈》《天府文化的精彩呈现》《生机勃勃的宋代成都》等优秀的精品讲座。

2.3 公共图书馆对天府文化起着教育传承作用

天府文化建设的重点之一就是引导青少儿了解天府文化，学习天府文化，让天府文化能够代代传承。公共图书馆也借此开展了丰富的教育主题活动。例如2021年5月成都图书馆就邀请草堂小学的老师和同学开展“草堂一课”活动，活动介绍了草堂博物馆，讲解杜甫在成都草堂的生活故事。这些主题活动让广大青少年更深入了解了天府文化的内涵，培养学生的爱国爱乡情操。

2.4 公共图书馆对天府文化起着提升市民文化素质的作用

公共图书馆是社会教育的学校，终身学习的场所，它能够提供一种浓厚的文化氛围，营造崇尚知识、倡导文明、选择阅读的共同意识和行为方式，图书馆丰富的文献信息收藏为全体社会成员学习先进知识、了解社会信息、完善自我提供了内容多样、形式丰富、使用便捷的学习资源，使城市居民通过学习获得各类知识与能力，从而使自己不断适应变革中的城市生活。[2]教育作用于每个社会成员的终身，公共图书馆承担着提高市民学习能力与创新能力，润养市民思想道德素质的重要责任，影响着城市精神的凝练，推动着城市文化的发展与进步。

2020年1月，“成都全民阅读盛典暨书香成都·文化经典诵读大赛”决赛活动隆重举行。成都一众文化名人担任新一批成都市全民阅读推广公益形象大使，引导市民享受阅读品味书香。从2020年开始，除了每年4月的“世界读书日”系列活动之外，还设立“成都读书月”。龙泉驿区图书馆在成都读书月举办了“书香成都东道主，全民阅读迎大运”的大型活动。除了各类大型活动，公共图书馆着眼于提升市民文化素质，举办了各式各样的展览，例如2020年龙泉驿区图书馆推出了“文明城市主题展”“雷锋的故事”等展览，这些展览都吸引了市民的广泛关注和学习，取得良好的社会效果。

3 公共图书馆在天府文化建设中的发展方向

3.1 向新而生，天府文化要传承更要创新创造

天府文化的重要内核之一就是创新创造。回望历史，金沙文化创新创造了璀璨的青铜文明，秦朝李冰创新修建了都江堰水利工程，宋代蜀人创新启用了全世界最

早的纸币……天府文化千百年来一直在创新创造中。当下的天府文化需要结合当今社会发展需要不断创新。公共图书馆在自身发展中也应该积极拓展，寻求新发展。鼓励馆藏机构发挥古籍资源丰富的优势，依法通过委托、与企事业单位合作等方式，开发一批弘扬天府文化、反映时代价值、符合群众实际需求的古籍类文创产品，举办古籍创客大赛、古籍文化创意产品推介会等活动。[3]公共图书馆可以尝试进一步推进图书馆的数字建设，把天府文化传承与图书馆场景深度结合，举办各类新模式的读者互动体验活动，让更多群众感受天府文化的良好氛围。图书馆的发展之路唯有不断创新，才成与时代并进，天府文化传承才会积厚流光，才会不断推陈出新，充满活力。

3.2 借力短视频，让天府文化跨界联动

2021 年 6 月发布的《2021 中国网络视听发展研究报告》显示，至 2020 年 12 月，我国短视频用户规模为 8.73 亿，网民使用率为 88.3%。短视频、直播作为新兴的信息传播方式不断深入人们生活，与文创、旅游等产业融合，传播场景持续扩展。在此时代浪潮下，公共图书馆也应该积极试点短视频、直播等新流量，借力吸引更多的青少年群体。与此同时，公共图书馆需要积极加强与其他公共文化服务的合作，例如与文化馆、艺术馆的合作，与学校的合作，与书店的合作等。

3.3 以文化振兴推动乡村振兴

公共图书馆可以结合当地特色民族、民俗和乡土文化等资源，加大宣传力度，推动其知名度，让优秀传统文化绽放光彩。近几年，成都市龙泉驿区图书馆就结合旅游胜地洛带古镇的客家文化，举办了“爱成都，迎大运，桃花吟”诗歌朗诵、摄影展览活动等；同时依托乡镇综合文化站，开设客家话教学、客家文化读书会等阅读推广活动。成都市龙泉驿区图书馆这种因地制宜、整合当地资源的细化工作值得学习推广。中华文明源于华夏民族的农耕文化，乡村是中华文明的基本载体。建设天府文化的道路上，公共图书馆需要进一步构建完善乡村文化服务体系，完善文化基础配套设施，大力实施文化惠民工程。

4 结语

图书馆塑造着市民的阅读品味，激发城市文化潜力。未来如何更好地聚焦天府文化发展成都公共图书馆是我们值得思考和探索的问题。成都公共图书馆应该秉承天府文化内核，以文化人，以文润城，点亮天府文化与公共图书馆的美好未来。

参考文献

[1] 黄剑华. 从成都平原考古发现说天府文化[J]. 地方文化研究，2018（2）.

[2] 陆晓珊. 城市化进程中社区图书馆的机遇与发展[J]. 四川图书馆学报，2013（5）.

[3] 姜丽红，黄毅. 加强古籍抢救性保护与利用 推动天府文化创造性转化和创新性发展[J]. 先锋，2019（8）.

新形势下基于读者需求的资源建设探究
——以成都市龙泉驿区图书馆为例

钟秀蓉

（成都高新区巨力文化服务中心，四川成都，610100）

【摘　要】 本文阐述了公共图书馆资源建设的目前情况，分析当前信息架构和资源建设中的不足，从而引出基于读者需求的采购理念建议，探求服务理念、服务方式与具体内容的多角度采购理念创新模式。

【关键词】 公共图书馆；资源信息；读者需求；服务创新

1　引言

公共图书馆的发展离不开文献资源建设。随着互联网的高速普及和大数据平台的广泛应用，公共图书馆的职能也在发书转变。当读者能够从互联网上轻松获取多数所需资源后，"以信息资源为中心"的理念就不再成为现今公共图书馆的主要优势了，其资源建设应从"以图书馆为中心"向"以用户为中心"转变。

信息资源囊括了传统的文献资源和以数字化媒体形式的各种信息，是图书馆提供科学研究和为大众服务的基础，是丰富与活跃人民群众文化生活的保障。现实中，各地图书馆作为提供开展社会教育和传递科学情报等信息资源保障的公益性文化机构，不可能全面涵盖有所有信息资源，需要合理配置资源；而信息资源是否配置合理，是以其实际需求为依据来开展的，以信息资源产生的具体效率和有效成果率为重要指标。要通过科学合理的分配方法，经过正确有效的手段，将现有的各种信息资源有效的分布和存储在完全不同信息机构的一种科学的活动；其还是一种包括对现有信息资源的有效整合，也包括对潜在的、新产生的信息资源的合理整合的信息活动。

2 公共图书馆资源建设现状及存在的问题

2.1 成都市龙泉驿区图书馆纸质资源现状

成都市龙泉驿区图书馆始建于 1976 年，馆舍面积为 1850 平方米。经过多年发展，现已成为功能齐全、设施完备、藏书量较大的县级图书馆一级馆。新馆选址东安湖畔，规划面积 17500 平方米。全馆现有纸质文献接近 80 万册，其中地方文献以方志、年鉴、地方文人专著为重点；下设 4 个直属分馆（洛带分馆、市民艺术学校分馆、芦溪河分馆、怡和新城 F 区 24 小时自助图书分馆），10 个街（镇）分馆，123 个村（社区）流动图书室，以及 41 个驻区部队、企事业单位流动图书服务点。

2.2 存在的问题

信息技术快速发展，人们对终端智能设备的依赖程度越来越深，但目前大多数公共图书馆是根据已制定的计划进行采购工作的，与读者需求难免有偏差。现如今读者的需求体系越来越庞大,各类别的相关出版物越来越多，馆藏资源建设跟不上信息发展的脚步，图书采购未能全面了解与分析读者需求，未能对全类别图书及刊物进行精准筛选与把握，模式缺憾问题就越来越突出。

2.2.1 购书经费严重不足

龙泉驿区人口密集，2020 年常住人口已达 94.63 万，但购书经费却极其有限。2020 年龙泉驿区图书馆的购书经费严重不足，只有 38 万元；所采购新书 12907 册，其人均年新增藏量为 0.01 册，远远没有达到成都市基本公共文化服务实施的标准：区（市）县级公共图书馆要求人均藏书量不少于 1.2 册（件）；人年平均新增公共图书馆藏的数量不少于 0.08 册（件）。

2.2.2 体现读者偏好的馆藏资源建设

馆藏资源是否能够满足用户需求，对图书馆的使用率有直接影响。馆藏资源种类较为齐全、更新较快、受众群体广泛，必将会吸引读者走进图书馆。目前，馆藏资源建设很大程度上取决于采访人员的专业水平和知识结构，这种主观判断会为具有一定的倾向性。例如：某采访人员偏好历史传记类，在采访图书时往往会向 K 大类图书倾斜。因此，应努力提高采访人员的业务素养，依托大数据平台，通过深入挖掘、分析用户阅读习惯，根据用户需求来科学地制订下一年的采购计划。通过对用户文献资源利用情况、文献资源借阅比率等数据的采集、汇总和分析，为馆藏发展策略的制定提供科学依据。成都市龙泉驿区图书馆采访人员根据当年读者的外借情况（见表 1），规划下一年采购方案，以满足广大读者的实际阅读需求。

表 1　2020 年龙泉驿区图书馆图书利用情况统计　　单位：册

索书号\流通类型	馆藏数	外借册次	占当年外借册次比例	常规图书采访册次	分析后的实际采访册次
A 马列主义、毛泽东思想、邓小平理论	1733	28	2%	1 ~ 2	1
B 哲学、宗教	25450	991	4%	1 ~ 2	1
C 社会科学总论	7667	230	3%	1 ~ 2	1 ~ 2
D 政治、法律	20919	166	1%	1 ~ 2	2 ~ 4
E 军事	3765	168	4%	1 ~ 2	1 ~ 2
F 经济	20121	747	4%	1 ~ 2	1 ~ 2
G 文化、科学、教育、体育	21818	1652	8%	2 ~ 4	4 ~ 6
H 语言、文字	14087	1139	8%	2 ~ 4	4 ~ 6
I 文学	205611	19863	10%	2 ~ 4	4 ~ 6
J 艺术	18394	1336	7%	1 ~ 2	2 ~ 3
K 历史、地理	41132	1549	4%	1 ~ 2	1 ~ 2
N 自然科学总论	2806	161	6%	1 ~ 2	2 ~ 3
O 数理科学与化学	2185	207	9%	1 ~ 2	4 ~ 6
P 天文学、地球科学	2842	340	12%	1 ~ 2	6 ~ 8
Q 生物科学	7221	793	11%	2 ~ 4	6 ~ 8
R 医药、卫生	21207	679	3%	1 ~ 2	1 ~ 2
S 农业科学	34954	123	0%	1 ~ 2	1
T 工业技术	25531	700	3%	1 ~ 2	1 ~ 2
U 交通运输	2738	96	4%	1 ~ 2	1 ~ 2
V 航空、航天	478	46	10%	2 ~ 4	4 ~ 6
X 环境科学,安全科学	2236	68	3%	1 ~ 2	1 ~ 2
Z 综合性图书	7326	512	7%	1 ~ 2	1 ~ 2

对资源利用的情况分析后，应结合本馆的实际情况，从文献的资源结构与形式、文献资源利用角度做充分考虑，优化文献采访，提高文献质量，树立“以人为本”

且兼顾文献质量的指导思想，改变传统图书采购的固有流程和模式，从本区域读者的具体需求出发，重新制定近期和长期的图书资源建设计划，并使近期与长期计划相辅相成，相互补充，要使具体的建设计划能体现出实用性、系统性。

3 文献资源建设的策略

3.1 切实了解读者需求

以读者需求为本是公共图书馆的服务理念。图书管理员需要了解并调研读者的心理以及阅读需求，根据不同职业、不同文化的群体，根据他们多样化的实际需求开展系统性的调查并加以统计分析，根据分析数据制订计划，努力满足读者日益增长与变化的阅读需求。

龙泉驿区图书馆长期在服务窗口发放《读者调查问卷》，再由专人统一收集并进行季度汇总，作为馆藏发展决策的重要依据。

3.2 提升馆员业务素养，提高资源利用率

公共图书馆具有科学研究和大众服务双重职能，其服务对象为人民大众。假如将其作用比作灯塔指引人们走进知识，那图书管理员在某种意义上来讲就是这点灯的人，是光明的引领者，因此图书馆员的业务素养尤为重要。图书馆员需要具备要有良好的职业道德与耐心有爱的服务态度，要具备丰富的图书专业知识，熟悉工作规律和岗位技术要求以及逻辑推理、灵敏的信息捕捉能力，这样才能更好地为读者服务，进而将公共图书馆所赋予的职能发挥到最大，更有效服务于社会。

3.3 打破固有模式，积极服务创新

以多种形式采书。例如龙泉驿区图书馆组织尝试的“你选书，我买单”形式。按照《龙泉驿区图书馆馆藏发展政策》《龙泉驿区图书馆文献采选方针及条例》做好藏书体系建设工作，形成馆藏丰富、结构合理、品种优良、各种载体互补共存的馆藏体系，充分体现图书馆资源建设的实用性、时效性，最大限度满足不同层次、不同年龄、不同地区群众的多样化阅读需求。

近年来，“你选书，我买单”活动带来良好社会效益，归结起来有以下几点原因：一是节省了读者等待借阅的时间。图书馆传统的服务模式是图书馆每采购一批新书，必须完成图书的采购、编目、入藏、上架等流程后，读者方可借阅新书，期间有一个等待过程，而通过“你选书，我买单”活动，读者只需在书店完成查询、登记工作，即可借走自己需要的图书。二是读者拥有了部分自主采购权，变被动为主动，

能提高读者的阅读兴趣。三是缓解了供求不一的矛盾。传统馆配模式下，图书馆采购的部分图书“无人问津”，出现部分馆藏文献“零借阅率”的现象，而读者通过“你选书，我买单”活动自主选择图书，则可有效杜绝“零借阅率”现象的发生，真正做到“每本书有其读者”。

3.4 以读者需求为采购依据的理念对公共图书馆资源建设的启示

大数据时代，公共图书馆也纷纷对用户的大数据行为进行分析，并运用到相关研究和图书馆资源建设上。公共图书馆要从用户服务角度出发，利用相关软件和工具，对用户的行为数据进行有效挖掘整理，形成统计或分析结果，为提高用户管理能力提供决策指导。

我们应该让读者参与到图书的采购活动中来，便于靶向明确，采购精准，一定程度上满足他们对图书的个性化需求，便于更好发挥公共图书馆的社会职能；同时该举动也有助于树立公共图书馆“以读者为中心”的良好形象。此活动的调查数据显示，读者参与“采购”的图书借阅率远高于由传统模式选购的图书，在降低图书的零借阅率上效果显著，提高了图书的利用率。

4 结论

公共图书馆是人们进行继续教育和终身教育的重要场所,是公共文化发展不可或缺的重要力量和重要文化窗口。图书馆文献资源建设水平是衡量公共图书馆竞争能力的重要指标。在互联网高速发展与应用的大数据时代，由读者的具体需求来决定采购种类及数量的全新模式出现，拓展了采购渠道，增强了读者的参与感，对于完善公共图书馆资源建设体系和图书馆赋能具有良好实际意义。公共图书馆应顺应时代需要，以更开阔的视野和格局积极转型，将挑战转化成发展机遇，进而提升图书馆在群众心中的地位，让图书馆提供的服务能满足群众对文化生活的需要，也让更多图书馆从业者在阅读服务、出版物质量评价等方面体现出核心专业价值。

参考文献

[1] 马费成，等，著. 信息资源管理[M]. 武汉：武汉大学出版社，2001.

[2] 王乃琴. 基于读者需求的图书馆管理核心理念的探索[J]. 现代情，2010，30（12）.

[3] 胡莹. 顺应用户需求变化的公共图书馆资源建设—以上海市闵行区图书馆为例[J]. 当代图书馆，2019（02）.

PART TWO

传统文化保护及传承

公共图书馆馆藏古籍的开发与利用

康良琼

（青羊区图书馆，四川成都，610091）

【摘　要】　本文从公共图书馆的职能和古籍保护着手，分析了公共图书馆古籍利用的现状和存在的问题，对如何进一步加强古籍开发利用进行了思考，提出了建议。

【关键词】　公共图书馆；古籍；开发利用

在公共图书馆馆藏体系中，都拥有数量不等的古籍文献藏量。古籍作为图书馆文献资源的重要组成部分，蕴藏着丰富的信息价值和文化价值。深入开发古籍文献资源，是图书馆业务工作中不可忽视的一个重要环节，也是公共图书馆彰显馆藏特色、适应新形势发展要求、满足读者多元阅读诉求的现实需要。

1　公共图书馆的重要职能

1.1　文脉传承职能

《中华人民共和国公共图书馆法》第三条明确指出："公共图书馆是社会主义公共文化服务体系的重要组成部分，坚持以社会主义核心价值观为引领，传承发展中华优秀传统文化"，这是公共图书馆一项最基本，也是最核心的职能。

我国的古籍文献浩如烟海，尤其是在文学、艺术、历史、农业等领域，一直被世人尊崇。常有学者将东亚的经济腾飞归功于东亚各国经济体中的孔孟儒家思想文化的历史沉淀，这种观点的确有它的合理性。纵观社会发展史表明，古代文献资源在当代经济建设中一直发挥着重要的作用，甚至可以说已经成为丰富现代社会生活的新价值体现。公共图书馆若将古籍中的精华与当代文化相结合，既可以有效地推动中华优秀文化的一脉相传，又可以使公民的科学文化素质和社会文明程度在文化传承中得以进一步提升。

1.2 阅读引领职能

《孟子》中公孙丑问曰："敢问夫子恶乎长"？曰："我知言，我善养吾浩然之气。"公共图书馆应当将推动、引导、服务全民阅读作为重要任务，应当利用自身资源优势，遴选滋养心灵的书籍，用正义、仁义和道德的力量去培养植根于公民内心的自觉和正气积累，使公民心中有集义而不停止、不忘记。同时，公共图书馆还应当通过阅读引领、阅读指导让读者知言养气。何谓知言？孟子曰："诐辞知其所蔽，淫辞知其所陷，邪辞知其所离，遁辞知其所穷"。意思是说要力求让阅读者"对于偏颇的言论，知道它不全面的地方；过激的言论，知道它陷入错误的地方；邪曲的言论，知道它背离正道的地方；躲闪的言论，知道它理屈词穷的地方"。公共图书馆可以在开展阅读推广和影响读者阅读行为过程中，通过分析语言文辞，增强读者辨别语言文辞是非美丑的能力，达成语言有真实丰满的内容这一审美理想。

1.3 资源开发职能

《中华人民共和国公共图书馆法》第二条规定：公共图书馆是收集、整理、保存文献信息（文献信息包括图书报刊、音像制品、缩微制品、数字资源等）并提供查询、借阅及相关服务，开展社会教育的公共文化设施。公共图书馆作为公益性社会教育文化机构，利用其系统化收藏的文献进行资源开发，更是具有独特的优势。

1.4 知识服务职能

按照《中华人民共和国公共图书馆法》第三十二条、三十五条的规定：政府设立的公共图书馆应当根据自身条件，为国家机关制定法律、法规、政策和开展有关问题研究，提供文献信息和相关咨询服务。图书馆开展知识服务的内容比较宽广，形式丰富多彩，例如可与档案馆、博物馆、纪念馆等单位相互交换重复件、复制件或者目录，联合举办展览，共同编辑出版文史成果、开展史料研究，还可根据用户需求开发二次、三次文献、专题数据库，根据自身人才实际，致力于科技前沿和发展趋势提供高层级的决策参谋等等。

2 公共图书馆馆藏古籍现状

公共图书馆虽然大多拥有古籍藏量，但囿于人员配备、保障条件、古籍实况等因素，对古籍的保护利用却是参差不齐。诸如上海市图书馆、哈尔滨市图书馆、辽宁省图书馆、四川省图书馆、成都市图书馆，以及北京大学、清华大学、南开大学等一些高校图书馆，针对古籍的保护、整理、开发，做得较为系统而深入，但绝大多数图书馆意识还比较薄弱，对古籍仅以“收藏”为重点，而忽视了对古籍的保护、修复、利用，更谈不上有计划地开发，普遍存在以下问题。

2.1 保存条件不达标

古籍特藏是中华民族珍贵的历史文化遗产，是图书馆保存各类文献中最为珍贵和重要的文献，需要永久保存，世代流传，因此需要良好的保存条件和严格的保护措施。但是大多数公共图书馆保存古籍的环境、设施设备不能满足需要，较大部分的古籍书库不达标，储藏环境的温湿度、空气净化、光照和防紫外线要求，以及书库的建筑、消防、安防等与文献保护和安全保障条件差距较大，古籍的老化、霉蚀、鼠啮、蛀损、破损、酸化现象较为普遍，有的公共馆古籍破损率达 90%以上。

2.2 专业人员配置不足

部分公共图书馆缺乏古籍专职岗位人员，通常以其他岗位兼管、一岗多职的方式进行管理。部分公共图书馆虽有专职管理人员，但岗位人员缺乏古典文献、文献学、文献修复等相关学科背景和知识结构，在古籍整理、古籍修复、古籍开发等方面驾驭能力不足，同时相对于古籍中众多的繁体字、异体字、通假字、避讳字，在著录中的讹误较多，在推动古籍检索阅览和研究利用方面较为吃力。

另一方面，在古籍数字化过程中，要将竖排繁体且包含大量异体字、通假字且没有标点符号、行文格式烦琐的古籍进行先行性整理，将传统学术方法与现代科学技术相结合，更需要一批既懂得古籍整理又精通计算机技术的人才。而现实情况往往是古籍整理专业人员不太懂电子技术，计算机技术人员缺少古籍知识。目前各个馆普遍缺乏古籍资源数字化、文献信息校勘类专业人才。

2.3 管理理念重藏轻用

部分公共图书馆的管理者囿于自身专业局限，对“古籍保护”的理解不到位，要么将古籍保护和公共服务对立起来，要么因不当保护措施对古籍造成二次伤害，有违古籍保护和使用的初衷。一些馆将本馆古籍藏书视为奇货可居，一律不予开放利用。一些馆深知古籍的重要性，采取“束之高阁”的保藏方式，以“铁将军把门和多人开锁”的管理模式，重重设置查考、咨询的障碍，而不重视、不寻求如何促使公众更好地利用公共文献资源的管理方法、管理措施。

2.4 古籍识读高处甚寒

古籍中众多的繁体字、异体字、通假字、避讳字，加之无句读，竖排版，给快节奏信息时代下的高效阅读带来一定的障碍，让阅读变得艰涩而枯燥，影响阅读兴致和阅读进度，阅读的效能也不高。读者中能够正常识读古籍原文的人数普遍较少，往往多为研究型人员、对口专业学生等，因此，公共图书馆的古籍阅览查询工作可谓高处不胜寒。

3　公共图书馆馆藏古籍利用中存在的主要问题

近年来，随着中华古籍保护计划的实施，我国古籍保护事业取得了巨大的成就，古籍保护的学科建设也日渐成为学界关注的焦点。但就目前公共图书馆古籍保护工作的现状，尚存在一些亟待解决的问题。

3.1　重视不够

古籍作为我国重要的文化遗产，其文化的传承属性和其历史价值是不可替代的。因此，保存古籍是一个历史性的使命，是国家对古籍的责任。而目前古籍数字化工作、古籍保护工作，从机制上缺乏统一协调，各地各馆往往是各自为政，热点项目重复建设，冷门项目少有问津。公共图书馆业界亟须从对国家和历史负责的高度达成一致共识，形成整体合力，增强做好古籍保护的责任感和紧迫感，加大对古籍保护工作岗位的人财物倾斜，根据现实需要建立图书馆的古籍图书管理系统、古籍查询制度，为人们的古籍资料科研和文献挖掘提供基础性服务。

3.2　保障乏力

古籍是不可再生的重要文化资源，古籍保护条件亟须改善和提升。但单靠单馆力量，势单力薄。我国古籍数量庞大，且分散各地，仅由古籍收藏单位来负责完成古籍书目数据库建设、古籍保护修复是非常困难的，需要多方合作方能彰显良好效果。按照《图书馆古籍虫霉防治指导》（WH/T 88-2020）的最新标准，需要各地协同防范各类微生物对古籍的侵害和噬伤，根据文献等级和破损等级统筹制订修复计划、修复进度，以整体合力为古籍及时止损。

3.3　沉寂深闺

历经千百年之久的古籍，随着时间的流逝，早已被岁月侵蚀得斑痕累累、弱不禁风：书页纸张发黄、脆化，动辄碎裂，不少古籍已为此停止了借阅。据某古籍收藏单位测试，一部宋元古籍离开专用书库，置于普通的阅览室中供人翻阅一小时，其寿命就会缩短数个月。因此，几乎所有的古籍收藏馆，对古籍的使用都采取了较为严格的限制，致使大多数古籍文献只能沉寂深闺。

公共馆虽拥有丰富的古籍文献藏量和文献处理经验，但因为缺少经费，无法购置必需的设备和软件，加之缺乏足够的人力和技术人才，不少已经规划好的古籍项目也难以正常开展，包括古籍数字化工作、珍善本抢救性修复工作等，致使蕴藏于古籍中的隔世芬芳暗香渐逝。

4 推动公共图书馆馆藏古籍开发与利用的措施建议

数千年的文化积淀，留下了浩如烟海的古籍文献。这些典籍记载着中华文明，凝聚着民族智慧，不仅具有极高的文物价值，更有着异常丰富的历史文献价值，是社会生活、学术研究、生产建设不可或缺的文化资源宝库。公共图书馆如何进一步推动古籍文献的开发与利用，在此提出几点建议。

4.1 普查成果的联动运用

古籍普查是中华古籍保护计划中最重要的基础性工作。近年来，各地都开展了文化和旅游资源普查工作，重点对古籍等六大类文化资源和八大类旅游资源进行了系统普查。各类古籍收藏单位按照最新要求和规范，对馆藏古籍进行了重新清点和编目整理，共建了全国古籍普查平台信息数据库，可以说为下一步有重点、有针对性地开展古籍保护、促进古籍资源利用已经奠定了良好基础。如何运用好普查成果，如何加强平台数据的联动，应该尽快提上议事日程并加以推动落实。

首先可以依托平台数据着手基础性开发，包括揭示、展示古籍的特点、价值，分类编撰目录、索引、图文集，为阅读者提供便捷的古代典籍知识服务，更好地满足人们对古籍资料阅读和研究的需要。

其次是有力推进普查成果共享。各收藏部门可以采取统筹协调、分工负责、协作攻关的方式，联合建立古籍专题数据库，最终实现全国各地的读者都能够在线检索、查阅、学习古籍资料数据库中的内容。同时各馆将孤本、善本、珍本的原文利用现代计算机技术，形成自身特色资源库和文化产业项目，分步推动资源共享。

4.2 加大再生性保护与数字化建设

由于古籍具有文物价值属性和文献价值属性，因此对古籍的保护既需要采取原生性保护方式，更需要采取再生性保护方式。原生性保护是针对古籍的文物属性而言，是对古籍原件的保存与养护，但这种保护在客观上会限制古籍的利用，使古籍的文献价值发挥不足。而再生性保护可以通过翻印、传抄、影印等多种再生方式，使古籍发挥传播知识、传承文化的文献价值，利于后世阅读研究、开发利用，影响更为深远。例如，现存春秋末到战国时代的典籍可谓凤毛麟角、难得一见，但是通过历朝历代经久不息的传抄与翻印，却比较完整地将古籍的精华保存了下来，服务于后世，为弘扬中华文明、传承文脉起到了巨大的作用。近年来，由国家图书馆出版社承担的“中华再造善本工程”，出版了大量不同规模的影印精品，不仅产生了极好的社会效应，获得专家学者的广泛好评，而且取得了良好的经济效益。但是，面对存世的数十万种、两千多万册古籍，仅仅依靠一期或几期再造善本工程，几家出版社之力，是远远不够的。

公共图书馆在履行传承民族优秀文化时，应始终坚持以“取其精华、推陈出新、古为今用、服务学术”为宗旨，以“继绝存真、传本扬学”为己任。随着计算机技术的发展、社会信息化进程的加快，也为加大对古籍文献的再生性保护和数字化建设创造了条件。公共图书馆面向普及性的服务，要着力让有一定文化程度且对古籍有兴趣的读者能够通过数字化工程方便地看到优质的古籍文献，增加对优秀传统文化的了解和热爱。这一群体是文化传承中的基本队伍，其电子化的形式可以是各类点校整理的文本、出版物，以及“全文型”的文本，从而发挥传统文化的普及作用。

公共图书馆面向研究性的服务，要着力为从事研究工作的群体提供方便、快捷、准确的古籍资料，为其研究提供数字化文献支撑。将书中具有检索意义的内容数字化，转为电脑可识别的文字，为其提供快捷的检索、查询、编辑功能。学术界中部分研究人员所需要的，不是经后人点校整理、释读注译的排印出版物，而是没有经过加工的原籍，需要的是原真原貌的文献资料，所以，影印出版既是保存保护和研究利用历史文献的最佳手段，也能更好地满足学术界对古籍的需求，阅读起来较原书更为便利、安全、可行。

4.3 编印二次文献和专题文献

江山留胜迹，我辈复登临。先辈们创造了辉煌璀璨的中华文化，留下了浩如烟海的珍贵典籍。今天我们正在推进的现代化建设，是承前启后的创新，是继往开来的发展，它仍然离不开历史的启迪和以史为鉴。围绕书目、地方志、旅游资源潜能，通过编印二次文献、三次文献，开发古籍文献的现代意义，可以更好地为社会主义现代化建设服务。

编印书目二次文献。公共图书馆为有序推动古籍文献的检索、查询、研究、开发、利用，可对馆藏古籍编印书本式目录，通过类别、音序、四角号码多种检索方式，满足广大读者快捷查询、研习交流的现实需求，提升图书馆业务规范，推动馆藏古籍文献在传承和弘扬民族优秀传统文化、深入挖掘区域古文化资源等方面发挥积极作用。

编印地方志多次文献。古籍中蕴含的地域文化，并不仅仅只是记载场景和物相，而是深厚地蕴含着景观所固有的内涵、所传送的信息、所隐藏的秘密和所带来的意义，对于民俗的传承、社会的稳定、人心的维系都发挥着无法替代的作用。挖掘古籍中的地域文化，可以进一步发掘人们内心的生活秩序、透视人们的精神本质。同时古籍方志中所记载的山川文物、政治经济、风土人情、自然灾害、物产资源等，能够为领导者决策提供丰富的史料，间接推动经济发展。公共图书馆在挖掘古籍中的地域文化过程中，可以编印大量的二次文献、三次文献，这也是图书馆深入开展知识服务的重要途径。

编印旅游类专题文献。利用古籍文献，编印旅游专题文献，开发旅游资源。近年来，随着人们文化意识觉醒，开发利用古籍文献资源成为发展旅游文化的需要。中国有五千年的文明史，物华天宝，名山大川数不胜数，如果将其与历史文化相融合，则可激发人们对古文化的思想依托，从而促进旅游事业的发展，繁荣当地经济。地方文献以广泛的文献载体（如文字、图像、声音、影像等）翔实地记录了一个地域的政治、经济、文教、史地等人文与自然状况，是开发旅游资源，特别是地方特色旅游资源的重要信息宝库。诸如当地历代各界重要人物资料，包括照片、手稿、日记、信函、传记、回忆录以及名篇等；反映当地自然和社会发展的遗迹、历史纪念地、旅游景区的典故、来历、传说、诗文、曲艺、雕塑等；反映当地自然和社会历史变迁的实物等等，这些都是构成旅游信息、开发旅游项目的重要素材。

4.4 古籍存世价值有待挖掘和激活

对古籍的价值进行激活和挖掘，让沉寂在古籍中的文字活起来。古籍的价值主要体现在历史文物价值、艺术美学价值、文献研究价值。有些古籍，抄写或刻印本年代久远、流传稀少，如宋版书存世不多，无论从纸质、墨迹、印刷技能、装帧水平等方面都具有很高的文物考古价值。有的书籍所描述记载的史料非常丰富，是研究社会发展变迁的第一手材料。不断激活古籍的新生命，是中华民族传承古老文明、再造先进文明的源头活水。着力发掘古籍的存世价值，激活古籍中的文化基因，潜心挖掘古籍的新理解，对于彰显中华文明新气象具有深远的意义。在五千多年文明发展进程中，中华民族创造了博大精深的灿烂文化，我们理应薪火相传，代代守护，同时也需要与时俱进、不断创新，汲取传统文化跨越时代的精髓，系统梳理沉积已久的丰富内涵。从中央电视台“诗词大会”这个节目受欢迎的程度，充分证明了包括“诗经—楚辞—乐府—赋—辞—唐诗—宋词—元曲”等中华古诗词在内的经典古籍，一直涵养着中国人的精神生活，充实着中华民族的心灵空间，是华夏儿女走向世界、走向未来的自信与动力。古籍中的音韵学和诗词律学，道法自然、修齐治平、革故鼎新、兼济天下等思想体系，以及历日、礼俗、宗法、饮食、衣饰等方面，在历代典籍中都可以找到对应。中国古籍存载了一脉相传的中国智慧，激活古籍中的文化基因，可以呼应中华文化伟大复兴的时代诉求。

4.5 举办形式多样的古籍展览与讲座

2021年牛年伊始，中央广播电视总台推出大型文化节目《典籍里的中国》，仅播出《尚书》《天工开物》两期，视频播放量超过2.5亿次，节目相关话题阅读量超11亿次。深圳博物馆曾在过去几年中推出《传承之道——深圳博物馆馆藏经部古籍善本展》《传承之道——深圳博物馆馆藏史部古籍善本（上）（下）展》，深受广大市民的欢迎。通过举办形式多样的古籍展览与讲座，让古籍活化的效果已彰显。公众进馆看展，可以引导他们去欣赏古籍的版本、印刷、装帧、藏书章等。弘扬传统文化，守护文化根脉，需要社会形成合力。过去常说古籍工作是“板凳甘坐十年冷”，现在需要做的是把冷板凳坐热，让更多的人愿意亲近古籍，了解中华传统文化，从而让优秀传统文化进入百姓生活，起到化育民生的作用。

4.6 培育古籍藏、研、阅、用阵地，打造文化 IP

纵观世界，不论是生态资源禀赋型的特色小镇，历史文化型的特色小镇，或是特色产业型的特色小镇，都必须有自己独特识别物和独有的形象认知，最终都是以“IP”来彰显个性的，都有其独特的“IP”。通过培育古籍藏、研、阅、用阵地，可以尝试将馆藏古籍文献作为文化符号扩展到产业的过程。充分摸清家底、梳理馆藏古籍特色，挖掘资源特质，并进行现代化、时尚化、场景式的演绎，全方位融入旅游项目、线路、产品、服务、营销等方面，创造出独特的IP品牌，把点击率、流量、粉丝变现为GDP的增量，以数字技术打通文化旅游全产业链。

参考文献

[1] 钱宗武. 激活古籍文化基因 弘扬国学研究正脉[N]. 中国社会科学报，2015.
[2] 牛红广. 关于古籍数字化性质及开发的思考[J]. 图书馆，2014（2）.
[3] 邵正刊. 古籍数字化的困局及应对策略[J]. 图书馆学研究，2014（12）.

县级公共图书馆红色文献资源阅读推广探索
——以新都区图书馆“红色经典图书汇”为例

刘辉

（新都区图书馆，四川成都，61500）

【摘　要】2021 年是中国共产党成立 100 周年。新都区图书馆依托总分馆服务体系和文化流动服务车，整合各类红色文献资源，打造“红色经典图书汇”服务项目，积极拓展服务空间，用“线上+线下”多种服务满足不同群体对公共文化服务的需求，以期为县级公共图书馆开展阅读推广提供一些参考。

【关键词】公共图书馆；图书馆服务；实践；阅读推广

为隆重庆祝中国共产党成立 100 周年，扎实开展党史学习教育，加强广大市民的思想政治教育，引导各行各业各领域学习党的光辉历史、传承革命精神、发扬党的优良传统，成都市新都区图书馆发挥自身优势，整合各类红色文献资源，围绕建党 100 周年主题，开展了“红色经典图书汇”系列活动。

1　继承红色革命文化是公共图书馆的重要任务

《中华人民共和国公共图书馆法》第三条：公共图书馆应当坚持社会主义先进文化前进方向，坚持以人民为中心，坚持以社会主义核心价值观为引领，传承发展中华优秀传统文化，继承革命文化，发展社会主义先进文化。中国共产党在百年来的奋斗历程中产生并留下了大量珍贵的红色文献，各级公共图书馆拥有着大量的红色文献资源，这些红色文献资源具有较高的史学价值和研究价值。如何对馆藏的红色文献资源进行整理、融合，研究，对红色文献资源的保存、利用与开发具有深远意义。

2 各级公共图书馆开展建党百年活动的情况

2.1 中国图书馆学会

2021 年 3 月 25 日中国馆图书馆学会印发《中国图书馆学会关于开展 2021 年全民阅读工作的通知》,“阅百年历程，传精神力量”成为 2021 年全民阅读活动的主题。通知提到“图书馆作为开展全民阅读工作的重要阵地，在推动全民阅读中承担着重要的角色和任务……请各有关单位充分结合党史学习教育，自觉承担起“举旗帜、聚民心、育新人、兴文化、展形象”的使命任务，充分发挥图书馆作为阅读推广、社会教育、文化传播主力军的作用”。

2.2 四川省图书馆

四川省图书馆与重庆市图书馆开展合作，于 2021 年 3 月启动“信仰的力量”——庆祝中国共产党成立 100 周年川渝“阅读之星”诵读活动。活动得到了川渝两地 135 家公共图书馆的积极响应,先后有 10 万余名阅读爱好者参加线上线下活动。6 月 15 日，由中共四川省委宣传部、中共重庆市委宣传部、四川省文化和旅游厅、重庆市文化和旅游发展委员会主办，四川省图书馆、重庆图书馆、成都图书馆承办的“信仰的力量”——庆祝中国共产党成立 100 周年川渝“阅读之星”诵读活动集中展演在成都拉开帷幕。四川省图书馆、四川传媒学院选送的《抗疫赞歌》，重庆市渝北区图书馆选送的《小平您好》获得该活动金奖。

2.3 成都图书馆

为庆祝中国共产党成立 100 周年，成都图书馆先后开展了多场活动献礼建党百年。成都图书馆呼唤更多读者追溯印象中的红色百年历史，共同感受历史印记。成都图书馆共收藏有红色文献 361 种，其中书籍 325 种、344 册，报纸 1 种、13 册合订本；期刊 35 种 235 册，活动推出馆藏“红色文献”书目，帮助读者更清楚了解党史，活动期间读者可以在成都图书馆 10 楼进行阅览。

2021 年 7 月 3 日，成都图书馆邀请中共四川省委党校进修部党总支书记、四川大学历史学博士任春艳举行《长征与伟大的长征精神》的专题讲座，与读者一起分享长征与伟大的长征精神；邀请中共四川省委党校期刊社副社长、教授、硕士研究生导师王友平开展永远的女红军——《长征中的川籍女红军》阅读分享会，通过讲述川籍女红军生动、感人的革命故事，体现川籍女红军必胜的革命信心和顽强的斗争精神。

3 “红色经典图书汇”项目背景

成都市新都区位于成都北部，“古蜀三都”之一，自古蜀开明王朝在此建都，有

2 800 年的建城史。新都区汇状元府第书香、满城桂蕊花香、宝光古寺佛香，素有“天府明珠，香城宝地”之美誉。成都市新都区图书馆现为国家一级图书馆，阅览座席达 400 个，馆藏纸质图书 45 万余册，电子图书 41 万余册，全年 365 天对外免费开放，2020 年接待读者近 26.8 万人次，累计注册读者 67 359 人，借阅图书超 10 万册次。2018 年初，新都区建立了“六个统一”覆盖区内 9 个镇（街道）图书馆分馆的图书馆总分馆服务体系。2019 年开始试点村（社区）图书馆服务点通借通还，目前，实现通借通还村（社区）图书馆服务点 22 个。同时，为服务读者“最后一公里”先后建设了合作馆外服务点 2 处，24 小时借阅柜 3 个，配备了流动文化服务车 1 部，极大地完善了新都区图书馆总分馆服务体系。通过几年的建设，成都市新都区图书馆建立了覆盖面广，内容丰富的数字文化服务体系，通过成都图书馆数字资源平台、成都市新都区图书馆网站、成都市新都区数字图书馆、微信公众号、微信小程序、App 等数字资源，打造 7*24 小时在线图书馆，让读者可以足不出户享受数字文化服务。

4　“红色经典图书汇”项目理念及运行方式

4.1　项目理念

党的十九大报告指出，文化是一个国家、一个民族的灵魂。文化兴国运兴，文化强民族强，没有高度的文化自信，没有文化的繁荣兴盛，就没有中华民族伟大复兴。推进全民阅读是促进文化繁荣、推动文化创新的重要支撑，在实现新时代文化建设目标中意义重大。文化需求是人民日益增长的美好生活需要的重要内容，推进全民阅读也是满足人民文化需求的重要途径。图书馆是开展全民阅读工作的重要阵地，在全民阅读中承担着重要角色。为隆重纪念中国共产党建党 100 周年，发挥图书馆在全民阅读中的引领作用，成都市新都区图书馆 2021 年计划开展建党 100 周年“红色经典图书汇”系列活动。

4.2　项目内容

4.2.1　设立“红色经典图书汇——读文献、学党史”图书专架、专题图书展览区

在全区图书馆（总馆和镇街道分馆）开展“读文献、学党史——红色经典图书汇”活动，为每个点安排 200 册党史党建图书。在总馆和各分馆集中区域展示近年出版关于中国共产党成立 100 年斗争、奋斗、发展、探索与成就，党史经典读物、政治理论等方面图书，方便全区党员干部群众学习党的历史、重要论述和理论。

4.2.2 “红色经典图书汇——读文献、学党史”党建电子图书墙

积极使用数字平台资源优势，在活动点通过“党建电子图书墙”展架的形式，集中展示党史、党建数字图书资源，读者可以通过移动终端或者登录微信公众号直接阅读电子书。支持各分馆、社区服务点建设有声党建图书墙、党建电子书墙等内容丰富、形式多样的党建宣传阵地。

成都市新都区图书馆党建数据库含包含 10 000 余册电子图书；超过 5 000 余分钟、百余部高清视频专题纪录片；党史党政有声频道，党史党政专题模块包含聚焦两会、红色文学、抗战胜利、两学一做、学四史守初心、一带一路等精选专题。全区党员干部群众可随时学习党的历史、重要论述和理论。

4.2.3 “红色经典图书汇——文化巴士”活动

以流动文化服务车为载体，依托图书馆总分馆服务体系深入到区内镇（街道）、村（社区）、企业、军营、机关、景区、绿道、公益开展“红色经典图书汇”系列流动文化服务，为读者提供读者证办理、图书借阅、数字期刊、数字图书等服务。零距离为广大市民展示近年出版关于中国共产党成立 100 年斗争、奋斗、发展、探索与成就，党史经典读物、政治理论等方面的纸质和电子图书，方便全区党员干部群众学习党的历史、重要论述和理论。同时，集中开展中国共产党成立 100 周年纪念图片巡展、宣讲等活动。2021 年 5 月至 7 月，先后走进新都区各社区、军营、学校、景区开展了红色经典图书展，《光辉历程 · 伟大成就》《奋斗百年》《新都党史展》等一系列党史展览，开展流动服务 22 场次，服务读者 3 000 余人次，借阅图书 4 000 余册。

4.3 项目合作

4.3.1 文献资源合作

文献资源：由于新都区图书馆馆藏红色文献资源数量有限，在活动之初就整理了近年来出版的红色文献近万册（种），对上争取了专项资金采购了红色纸质文献 2 500 册。

数据资源：与各数据库供应方合作，在数字图书馆、微信图书馆、微信小程序开辟了建党百年主题文献资源服务专栏；采购了党建数据库含，读者打开手机就可以获取包含 10 000 余册电子图书，超过 5 000 余分钟、百余部高清视频专题纪录片，党史党政有声频道，党史党政专题模块，包含聚焦两会、红色文学、抗战胜利、两学一做、学四史守初心、一带一路等精选专题。

其他资源：区图书馆与区党史办合作，在流动文化服务中集中展出新都区党史主题图片展，专题介绍中国共产党在新都的成立、发展、壮大和新中国成立以来的重大成就。

4.3.2 活动合作

项目需要多方合作、发挥各自优势才能形成合力，“红色经典图书汇”与区内各部门广泛合作，既要依托区图书馆总分馆服务体系的阵地优势，又要走出图书馆来到读者身边，服务读者，先后来到新都区武警中队、桂湖景区、新都区体育中心、新都区旃檀小学、桂湖街道、石板滩街道、军屯镇、新繁街道、宝光寺等开展流动文化服务活动 22 场，零距离服务读者。

区图书馆与桂湖公园合作，将流动文化服务与景点充分融合，为读者专门挑选了符合桂湖公园历史有关图书和新都党史专题展览，让读者在景点游玩时充分感受桂湖公园在新都党史中浓墨重彩的一笔。与新都区武警中队合作，开展建党百年主题教育活动，开展《光辉历程 · 伟大成就》图片展，让武警官兵读党史、学党史。

4.4 项目宣传

服务项目的效果离不开宣传，区图书馆积极使用馆办阅读交流报纸《桂湖》、微信公众号、读者活动群、网站开展宣传外，积极拓展宣传渠道。“红色经典图书汇”项目以图书馆阵地为基础，结合“线上+线下”的服务模式，获得电视台、报纸、网络等媒体的广泛关注。中国新闻网、新浪四川、易观四川、搜狐网、新都电视台、新都在这里等媒体先后对活动进行了报道。

5 结语

新都区图书馆“红色经典图书汇”项目，既依托于区域总分馆服务体系又开展与社会机构广泛合作，为图书馆服务空间的拓展开辟了更广阔的空间。图书馆的服务走进读者身边，让更多的市民在家门口就能享受图书馆服务，手机图书馆、微信图书馆、党建设数据库的使用，实现文化的公益性、基本性、均等性和便利性。各级公共图书馆特别是县级图书馆要与时代结合，把推动、引导、服务全民阅读作为重要任务，在阅读推广中拥抱新技术、新手段，把握时代的方向，将内容丰富，形式多样的文化活动与时代结合，共同闪耀出更亮的光芒。

参考文献

[1] 中华人民共和国公共图书馆法[EB/OL]. http://www.npc.gov. cn/npc/c12435/201811/ 3885276ceafc4ed788695e8c45c55dcc.shtml，2018-11-15.

[2] 中国图书馆学会关于开展 2021 年全民阅读工作的通知[EB/OL]. http://www.lsc.org. cn/contents/1129/15165.html 2021-03-25.

[3] 共诵红色经典 献礼建党百年 川渝“阅读之星”诵读活动集中展演落幕[EB/OL]. http://www.sclib.org/sclib/info.htm? id=1061621300900688，2021-06-16.

新都魏朝俊墨耕堂刻书考略

庄严

（新都区图书馆，四川成都，610500）

【摘　要】新都魏朝俊于清同治、光绪年间以“古香阁”之名，刻印了种类繁多的书籍，并以“墨耕堂”之名发售，现今可考的墨耕堂刻书尚有30余种。本文对墨耕堂的刻书情况进行粗略梳理，对其刻书品种及刻书特点进行初步探讨，以期对研究晚清成都坊刻书业有所帮助。

【关键词】魏朝俊；墨耕堂；古香阁；刻书

四川是中国雕版印刷术发源地之一，经济繁荣，文化发达，其盛况有“扬一益二”之称。此时出版业也得到了迅速发展，成为全国重要出版基地之一。经五代到两宋，四川的雕版印刷术进入成熟时期。官府更加重视，民间书坊增多，刻书地域扩展，私家、书坊、寺庙、官府刻书均有发展，已成为与汴梁（今河南开封市）、浙江、福建、江西并列的刻书中心之一。此后，四川历经几次朝代更迭间的战乱和灾荒，雕版印书业因之几经中断，直到清代康乾时期，才再度兴起。据收集到的资料统计:（全省）从康熙年间直至民国，先后有过书坊七百多家，其中成都有四百八十多家，较有名气的书坊不下数十家。成都雕版出版业到嘉庆、道光年间得到了更大的发展，已逐步与京、宁、苏、杭、徽州齐名，成为全国六大刻书中心之一。特别是19世纪后期，成都坊刻书业急剧增多，至同治、光绪年间，书坊刻书达到了鼎盛阶段。这一时期，成都书坊仍然继承和发扬历史上成都刻书的优良传统，大多比较讲究刊刻质量、注重信誉，校勘精审，用纸讲究，印制了一批受到社会和学界好评的书籍。与此同时，也诞生了一批著名的出版家。当时名声最大的是志古堂的周达三，其次是正古堂的吴伯昭和墨耕堂的魏朝俊。其中魏朝俊以“古香阁”之名于清同治、光绪年间刻印书籍，并以“墨耕堂”之名发售，所刻书籍内容丰富、种类繁多，从童蒙读物到“四书”“五经”“八股制艺”等，多为文人、学子实用书籍，流传较广，为保存和传播传统文化做出了一定的贡献。然而关于墨耕堂的刻书情况，有关文献记载皆极其简略，魏朝俊其人生平事略也未见诸史料记载。故本文对魏朝俊及其墨耕堂的刻书情况略予梳理和考证，以期引起更多的关注与研讨。

1 魏朝俊与墨耕堂

魏朝俊，字青士，生卒年不详，四川新都县（今成都市新都区）人，为人“秉性刚方，热心公益”，以“行谊”入县志，无传。魏朝俊于清同治九年（1870）创办墨耕堂，总号设在新都县城南街（旧址约在今新都区社区矫正中心）。据《四川省志• 出版志》（以下简称《出版志》）记载，民国时期又在成都中新街开设分销处。但清宣统元年（1909）九月至二年（1910）六月，由成都通俗报社陆续印行的傅崇矩编撰的《成都通览》一书，已有墨耕堂开设在中新街的明确记载，《出版志》有误。另据《新都县文化志》（1988 年油印本）记载，在新都县城状元街还开设有分销处。墨耕堂储放书籍和书版的地方名“古香阁”（旧址在原新都县天元乡境内）。该堂刻书规模在成都书坊中属于中型书坊，集编、刻、印、发行于一体，并附设有刻版作坊。所出书籍均精工雕版，并选用上等纸张，印、装精致讲究，是木刻书业中刊刻质量较高者[1]。从晚清至民国，墨耕堂刻印的线装书不仅行销川省各州县，甚至远销外省，直至 1937 年（一说是 1931 年）前后才因经济不景气歇业。

2 刻书品种和数量

据《出版志》附录《清代四川雕版图书简目》统计，墨耕堂刻书 17 种（著录出版机构为新都魏氏古香阁的 16 种，新都墨耕堂的 1 种），重复著录 2 种，实为 15 种。此数据为不完全统计，实际刻书数量要远大于此数字。迄于今日，即于全国各类型图书馆、博物馆、文物保护所等藏书单位能够见到原书者约 30 余种。魏朝俊墨耕堂究竟刻了多少书，因后世散佚较多，并无精确统计。今仅就笔者历年来所见所闻之品种，按类依次考录，整理成“新都魏氏墨耕堂刻书简目”（见表 1），并注明主要馆藏，供有志于斯者参考。其中疏讹遗漏之处，敬请指正。

表 1　新都魏氏墨耕堂刻书简目

分类	书名卷数	册数	著者	出版时间	收藏机构
经部/丛编	四经精华（增订四经精华）四种易经精华六卷首一卷末一卷（清）薛嘉颖辑 书经精华十卷首一卷（清）王文渊辑 诗经精华十卷首一卷（清）薛嘉颖辑 周礼精华六卷首一卷（清）陈龙标辑	18 册	（清）魏朝俊辑	清光绪十一年（1885）	清华大学图书馆 北京师范大学图书馆 陕西省图书馆 重庆市北碚区图书馆 日本国会图书馆 日本东京图书馆
经部/丛编	四经精华（增订四经精华）四种	20 册	（清）魏朝俊辑	清光绪十四年（1888）	重庆图书馆
经部/易类	易经精义旁训三卷	3 册	（元）解蒙精义 （明）朱升旁训	清光绪九年（1883）	陕西省图书馆 成都市新都区图书馆
经部/书类	尚书离句六卷	4 册	（清）钱在培辑解	清光绪七年（1881）	重庆图书馆 广汉市图书馆
经部/书类	书经精义旁训四卷	4 册	（宋）黄伦精义 （明）朱升旁训	清光绪十一年（1885）	首都师范大学图书馆 陕西省图书馆 成都市新都区图书馆 广元市图书馆 广元市剑阁县图书馆
经部/书类	书经精义旁训四卷	4 册	（宋）黄伦精义 （明）朱升旁训	清光绪二十三年（1897）	贵州省图书馆 重庆市北碚区图书馆
经部/诗类	诗经精义旁训五卷	4 册	（清）黄淦精义 （清）徐立纲旁训	清光绪九年（1883）	重庆市北碚区图书馆 成都市新都区图书馆
经部/诗类	诗经精义旁训五卷	4 册	（清）黄淦精义 （清）徐立纲旁训	清光绪十年（1884）	广元市图书馆 绵阳市安县图书馆
经部/诗类	诗经精义旁训五卷	4 册	（清）黄淦精义 （清）徐立纲旁训	清光绪二十九年（1903）	德阳市图书馆 广元市图书馆 成都市新都区图书馆
经部/诗类	诗经正文四卷	4 册	（清）魏朝俊辑	清光绪十九年（1893）	成都市新都区图书馆

续表

分类	书名卷数	册数	著者	出版时间	收藏机构
经部/礼记类	礼记精华二十八卷	28册	(清)魏朝俊辑	清光绪二十五年(1899)	成都市新都区图书馆
经部/礼记类	礼记精义旁训六卷	6册	(清)黄淦精义 (清)徐立纲旁训	清光绪十年(1884)	上海市图书馆 陕西省图书馆 湖北省图书馆 郑州市图书馆 绵阳市安县图书馆
经部/礼记类	礼记精义旁训六卷	6册	(清)黄淦精义 (清)徐立纲旁训	清光绪二十年(1894)	广元市图书馆
经部/春秋左传类	选批左传十六卷首一卷	8册	(明)孙鑛(清)路德(清)韩菼评点 (清)魏朝俊辑	清光绪十四年(1888)	天津师范大学图书馆 成都市新都区图书馆
经部/春秋左传类	春秋左传精义旁训十八卷	10册	(清)魏朝俊辑	清光绪十年(1884)	陕西省图书馆 福建省图书馆 陕西师范大学图书馆 德阳市图书馆
经部/春秋左传类	春秋左传旁训十卷	不详	(明)郑维岳撰	清光绪二十三年(1897)	重庆市北碚区图书馆
经部/春秋左传类	东莱博义四卷	4册	(宋)吕祖谦撰 (清)孙执先评选&虚字注释备考六卷(清)张文炳点定	清光绪三十年(1904)	萍乡市图书馆 成都市新都区图书馆
经部/四书类	四书集注正本十二卷	12册	(宋)朱熹注 (清)童棫辑	清光绪十七年(1891)	重庆图书馆 成都市新都区图书馆
经部/四书类	四书补注备旨十二卷首一卷	12册	(明)邓林撰 (清)杜定基增订	清光绪十二年(1886)	重庆图书馆 成都市新都区图书馆 绵阳市安县图书馆
经部/四书类	四书旁训八卷	8册	(□)□□撰	清光绪六年(1880)	成都市新都区图书馆
经部/四书类	四书旁训八卷	8册	(□)□□撰	民国九年(1920)	成都市新都区图书馆
经部/四书类	圈点四书旁训八卷	8册	(□)□□撰	清光绪二十三年(1897)	成都市新都区图书馆
经部/四书类	四书正文□□卷	不详	(□)□□撰	清光绪九年(1883)	成都市新都区图书馆
经部/小学类	诗韵集成题考合刻十卷首一卷	5册	(清)王文渊辑	清光绪十四年(1888)	北京师范大学图书馆 陕西省图书馆 成都市新都区图书馆

续表

分类	书名卷数	册数	著者	出版时间	收藏机构
经部/小学类	尔雅读本四卷	2册	（晋）郭璞注	清光绪二十五年（1899）	成都市新都区图书馆
史部/纪事本末类	圣武记十四卷	不详	（清）魏源撰	清光绪五年（1879）	辽宁大学图书馆
子部/儒家类	三字经一卷	1册	（宋）王应麟撰	不详	成都市新都区图书馆
子部/儒家类	百家姓一卷	1册	（□）□□编	不详	成都市新都区图书馆
子部/儒家类	蒲编堂训蒙草详注一卷	1册	（清）路德撰	清光绪十一年（1885）	成都市新都区图书馆
集部/总集类	槐轩千家诗二卷附一卷	2册	（清）夏世钦辑	清光绪十五年（1889）	临海市图书馆 成都市新都区图书馆
集部/总集类	古文观止十二卷	6册	（清）吴乘权 （清）吴大职辑	清光绪十九年（1893）	重庆市万州区图书馆 成都市新都区图书馆
集部/总集类	唐诗三百首二卷	2册	（清）孙洙辑	清光绪九年（1883）	成都市新都区图书馆
集部/总集类	唐诗选不分卷	1册	（清）魏朝俊辑	不详	绵阳市安县图书馆
集部/诗文评类	七言古诗声调细论一卷附录声调论十四则	1册	（清）魏景文 （清）魏朝俊撰	清光绪十年（1884）	绵阳市安县图书馆
类丛部/类书类	寄傲山房塾课新增幼学故事琼林四卷首一卷	4册	（清）程登吉撰 （清）邹圣脉增补	清光绪二十七年（1901）	成都市新都区图书馆
类丛部/类书类	新增幼学故事琼林四卷首一卷	4册	（清）程登吉撰 （清）邹圣脉增补	清光绪二十九年（1903）	重庆图书馆 重庆师范大学图书馆

据表1统计，墨耕堂所刻之书达32种，虽无法将其考证完备，但从中可窥其刻书品种之一斑。另外，需要说明的是，表1中所列书名卷次相同，但出版时间不同者，均视为不同品种立目（依一般著录习惯，一书虽经传抄刊刻，但内容卷数沿袭原貌，即作为相同品种立目；一书经重编后传抄刊刻，内容有所增损，卷数随之变化，即作为新品种立目），以便于了解其刊刻和馆藏情况。另外，墨耕堂所刻之书，诸家书目版本项著录各有异同，多著录为“魏氏古香阁刻本”或“新都魏氏古香阁刻本”，也有著录为“新都墨耕堂刻本”的，还有仅著录为“古香阁刻本”的，当我们检索到含有以上版本信息的书籍时，就需要格外注意，细心考察验证这些书籍是否墨耕堂所刻。

3 刻书特点

3.1 校勘精审，刻工精细

魏朝俊墨耕堂所刻之书，虽以盈利为目的，却与一般坊刻书选本不精，校勘水平较低，刻印不精，纸墨粗劣不同，其所刻书籍均精工雕版，并选用上等纸张，印、装精致讲究，具有选本认真，校勘精审，刻印精美的特点。魏朝俊"有志于经史"，热心文化传播，所刻书籍均亲自遴选校对，"屡经校雠，写正付梓，博雅君子"，自谓："较诸坊刻或差胜焉"，故所出之书，皆为上品，品质在川内也是数一数二的。例如经魏朝俊亲自编辑和校勘出版的经部类编丛书《四经精华（增订四经精华）》以刻印精审最为著名，《中国丛书综录》《中国古籍总目》均有著录。此书因选本严谨，刻印精细，校勘精审，深受市场欢迎，不仅墨耕堂多次刻版重印以满足市场需求，还被省内外其他书坊翻刻。有清光绪十六年（1890）宏道堂（四川）、清光绪二十年（1894）邵阳学库山房（湖南）、清光绪浙宁简香斋（宁波）等翻刻本。日本国会图书馆、日本东京图书馆均收藏有清光绪十一年（1885）新都魏氏古香阁、清光绪二十年（1894）邵阳学库山房刻全套《四经精华》。特别值得一提的是，清光绪十四年（1888）刻的《诗韵集成题考合刻》，"全书共六十八万五千字，半页十八行，每行三十八字，古宋体，小如四号铅字，刻工认真，笔画清晰，堪称上乘之作"[3]。直至民国时期重庆北碚建国书店还用墨耕堂书版印刷该书，并发行全国。

3.2 经营特点

清代书坊的规模，大致可分大、中、小三类。墨耕堂属于中型书坊，虽刻书数量比不上大型书坊，却很注重校刊质量，在经营上也很有特点，"所售书籍，概系自版，并无外庄书籍（见光绪三十四年十二月二十九日《成都日报》墨耕堂告白）"。当时，成都很多书坊除自刻自售外，还代销其他书坊书籍，有实力的大、中型书坊甚至贩运省外各地刻本回川销售，在一定程度上促进了文化交流，扩大了利润增长点，但所售书籍难免良莠不齐，质量难以保证。而墨耕堂则注重信誉，坚持"自刻、自印、自售"以保证其所刻印书籍的质量，这也是它极具特色的经营特点。此外，在营销推广方面，还善于接受新生事物，积极使用新媒体做宣传，以扩大影响力，促进销售，上述刊登在《成都日报》上的《墨耕堂告白》即为明证。《成都日报》于清光绪三十年九月二十六日在四川成都创刊，是清末四川官办（四川官报书局出版发行）的首家日报。其宗旨是："开辟商民风气，灵通中外新闻，但不议论官事，臧否人物"。为满足"省城绅商阅读者要求"，版面比较灵活，消息多，内容丰富，社会反响较好，各界都愿意看。清宣统三年（1911）成都独立后停刊。直至民国时期，随着四川近现代报业的发展和图书市场竞争的日趋激烈，为扩大销售，各书店都加大了宣传力度，在报纸上刊登书籍广告才成为主要的宣传推广方式。可以说墨耕堂是较早懂得利用报纸的传播优势作商业宣传的先行者之一。

3.3 版本特征

魏朝俊墨耕堂刊刻的书籍大多字大悦目，行格疏朗，但版式却不尽相同，在版面设计上也很灵活，有通栏、上下两栏、上中下三栏等多种格式。就笔者所见，略举数例：半页十一行，行十五字，小字双行三十字，白口，左右双边，单黑鱼尾，如《四经精华》《礼记精华》《春秋精华》；半页八行，行十八字，小字双行同，白口，左右双边，单黑鱼尾，如《选批左传》；上下两栏，下八行，行十八字，白口，左右双边，单黑鱼尾，如《易经精义旁训》《书经精义旁训》；上中下三栏，下十一行，行十三字，小字双行二十六字，白口，左右双边，单黑鱼尾，如《四书补注备旨》。但其共同特征是版心下方多镌有"古香阁魏氏校"或"魏氏校"字样。另外，墨耕堂所刻书籍封面形式多为整页（一整块版面），用纸有红、黄、蓝、棕、白等色，正面题书名，背面刻"xx年新镌/古香阁魏氏藏版/新都墨耕堂发售"，也有少量书籍前仅刻有"新都墨耕堂发售（发兑）"字样。卷首一般刻有魏朝俊撰写的刻序，说明本书流传过程，校勘情况以及刻印缘起等，序末多题署"古香阁主人魏朝俊谨识"或"古香阁主人谨识"。以上所述都是判断是否墨耕堂所刻书籍的重要依据。

4 结语

魏朝俊创办的墨耕堂是清代晚期成都坊刻书业中的佼佼者之一，在中型书坊中颇具代表性。所出书籍力求质量好而价廉，因而业务日益发展。其刻印书籍视社会需求而动，以实用为目的，刊刻了不少当时文人、学子及平民百姓实际生活中需要的书。囿于时代的局限，所刻书籍内容大部分跳不出经、史、子、集的圈子，但在刻书质量上继承和发展了历史上成都刻书重视编辑、校勘、刊刻质量的优良传统，所出书籍流传广泛，客观上为保存和传承传统文化做出了一定的贡献。此外，这些流传下来的书籍也为研究近代成都雕版出版业提供了样本，具有一定的历史文物和学术资料价值。

参考文献

[1] 四川省地方志编纂委员会. 四川省志· 出版志（上册）[M]. 成都：四川人民出版社，2001：18，20.

[2] 陈习删，等，修. 闵昌术，等，纂. 新都县志[G]//四川省地方志编纂委员会. 四川历代方志集成· 第二辑（第二十一册）. 北京：国家图书馆出版社，2015：781.

[3] 王孝源. 清代四川木刻书坊述略[G]//四川省新闻出版局史志编纂委员会. 四川省新闻出版史料（1）. 成都：四川人民出版社，1992：46.

[4] 四川省地方志编纂委员会. 四川省志·报业志[M]. 成都:四川人民出版社，1996：30.

图书馆古籍保护问题及对策探析

刁建莉
（简阳市图书馆，四川成都，641499）

【摘　要】 图书馆作为知识的存储载体，以科学有效的方式方法做好古籍保护工作，是其神圣的历史使命，也是图书馆自身价值得以发挥的重要前提和基础。将图书馆古籍保护作为切入点，实地调查众多图书馆古籍保护工作基本情况，发现古籍保护工作存在不少的问题，在此基础上提出图书馆古籍保护问题的改善策略。

【关键词】 图书馆古籍保护；古籍保护问题；古籍保护策略

新时代背景下，传统文化的继承和发展受到了越来越多的关注，古籍保护正是其重要的节点之一。就图书馆而言，需要高度重视古籍保护工作的开展，在此方面强化理论研究，增加实践投入，形成更加理想的图书馆古籍保护体系，可以引导古籍保护工作更加有效的开展。

1　图书馆古籍保护的价值分析

目前我国共公布了六批《国家珍贵古籍名录》，涉及古籍数量一万两千多本，分布在我国各省市图书馆中，其中北京地区占比达到两成。古籍，是没有使用现代印刷技术印刷而成的，古人用来存储文字信息的载体，一些是使用活字印刷术印制的，一些是使用竹简保存至今的。依靠这些古籍，可以让我们更好地去了解古代社会。从宏观角度来看，古籍是传统文化的重要结晶，是人类珍贵文明发展的轨迹，无论是我国民族精神的价值，还是民族思维方式的产生，或是民族想象力和创造力，都可以依靠古籍中的字里行间得以呈现。古籍保护对传统文化的继承和发扬发挥着至关重要的作用。

以简阳市图书馆为例，简阳市图书馆馆藏古籍 434 种 11 725 册，包括：清代善本 287 种 4 547 册、民国线装古籍 147 种 7 178 册（其中类丛部备要 272 种，丛刊

301 种)、刻板 483 个;建设 100 平方米的古籍书库,购买樟木柜 52 组,完善的七氟丙烷防火系统一套,古籍书库恒温恒湿管理。就一个县级市而言,拥有上万册古籍已经非常珍贵,并且能够逐步形成健全的保护体系,也是其自身综合素质的集中体现,对于图书馆的可持续发展是有积极意义的。

2 图书馆古籍保护工作存在的问题

1949 年以来,国家一直高度重视图书馆的建设,并且要求图书馆能够以购买、收集、捐赠的方式来获取更多的古籍文献,因此使得大量的文献古籍不断汇集。据统计在 1960 年,国内的古书数量为 70 万册,发展到 2018 年,仅国家图书馆就有 13 3354 种 101 万余册古籍,增加到全国 169 家单位 72 467 种 654 万余册古籍。在这个漫长的发展历程中,我国在古籍保护队伍建设,古籍保护制度架构,古籍保护计划设计,古籍保护消防体系构建,古籍微缩拍照计划,古籍文献整理修复等方面做出了很多的尝试和探索,从而逐步构建出我国图书馆古籍工作机制。当然对于当前我国图书馆古籍保护工作现状进行归结,仍然发现很多的缺陷和不足,其集中体现在:

2.1 古籍保护的资金投入不足,专业设备不完善

古籍保护是一项专业化的工作,需要给古籍设定良好的外在环境,避免其出现不断毁坏的情况,为了达成这样的目标就需要使用先进的技术和设备,聘请专业的古籍保护人才,部分图书馆在经费紧张的背景下,往往会减少古籍保护工作的投入,导致一些通风工作,消毒工作,晾晒工作,驱虫工作没有做到位,让古籍处于极不理想的保存环境,这样直接对古籍造成损伤。

2.2 古籍保护意识淡薄,专业人员匮乏

从古籍拥有数量来看,国内图书馆古籍收藏量是比较大的,对图书馆组织架构进行分析,就会发现古籍部门的人力资源一直处于比较少的状态,为解决人力资源匮乏的问题,上级古籍保护部门也积极主动的创建了相应的培训班,但实际参与人并不多,人才供需之间的矛盾仍然很大。还有,国内部分图书馆古籍保护意识不强,认为古籍保护得好与否,没有太大的价值,对应责任也难以落实到位,这些都展现出古籍保护意识淡薄的问题,如果这样的意识问题长期存在,势必使得古籍保护工作处于难以持续发展的状态,这将对不可再生的古籍文化资源形成一种赤裸裸的扼杀。

2.3　古籍修复任务量大，修复方面知识欠缺

据统计新中国成立初期的很多古籍，因为后续的保存条件简陋，保存技术不成熟，导致很多的古籍出现了不同程度的损毁或者老化。再者因为实际修复力量有限，修复进度处于缓慢状态。尽管在此方面各大图书馆都采取了对应的措施，比如开展相应的古籍培训班等，但是很多工作人员自身的专业素养不达标，技术掌握不到位，对于古籍保护标准理解不透彻，古籍保护设备不到位，设备使用不熟练等，极大程度导致修复工作处于低效率的状态。还有就是关于古籍修复方面的研究工作比较缓慢，研究成果难以有效转化为古籍修复工作方案，对修复工作开展造成不良影响。

3　图书馆古籍保护问题改善策略

图书馆古籍保护中出现的各种问题，是长期积累的结果，要想改变这样的弊病，就需要采取合理有效的方式方法构建图书馆古籍保护体系。在此历程中，需要做好的工作主要有：

3.1　强化宣传，增加投入，建立古籍书库平台

图书馆作为古籍保护的行为主体，必须正确认识古籍保护的价值，在此基础上积极开展宣传工作，宣传主题为古籍保护对社会经济、人们生活、人类文明发展的影响，由此让公众对古籍有着更加准确的认知，构建良好的古籍保护氛围和环境。在这样的背景下，越来越多的古籍工作人员会积极参与进去，一些潜在的人才也可以融入进去，成为古籍保护的行为主体，人民群众也积极依靠古籍去进行传统文化的宣扬和继承。再者，除了宣传投入之外，还需要积极以资金募捐的方式，强化与公益组织之间的合作，确保可以获得更多的资金资源，强有力地支撑古籍保护工作。还有，图书馆需要积极建立古籍保护中心，最好可以在全国范围内推广，确保古籍资源平台得以架构，不断将古籍资源进行整合，让古籍保护人员恪尽职守完成本职工作，梳理完平台资源后，就可以对外开放，确保构建生态的古籍保护环境。

3.2　设定专项资金，提升保存素质，规范对应格式

当前国内图书馆对于古籍保护存在很多的偏差，可能是客观因素导致的，也有可能是主观因素导致的，面对这样的问题就需要针对古籍保护设定专项资金，做好专款专用，将其使用到古籍保存环境优化，设备采购，保存技术学习等环节，确保

古籍保护工作有着夯实的资金资源作为支撑；再者，对古籍保护工作经验进行归结，组织专家对此进行充分研判，逐步形成古籍保护标准和规范，引导古籍保护工作朝着更加规范的方向发展和进步；最后，注重国家古籍保护中心的标准设定，确保各个图书馆可以依照固定的格式来做好古籍收集和保护工作，为后续建设资源共享平台夯实基础。

3.3 关注人力资源基础，提升专业素质，制定健全人才方案

古籍保护工作是一项专业化的工作，必须依靠专业的人才队伍才能保证其有效性。因此需要高度重视人力资源基础的夯实，确保古籍保护人员的专业素质是比较理想的，此时还需要形成相关人才培养和引入方案，确保良好的工作待遇和薪酬，鼓励更多高校专业学生和同等经验的人员融入工作岗位中，发挥其提升古籍保护工作质量的效益，确保古籍保护人才的短板问题得到改善，也可以确保古籍保护工作质量朝着更加理想的方向发展。再者，图书馆需要积极主动的建立长期性的教育培训体系，从教育培训内容、培训方式和培训机制等角度入手，驱动对应的教育培训工作朝着更加理想的方向发展，这样才能够更好地做好古籍保护工作[7]。

3.4 建立精细化图书馆古籍保护程序，引入新的技术系统

图书馆需要积极主动对古籍保护工作进行总结，依照古籍保护工作标准和规范，制定详细的古籍保护程序，确保古籍保护人员可以依照实际的规范来操作。无论是病毒的治理，还是病虫害防治，乃至是格式的调整，都需要依照对应的程序来进行，树立良好的规范意识，这将有助于引导古籍保护工作朝着更加精细化的方向发展。随着科学技术的发展和进步，能够使用到古籍保护工作中的技术越来越多，比如结合古籍保存温度湿度的诉求，建立智能化的湿度温度监控系统，实现古籍保存环境的自动化和智能化管理，将感应技术，监控技术，信息技术融入进去，确保古籍保护工作的精准度得以不断提升。当然，需要注意的是，在使用这种技术方案的时候，还需要有着懂得信息技术原理，运用信息系统的人才，在未来图书馆古籍保护工作中，确保数字化技术可以更好发挥效能，也对古籍保护工作人员提出了更高要求。

4 结语

图书馆古籍保护工作的开展，需要进行多维度的投入：资金资源投入，确保有着良好的基础去做好本项工作；人力资源投入，确保古籍保护工作人员有着的过硬的专业素质，可以合理使用现代技术做好古籍保护工作；技术投入，就是能够积极

引入新的技术方案，确实保障古籍保护工作质量不断提升；宣传投入，确保各方行为主体正确认识古籍保护工作的价值，从而构建理想的古籍保护环境。依靠上述措施，驱动图书馆古籍保护工作朝着更加高质量的方向发展和进步。

参考文献

[1] 庄秀芬. 古籍保护人才培养模式研究[J]. 国家图书馆学刊,2014,23(05):18-24.

[2] “中华古籍保护计划”大事记[J]. 国家图书馆学刊,2014,23(05):104-113.

[3] 陈立. 中华古籍保护计划下的古籍服务研究[J]. 图书馆杂志，2014，33(10):62-66.

[4] 谢琳，严峰，眭骏. 2015年全国高校图书馆古籍工作情况调查报告[J]. 大学图书馆学报，2016，34(05)：51-58.

[5] 江山. 国内外图书馆古籍保护实践对比分析[J]. 四川图书馆学报，2017(01)：89-92.

[6] 张靖，张盈，林明，等. 中国大陆及港澳地区图书馆西文古籍保护与修复情况调查[J]. 大学图书馆学报，2017，35(02)：99-108.

[7] 丛中笑. 基层图书馆古籍保护现状分析及策略研究——以辽宁地区为样本[J]. 图书馆学刊，2019，4(04)：42-48.

[8] 姚伯岳，周余姣. 任重道远 砥砺奋进——我国古籍保护学科建设之探索与愿景[J]. 中国图书馆学报，2019，45(04)：44-60.

公共图书馆地方文献资源建设与利用

朱碧英

（资阳市图书馆，四川资阳，641300）

【摘　要】　地方文献资源客观记录了地方文化、历史、经济沿革，对于研究地域历史、加强文化传承具有重要意义。地方文献资源通常存储在当地公共图书馆中，为群众提供借阅服务。当前图书馆地方文献资源建设与利用中面临着一些困难，需要地方政府提高对地方文献资源开采的重视。本文主要针对公共图书馆地方文献的发展现状，为加强地方文献资源建设与利用提供思考。

【关键词】　公共图书馆；地方文献资源；资源管理

公共图书馆作为重要的文化传播场合，承担着提高社会群众整体文化水平的责任，我国公共图书馆具有较为长远的发展历史，在信息化时代背景下朝着智能化、信息化的方向发展，公共图书馆图书资源管理人员也需要根据时代发展特点，完善地方文献资源管理制度，充分发挥地方文献资源价值。

1　地方文献资源的含义

地方文献资源是指对地区内发展现象进行记录的文献资源，地方文献资源涉及区域政治、经济、文化、风俗等多种内容的记载。地方文献不受出版限制，题材内容和记载形式较为自由。由于地方文献记载了地域内各方面的历史沿革，因此具有较为重要的研究价值。当前地方文献研究学者对于地方文献性质进行了广义和狭义上的界定，广义上的地方文献资源是指与当地历史发展相关的一切资料，不仅包括史料和出版物，还包括一些未经出版的民间著作等，狭义上的地方文献是指具有地方特色的文献资料。地方文献资源通常储存在公共图书馆中，能够充分显现出地方特色，通过对地方文献进行深入研究，能够对地域发展历史进行还原，有利于地区文化传承，因此加强公共图书馆地方文献资源的建设和利用具有较为显著的意义。

2 公共图书馆地方文献资源特征

2.1 历史性

地方文献资源是地方历史文化传承下的产物，能够体现出地方历史发展的总体特征，地方文献资源在内容记载上具有一定的传承性和连贯性，能够体现出当地历史阶段性发展特征，整体上具有较强的历史性。我国公共图书馆地方文献资源的建设和利用通常情况下具有较长的发展历史，在地方文献资源开发的过程中见证了当地的历史沿革，关于历史事件的原始记录资料存储逐渐得到了丰富。

2.2 地域性

地方文献资源对当地政治、经济、文化等进行了真实的记载，对于地域文化的研究与传承发挥着关键性作用，地方文献资源的记载具有较强的客观性，因此得到了当地居民的普遍认可，是地域性较强的地方物质财富和精神财富资源。

2.3 多元性

地方文献资源不受形式和载体的限制，文件档案、手稿、碑文等都能作为地方文献资源的呈现形式，并且近年来地方文献资源的呈现形式逐渐丰富起来。以往的地方文献以文本形式为主，内容也较为单一，现阶段地方文献的形式也较为丰富，除文本形式外，有了音像作品、绘画作品等，涉及的内容也逐渐丰富，有关宗教、军事、社会热点的资源逐渐得到了完善。

2.4 客观性

地方文献资源是地方发展信息的重要载体，通常对社会发展情况进行真实、客观记录，承载着自然情况、社会情况等基本信息，地方文献资源受到作者主观意识的影响较小，具有较强的客观性，地方文献资源中记载着原始信息，对于研究地方发展历史具有较高的价值。

3 公共图书馆地方文献资源管理现状

3.1 文献征集力度不足

现阶段公共图书馆对于地方文献资源管理的重视程度不高，缺乏资源宣传意识，不能深刻认识到地方文献的价值，导致地方文献馆藏资源不完善，资源收集存在阻碍。此外由于缺乏相应的宣传，民众对地方文献资源的认识程度不高，为文献征集带来困难的同时，也使地方文献资源的价值得不到充分发挥。在地方文献资源的收集过程中，相关部门之间缺少合作，降低了地方文献收集的整体效率，资源类型不够丰富，内容的覆盖面也不够广泛，当前地方公共图书馆在征集地方文献资源时，通常以文学类为主，在研究类的文献资料收集上存在不足，缺少一些自然科学、学术研究类文献。

3.2 缺乏完善的地方文献资源开发机制

近年来政府逐渐重视起公共图书馆建设，公共图书馆管理模式逐渐得到了创新，然而由于地方文献资源的征集缺乏专门的负责部门，主要由政府相关部门和地方社区负责，导致征集地方文献的形式较为单一。当前公共图书馆征集地方文献的手段依旧以传统手段为主，主要通过线下人工收集，效率较差，并且纸质文献的保存上也存在一些难题，在长时间保存下不能保证文献资源的质量。此外由于人工记录形式对于文献信息的记录不够全面，为当地人民群众查阅文献资源带来了困难，为了提高文献资源收集的效率，提高信息记录的准确性和全面性，需要加快文献存储技术的创新。

3.3 文献资源管理人员专业能力不足

当前公共图书馆对于图书资料管理的重视程度不足，图书资源管理人员的入职门槛较低，一部分图书资料管理人员专业素质较低，并且缺少对地方文献资源的全面认识。现阶段从事图书资料管理的人员大部分不具备专业的学习背景，在没有经过相关知识和管理技能培训的情况下，无法保证图书馆地方文献资料管理工作的规范性。此外，新时期下对于管理人员的信息技术应用水平有了更高的要求，这就需要在聘请管理人员时不仅要求其具有专业的图书管理技能，还要具备将图书资源管理与信息技术相结合的能力，才能促进公共图书馆地方文献资源管理手段的创新与完善。

4 公共图书馆地方文献资源建设策略

4.1 扩大文献征集渠道

公共图书馆应该提高地方文献资源开发意识，注重馆藏地方文献资源内容的完善，加强文化内容与自然科学等研究类文献的收集，丰富地方文献资源种类。在文献收集过程中可以充分利用计算机和互联网技术，通过互联网进行文献征集，能够扩大文献的来源渠道。文献资源管理人员需要根据文献的类型进行细致分类，并且对文献进行备份存档，避免数据丢失。通过完善的地方文献资源类别，建立完善的地方文献资源体系，能够提高公共图书馆地方文献资源存储的包容性。

4.2 建立起完善的文献资源开发机制

地方政府应该重视起文献资源开发工作，成立专门的部门进行文献收集，并且加强有关部门之间的联合，将分散的地方文献资源集中到信息共享平台上，加大数字化文献资源库的建设，通过信息技术能够实现对地方文献资源的跨地区、跨行业采集。在地方文献资源的征集上，政府可以加强与地方企业机构之间的合作，充分利用起社会力量，完善地方文献资源类型。此外公共图书馆应该加快传统地方文献资源管理模式的转变，打破空间对于地方文献资源存储的限制，对地方文献资源进行扫描备份，将纸质文档转化为数字文档，不仅能够为地方文献查阅提供便利，还能保证地方文献资源的安全性，避免因为纸质文件受损等因素造成文献信息丢失。为了提高地方文献管理的整体效率，在建设数字资源库时需要完善检索系统，为用户提供按条件检索功能，减少文献借阅流程。

4.3 提高文献资源管理人员综合素质

公共图书馆在引进人才时需要注重对人才素质的全面考核，首先可以提高管理人员的入职门槛，对入职的人员进行考核，确保其掌握了专业的管理技能，并且拥有较好的工作态度。其次应该加强对现有管理人员的培训，提高管理人员的工作态度，全面提高管理人员的专业能力，并且提高相关人员对于地方文献资源的了解和重视。在地方文献资源管理中，公共图书馆可以成立相应管理部门，负责地方文献资源专项管理，明确岗位职责，通过建立完善的地方文献资源管理体系，提高地方文献资源管理的规范性，确保地方文献收集与开发利用的有序展开。

5 地方文献资源的利用策略

5.1 深入挖掘地方文献资源

当前公共图书馆地方文献资源管理的重要目标之一是深入发掘地方文献的价值，公共图书馆应该深刻认识到文献资源中的地方特色、文化内涵等，把握地方文献利用重点内容，提升文献资源开发的创新性思维，展开专题文献展览活动，对文献价值进行重新解读，建设多元化文献资源库，发展特色地方文献库建设。公共图书馆可以充分利用数字化技术对地方文献内容进行展览，赋予地方文献新的表现形式，将传统文献资源与 VR、三维建模等形式进行融合，充分发挥地方文献资源的价值，为参观者构建多维阅读体验，使其充分认识到地方文献资源的魅力，从而扩大地方文化的影响力。

5.2 加强与群众之间的交流

公共图书馆需要积极推进传统服务模式的创新与改进，建立起数字化服务模式，加强与读者之间的交流互动，扩大地方文献资源的宣传渠道。例如公共图书馆可以充分利用微信公众平台，对地方文献资源的基本信息进行介绍，引导读者进行借阅。此外公共图书馆需要充分掌握读者需求，有针对性地进行地方文献资源宣传，了解读者的多样化阅读需求，根据读者爱好推送相应的地方文献宣传信息，提供符合读者阅读需求的地方文献资源借阅服务。

5.3 简化文献资源借阅流程

在传统的图书文献利用中，文献的借阅流程相对复杂，并且由于信息的流通性较差，读者对于文献借阅的了解程度不高，缺乏借阅文献资料的积极性。对此公共图书馆可以通过线上系统简化借阅流程，通过线上审批借阅资格，以及线上资源类型查询和借阅预约，避免线下借阅模式的烦琐，为读者借阅资源并进行使用提供便利，能够有效提高读者借阅地方文献资源的积极性。

结语：综上所述，地方文献资源通常记录着当地的历史文化变迁，对于市民充分了解地方历史发挥着重要的作用，有利于推动地方文化建设。当前公共图书馆在地方文献资源管理上面临着一些困境，需要成立专门的地方文献资源开发部门，加大地方文献资源的开采力度，提高地方文献资源管理人员的综合能力，逐渐加强公共图书馆的地方文献资源管理，丰富文献资源类型，并且加大宣传力度，采用信息技术对文献的存储、借阅、展示手段进行创新，扩大地方文献资源在社会上的影响力，充分发挥地方文献资源价值，推动地方文化传承。

参考文献

[1] 苏萦. 公共图书馆收集地方文献的渠道[J]. 河南图书馆学刊，2020，40(12)：35-36.

[2] 仝莉秀. 关于利用互联网提升公共图书馆地方文献资源建设的探讨[J]. 河南图书馆学刊，2020，40(10)：21-22.

[3] 郑闽辉."分地阅读"与图书馆所藏地方文献资源的阅读推广——以公共图书馆地方文献部门参与全民阅读推广为例[J]. 图书馆杂志，2020，39(09)：18-22.

[4] 张军.全媒体时代地方文献资源建设工作探析[J]. 图书馆，2020(08)：101-105.

[5] 韦美良. 图书馆的地方文献资源检索技术[J]. 电子技术，2020，49(04)：160-161.

PART THREE

公共图书馆管理服务

"图书馆+"：创设儿童阅读环境新模式的思考与实践
——以简阳市图书馆为例

杨虹

（简阳市图书馆，四川成都，641400）

【摘　要】 公共图书馆是儿童主要的社会阅读场所，创设良好的儿童阅读环境，应当成为公共图书馆义不容辞的责任。笔者所在的简阳市图书馆通过与学校、社区、社会单位等联合打造的儿童阅读环境，深得孩子和家长以及社会好评，由此发展近三万名少儿读者，少儿读者人数在全省县级市公共图书馆居前列。笔者总结了近年来以"图书馆+"模式，与社会力量合作的经验，通过案例，分析存在的问题，探索创设儿童阅读环境新模式的策略。

【关键词】 图书馆+；儿童阅读环境；社会组织；学校；家庭

2018年4月，亚马逊中国携手新华网发起"2018全民阅读大调查"，从阅读量、阅读时间、阅读内容、阅读介质等多个维度解析中国读者的阅读行为和偏好。其中，针对能促进阅读的因素调查，"更好的阅读环境和氛围"位居第一。阅读环境泛指影响读者阅读的所有外界力量的总和，它由整个周围事物构成，是一个立体的多层级的子系统。阅读环境有宏观和微观之分，宏观环境指读者所处的历史时代，主要包括社会制度、经济发展水平、文化背景等；微观环境指读者所处的具体生活环境，分为软环境和硬环境，硬环境包括：阅读空间、阅读资源、阅读设备，软环境包括：阅读行为、阅读服务、阅读指导。

公共图书馆作为少儿主要的社会阅读场所，创设良好的儿童阅读环境，应当成为公共图书馆义不容辞的责任。简阳市图书馆一直以来十分重视儿童阅读工作，注重儿童阅读环境创设，以"图书馆+"模式，采取"软硬兼施"，从改善硬件条件和开展丰富多彩的少儿活动等方面，力图创设良好的阅读环境，使儿童能主动有效地与环境互动，提高儿童阅读的积极性，从而爱上阅读、享受阅读。以2018年为例，已吸引儿童到馆阅读 9 万余人次共 27.6 万册次，儿童外借图书 4.6 万册次，现有儿童读者注册近 3 万人。近年来，简阳市图书馆不断创新工作思路，通过对儿童阅读环境的现状进行调查分析，积极探索研究，采取"图书馆+"模式，有效改善儿童阅读环境，提高了儿童阅读质量，培养了儿童阅读习惯。

1 简阳市儿童阅读环境现状

简阳市是成都市下辖县级市，位于四川盆地中部，距省会成都市区仅 48 千米，下辖 4 个街道、54 个乡镇，总人口 149.4 万人，是四川省人口第三大县（市），全省首批扩权强县试点县（市），成都天府国际机场所在地。其现有小学 85 所（含九年制义务教育学校），小学生总人数 63 434 人，公办幼儿园 18 所 7 413 人。为充分了解儿童阅读环境现状，简阳市图书馆于 2018 年 10 月至 12 月进行了问卷调查，问卷调查表分为两类：一是儿童阅读环境调查情况表（表 1），选取 4 所城区小学、2 所城区幼儿园和 4 所乡镇小学的学生进行问卷调查，共发放问卷 300 份，收回 282 份，回收率达 94%。二是社会各界阅读环境调查情况表（表 2），面向 8 所学校、6 个社区、4 个社会儿童培训学校、2 家儿童有关的企事业单位共发放问卷 20 份，收回 20 份，回收率达 100%。调查情况见表 1、表 2。

表 1 儿童阅读环境调查情况

<table>
<tr><th>序号</th><th>问 题</th><th>是</th><th>百分比</th><th>否</th><th>百分比</th></tr>
<tr><td>1</td><td>你喜欢阅读吗</td><td>130</td><td>46%</td><td>152</td><td>54%</td></tr>
<tr><td>2</td><td>你能坚持每天半小时以上的阅读时间吗</td><td>56</td><td>20%</td><td>226</td><td>80%</td></tr>
<tr><td>3</td><td>你有自己的书房或书柜吗</td><td>110</td><td>39%</td><td>172</td><td>61%</td></tr>
<tr><td>4</td><td>你的父母有阅读的习惯吗</td><td>51</td><td>18%</td><td>231</td><td>82%</td></tr>
<tr><td>5</td><td>你到图书馆阅读过吗</td><td>90</td><td>32%</td><td>192</td><td>68%</td></tr>
<tr><td>6</td><td>你参加过图书馆举办的阅读活动吗</td><td>37</td><td>13%</td><td>252</td><td>87%</td></tr>
<tr><td rowspan="4">7</td><td rowspan="4">影响你阅读的主要因素是什么</td><td colspan="2">图书的质量</td><td>34</td><td>12%</td></tr>
<tr><td colspan="2">学习的需要</td><td>79</td><td>28%</td></tr>
<tr><td colspan="2">父母的陪伴</td><td>59</td><td>21%</td></tr>
<tr><td colspan="2">个人爱好</td><td>110</td><td>39%</td></tr>
<tr><td rowspan="4">8</td><td rowspan="4">最能提高你阅读兴趣的方式是什么</td><td colspan="2">老师的鼓励</td><td>65</td><td>23%</td></tr>
<tr><td colspan="2">与父母共读</td><td>45</td><td>16%</td></tr>
<tr><td colspan="2">舒适的阅读环境</td><td>147</td><td>52%</td></tr>
<tr><td colspan="2">其他</td><td>25</td><td>9%</td></tr>
</table>

表 2　社会各界阅读环境调查情况

序号	问　题	是	百分比	否	百分比
1	单位有图书室吗	12	60%	8	40%
2	单位开展过专题儿童阅读指导吗	3	15%	17	85%
3	单位图书资源是否能满足儿童需求	0	0%	20	100%
4	单位重视儿童阅读工作吗	18	90%	2	10%
5	单位是否愿意与图书馆联合打造儿童阅读新环境	18	90%	2	10%

根据以上调查情况，结果分析如下：

1.1　阅读兴趣缺乏

受现代媒体电视、网络等“快餐文化”的冲击，大部分孩子更喜欢看电视、上网、打游戏机，满足于“浅阅读”“娱乐阅读”等，几乎没有时间也不愿意进行有效的课外阅读。在调查中，有超过一半的儿童不喜欢阅读，只有 47%的儿童对阅读有兴趣，坚持每天阅读半小时以上的只有 20%。

1.2　阅读资源不足

调查中发现，多数儿童阅读资源不足，根据儿童学习生活的特点，我们选择了学校和社区作为主要对象进行调查。学校按照教育行业规定一般建有图书室，但图书从未更新，学校也没有专门的购书经费，学校图书室存在只建不管的现象，幼儿园都没有图书室。部分社区未建图书室，建有图书室的也因无人管理不能正常开放。在调查中 100%的社会机构都表示阅读资源不足。

1.3　阅读环境欠佳

儿童的阅读培养一方面来自家长的引导，一方面来自学校及社会的引领，调查中我们发现 90%的单位都表示重视儿童阅读，但在阅读指导的实际行动中，仅有 15%的单位开设了专门的阅读指导。61%的儿童没有自己的书房或书柜，82%的儿童没有家庭阅读氛围，这令笔者忧心，阅读环境欠佳是影响儿童阅读的重要因素之一。

2　创设儿童阅读环境的重要意义

2014 ~ 2019 年，李克强总理连续六年将“全民阅读”写入政府工作报告，并在

2017 年 4 月 19 日国务院常务会议上指出："一个国家养成全民阅读习惯非常重要，而这与公共图书馆普及密不可分"。《全民阅读"十三五"时期发展规划》指出，必须将保障和促进少年儿童阅读作为全民阅读工作的重点。儿童是祖国的未来，儿童时期是一个人培养阅读兴趣和阅读习惯的关键时期，公共图书馆作为一个公共文化服务体系的重要组成部分，肩负着引导儿童阅读、树立终身学习理念的重任。英国文学大师艾登·钱伯斯在《打造儿童阅读环境》中说："阅读总是需要场所的"。在早期阅读中，一个良好的阅读环境对于儿童来说显得尤为重要，良好的阅读环境，是儿童阅读的催化剂。

3 "图书馆+"创设儿童阅读环境新模式

《中华人民共和国公共图书馆法》第四条规定，县级以上人民政府应当积极调动社会力量参与公共图书馆建设。2016 年中国图书馆学会年会举办了"图书馆+环境下少儿阅读推广的创新与变革"的第 15 分会场，儿童与青少年阅读推广专业委员会提出"图书馆+"的少儿阅读推广新思路，指出少儿阅读推广与家庭、图书馆及社会机构密不可分。儿童阅读已成为全社会共同关注的大事，"图书馆+"模式已逐渐形成，并在创设儿童阅读环境中广泛运用。

3.1 图书馆+社会组织，打造儿童阅读"硬"环境

3.1.1 拓展阅读空间

简阳市图书馆馆舍由原政府办公楼改建，每个借阅区都是由每间 15 平方米的办公室改建而来，不能满足现代化图书馆"全开放、大开间、无间隔"的"模数式"布局。为此，该馆加强了分馆和服务点建设，与人间印象家具厂、农业技术推广中心、残疾人特殊学校、简阳中心等企事业单位联建，由图书馆提供图书、企事业单位提供合适的场地。现已建成分馆 7 个、服务点 3 个，有效拓宽了阅读空间。

3.1.2 共享阅读设备

随着新技术的运用和发展，数字图书馆建设逐渐成熟，数字阅读已成为社会趋势。简阳市图书馆购买了 60 台电子书阅读器、100 套儿童点读绘本，可无偿借给社会机构组织儿童活动使用。此外，简阳市图书馆与成都图书馆共建联盟，市民注册为图书馆读者，即可共享成都图书馆海量数字资源，这样既解决了图书馆经费不足的问题，也满足读者的需求。

3.1.3 补充阅读资源

在少儿阅读推广中，活动的海报宣传、舞台搭建、材料准备、奖品等都需要经费支出，图书馆因为经费全部来自财政预算，无专门的活动经费，这时候就需要引入社会力量，在经费上保障阅读推广活动的开展。一直以来，简阳市图书馆因无相关经费未开展公益讲座。直至 2017 年，简阳市图书馆争取到承担市级道德讲堂活动，每年活动经费 12 万元，将少儿阅读指导讲座、亲子家庭教育讲座作为内容之一，邀请六小龄童、阿来等名人与读者分享作品，聘请优秀教师为孩子们进行阅读与写作指导，邀请心理专家为孩子们进行专业疏导，有效借助社会资源，填补了少儿讲座的空白。此外，简阳图书馆与市工会、市妇女儿童联合会、市科协、美德教育学校等合作，通过联合举办“我的一本课外书”“21 天阅读挑战”、少儿科普周等各类阅读推广活动，利用图书馆的优势，由图书馆来具体策划组织活动、联合单位出资金等方式，丰富活动的内容和形式，扩大活动影响力。

3.2 图书馆+学校，创设儿童阅读“软”环境

2011 ~ 2015 年，简阳市图书馆与简城一小联合开展资阳市普教科研资助金课题《促进小学生课外阅读有效策略研究》，围绕小学生课外阅读，图书馆从硬件资源上着手，学校从方法策略上提高，馆校联合，创设儿童阅读“软”环境。

3.2.1 加强阅读指导

学校有丰富的教师资源，在儿童阅读指导方面有优势。在与学校共同研究课题中，我们发现学校首先从学生读物加强指导，如：分低、中、高段统一编写《小学生经典背诵》校本教材；专项阅读，进行主题讨论式交流；结合课文向学生推荐阅读书目，由图书馆在馆内设置推荐专架。

3.2.2 开展阅读活动

在课题研究中，学校的每个班级都制定了适合本班实际的读书活动方案，师生共读、小组分享、班级“漂读”、诵读经典等。学校还开展讲课外阅读故事专项活动、课外阅读主题班会活动、制作课外阅读手抄报、创办课外阅读专栏黑板报、评选“书香少年”、古诗词背诵比赛等，活动有效提高学生阅读的兴趣。

3.2.3 弥补人员不足

在“小绘本大世界”绘本讲读活动中，由于馆员专业所限，开展儿童绘本故事活动缺乏专业人员，通过与学校联系，推荐优秀幼儿园老师、小学语文老师、优秀学生作为绘本讲读师，开展每周一次讲绘本活动，专业的绘本讲读保证了活动质量，深受孩子们的喜爱和家长的好评。

3.3 图书馆+家庭，保障儿童阅读“无缝”环境

3.3.1 创造良好的家庭阅读环境

家庭作为培养儿童阅读习惯的第一场所，父母应尽可能地为孩子创造亲近书籍的机会。当儿童在所处的环境中唾手可得书籍时，阅读行为更容易发生，有条件的家庭可以为孩子设置单独的书架或书房。此外，家长可以经常带孩子一起阅读，或者设置家庭共读时间，营造一个良好的阅读环境。简阳市图书馆连续六年举办了亲子绘本故事表演活动，鼓励亲子阅读；举办“21 天阅读挑战”，让更多的家庭一起参与，养成良好的家庭阅读习惯。

3.3.2 帮助儿童提高阅读能力

阅读能力的获得并不是自动习得的，需要家长要有足够的耐心和毅力引导、培养儿童的阅读能力。如：婴幼儿时期的阅读需要父母或其他成人共同参与，一般采取家长读、孩子听的模式，读物主要是绘本；小学低年级的儿童，家长需要培养他们的自主阅读能力；到了小学高年级，家长可以有意识地引导孩子读一些中长篇小说。在每年的亲子阅读活动前，简阳市图书馆都会组织专题讲座，邀请专家为家长和孩子讲解阅读方法。只有孩子能独立自主地进行阅读，才能在今后漫长的人生道路上保持浓厚的阅读兴趣。

4 结束语

阅读是内心的体验，是愉悦心灵的最佳方式。影响儿童阅读的因素是多方面的，作为公共图书馆，我们有责任为儿童提供良好的阅读环境，并联合社会单位组织，号召全社会共同努力，以“图书馆+”模式，引入社会力量，共同创设良好的儿童阅读环境。

参考文献

[1] 张时岑. 影响图书馆儿童阅读环境因素及对策[J]. 六盘水师范高等专科学校学报，2007（8）.

[2] 朱爱瑜. 家庭阅读环境的构建与儿童阅读习惯的培养[J]. 河南图书馆专刊，2017（9）.

[3] 刘英梅. 近二十年来我国图书馆阅读环境研究论文分析[J]. 新世纪图书馆，2013（3）.

公共图书馆与中小学图书馆的共建

——龙泉驿区图书馆与中小学图书馆资源共建共享的设想

李宁

（成都高新区巨力文化服务中心，四川成都，610100）

【摘　要】 为有效发挥公共图书馆资源共享，建设以人为中心的图书馆，适应高质量发展要求，探索发现公共图书馆创新运营新模式势在必行。本文主要采用数据研究结合实际考察，在现有公共图书馆总分馆建设基础上，理清公共图书馆和中小学图书馆（室）共建共享体系构建的基本思路，提出中小学图书馆（室）分馆建设的基本设想，通过对中小学图书馆（室）现状和运行分析，发现中小学图书馆（室）目前存在的问题，提出龙泉驿区图书馆与中小学图书馆（室）资源共建共享的一些设想。

【关键词】 公共图书馆；中小学图书馆；资源；共建共享；设想

中国图书馆学会《图书馆服务宣言》指出，“图书馆开展信息资源共建共享，各地区、各类型图书馆加强协调合作，促进全社会信息资源的有效利用”。“共享”就应当是以推进全民阅读为目标，以融合发展为主线，整合一切资源，让所有可以受益的人受益。而针对学校教育，公共图书馆与中小学图书馆实现共建共享，为未成年人提供丰富、多样的学习资源，更是公共图书馆的义务。公共图书馆与中小学图书馆建立共建共享，充分发挥公共图书馆的资源优势，更好地为学校教育提供服务，对于发展公共图书馆事业，促进中小学教育，具有双重意义。

1　研究背景与意义

1.1　研究背景

在党和国家一系列重大决策部署指引下，我国公共国书馆事业发展迅速。但同时我们也清晰意识到，在快速发展尤其是数字资源发展的同时，公共图书馆由于受到场地、经费、辐射范围等制约，存在资源利用率低、覆盖面窄、读者到馆减少的情况。公共图书馆的总分馆制应运而生，是可以因地制宜，结合实际，实现均等高效、可持续发展的图书馆服务模式。但是现有公共图书馆总分馆制大多数只能覆盖当地街道、镇、村、社区基层图书室，并不能覆盖当地所有图书馆（室），尤其包括中小学图书馆等。

同时，我国中小学图书馆（室）由于政策法规等原因，整体建设水平与发达国家相比仍然处于较为落后的地位，使中小学图书馆在教育工作中难以发挥其重要作用。

1.2 研究意义

笔者在查阅资料的过程中发现，目前我国沿海城市在公共图书馆与中小学图书馆共建共享合作已经有了大量的研究，大多数共享合作以数字资源图书馆为主，基于总分馆制的中小学图书馆与公共图书馆共建共享的研究较少。本文通过对龙泉驿区辖区内中小学图书馆相关资料收集和分析，提出和公共图书馆资源共建共享的若干设想。

2 龙泉驿区中小学图书馆（图书室）现状

2.1 龙泉驿区中小学图书馆（图书室）统计

经过调研，龙泉驿区现有区管小学、初中、高中、职高共计 55 所，详见表 1、表 2。其中，小学 36 所，藏书共 1 434 507 册；初中、高中、职高共 19 所，藏书共 1 448 513 册。

表 1　龙泉驿区初中、高中、职高图书馆（室）统计表

序号	学校名称	藏书量（册）	面积（藏书室+阅览室）	工作人员情况（专职或兼职）
1	成都市龙泉驿区双槐中学校	33673	216 平方米	兼职
2	成都市龙泉驿区十陵中学校	49565	150 平方米	兼职
3	成都市汽车职业技术学校	70470	220 平方米	专职 2 人
4	成都市龙泉中学校	180000	800 平方米	专职 3 人

续表

序号	学校名称	藏书量（册）	面积（藏书室+阅览室）	工作人员情况（专职或兼职）
5	成都龙泉驿区第六中学校	110280	280 平方米	专职 1 人
6	成都市龙泉第二中学	183409	300 平方米	专职 1 人
7	航天中学	173008	266 平方米	兼职 1 人，专职 4 人
8	成都龙泉驿区第七中学校	82214	814 平方米	专职 2 人
9	成都市洛带中学校	60207	539 平方米	专职 2 人，兼职 1 人
10	成都经济技术开发区实验中学	134163	800 平方米	专职 5 人
11	成都市龙泉驿区同安中学校	97040	220 平方米	专职 1 人
12	成都市龙泉驿区洪河中学校	29104	500 平方米	专职 1 人
13	成都市龙泉驿区四川师范大学附属青台山中学	8000	732 平方米	兼职一人
14	成都市龙泉驿区向阳桥中学	54056	398.26 平方米	兼职 1 人
15	成都市龙泉驿区柏合九年制学校	64816	160 平方米	专职 2 人
16	成都市龙泉驿区西河中学（西校区）	40801	216 平方米	专职 2 人，兼职 1 人
17	成都市龙泉驿区洪安中学	18226	150 平方米	兼职 1 人
18	成都市龙泉驿区大面中学校	31834	60 平方米	兼职 1 人
19	四川省成都市华川中学	27647	75 平方米	兼职 1 人

表 2　龙泉驿区小学图书馆（室）统计表

序号	学校名称	藏书量（册）	面积（藏书室+阅览室）	工作人员情况（专职或兼职）
1	成都市龙泉驿区土桥小学校	15840	40 平方米	兼职 1 人
2	成都市龙泉驿区大面小学校	65227	780 平方米	兼职 1 人
3	成都市龙泉驿区第五小学校	56791	430 平方米	兼职 1 人，专职 1 人
4	成都市龙泉驿区茶店小学校	16581	120 平方米	兼职 1 人
5	成都市龙泉驿区跃进小学校	26859	220 平方米	兼职 1 人
6	成都市龙泉驿区十陵小学校	37994	130 平方米	兼职 1 人
7	成都市龙泉驿区西河小学校	54052	150 平方米	专职一人，兼职一人

续表

序号	学校名称	藏书量（册）	面积（藏书室+阅览室）	工作人员情况（专职或兼职）
8	成都市龙泉驿区龙华小学	68966	560平方米	专职一人
9	四川师范大学附属青台山小学	30000	412平方米	兼职1人
10	成都教科院附属龙泉学校	70667	535.37平方米	兼职1人
11	成都市龙泉驿区黄土小学校	18248	80平方米	专职1人
12	龙泉驿区洛带小学校	34497	50平方米	专职1人
13	成都市龙泉驿区龙井小学校	8380	10平方米	兼职1人
14	龙泉驿区客家小学校	20074	80平方米	专职1人
15	成都市龙泉驿区洪河小学校	49764	190平方米	专职2人
16	成都市龙泉驿区航天小学校	61963	214平方米	专职2人，兼职1人
17	成都市龙泉驿区第三小学校	48275	170平方米	专职1人，兼职1人
18	成都市龙泉驿区同安小学校	57688	216平方米	专职1人
19	成都市龙泉驿区实验小学校	94415	280平方米	兼职3人
20	成都市龙泉驿区玉石小学校	18412	60平方米	兼职1人
21	成都龙泉驿区灵龙小学校	43688	140平方米	兼职1人
22	成都市龙泉驿区天鹅湖小学	30000	395平方米	兼职1人
23	成都市龙泉驿区第一小学校	87234	233.28平方米	兼职1人
24	成都市龙泉驿区和平小学校	38748	200平方米	专职1人，兼职2人
25	成都市龙泉驿区山泉小学校	13585	30平方米	专职1人
26	成都市龙泉驿区第二小学校	80376	533平方米	专职1人，兼职1人5
27	成都市龙泉驿区洪安小学校	13757	96平方米	专职1人
28	成都市龙泉驿区第四小学校	41924	229平方米	兼职1人
29	成都大学附属小学	20094	213.68平方米	兼职1人
30	成都市龙泉驿区向阳桥小学	36200	400平方米	兼职1人
31	成都市龙泉驿区东山国际小学	36200	300平方米	兼职1人
32	成都市龙泉驿区特殊教育学校	2203	20平方米	兼职1人
33	成都市龙泉驿区友谊小学校	23991	240平方米	兼职1人
34	成都市龙泉驿区西平小学校	27667	54平方米	兼职1人
35	成都经济技术开发区实验小学校	64147	538平方米	兼职2人
36	成都市龙泉驿区青龙湖小学校	20000	45平方米	兼职1人

2.2 龙泉驿区中小学图书馆（室）存在的问题

2.2.1 中小学图书馆（室）基础设施欠缺，人员配备不足

从表 1、表 2 可以统计得出，有 29 所学校图书馆（室）未配备专职图书管理员，占比 45%；有 11 所学校图书馆（图书室）面积不超过 100 平方米，占比 20%。

2.2.2 中小学图书馆（室）开放时间短，效率低

经过统计，龙泉驿区开放时间大于 7 小时的学校图书馆（室）只有 7 所，占比 12.73%，有 25 所学校图书馆（图书室）开放时间不足 3 小时，占比 45.45%。

2.2.3 中小学图书馆（室）馆藏资源建设缺失

经过了解，目前中小学教育经费较为短缺，图书购置经费有限，馆藏更新较为缓慢，复本数多，导致图书资源质量下降，进而影响图书外借率，降低图书利用率。

2.2.4 中小学图书馆（室）服务水平低下

经过走访调查，现有中小学图书馆基本采用手工登记，少数采用计算机管理的学校图书馆目前不能和公共图书馆 INTRELIB 系统实现互联互通，服务效率和服务水平低下。

3 龙泉驿区图书馆和龙泉驿区中小学图书馆（室）共建共享的建议

基于龙泉驿区中小学图书馆以上现状，笔者提出龙泉驿区图书馆和龙泉驿区中小学图书馆（室）共建共享的几点建议。

3.1 政府主导，切实履行建设职责

以政府为主导，牵头制定相关政策，因地制宜推进县级图书馆总分馆制建设，打破馆校壁垒，形成统一规划、统一管理、互联互通、资源共享。确保公共文化服务走进学校、群众、家长、学生、老师，全区图书资源统一流动调配，实现资源共享。

3.2 各部门联动，优化共建共享机制

联合机制是公共图书馆与中小学图书馆共建共享跨出的第一步，在“十四五”

期间，深化整合资源，围绕“文化行政部门+总馆+分馆+服务对象+第三方”的“五位一体”全区整体联动工作机制，整合龙泉驿区 36 所小学、19 所中学及职高的资源，创新方式方法，建设以区图书馆为总馆、区管学校为分馆的网络体系，一体运行，实现公共文化共建共享。

3.3 加强文献资源建设，完善资源建设保障系统

3.3.1 加强纸质资源建设

中小学图书馆（室）要实现统筹规划、合理布局、规范管理、科学采购，逐步完善资源建设保障系统，建设和公共图书馆相匹配的文献资源建设系统，对新增文献资源进行统一采购加工，实现文献资源编目标准化和规范化。力争早日实现文献资源共建共享。

公共图书馆可针对中小学图书馆（室）的不同需求，协助中小学图书馆（室）制定科学的纸质图书资源采购计划，配合流转公共图书馆内最新、优质资源给中小学图书馆（室），实现资源充分利用，提高节约率，达到双赢效果。

3.3.2 完善信息化资源建设

中小学图书馆（室）因其读者面向未成年人的特殊性，数字资源建设趋于落后，应该充分利用公共图书馆的共享数字资源，有目的性有针对性地指导学生实现高质量阅读，提高信息素养，有利于培养学生形成良好的习惯。

公共图书馆也可以提高数字资源利用率，解决县级图书馆数字资源利用率低的情况。

3.4 加强培养，建立高素质团队

以公共图书馆的专业性为指导，协助中小学图书馆（室）建立高效、高水平、高素质团队。充分发挥图书馆的总馆职能，统一组织中小学图书馆（室）相关工作人员进行业务培训和指导，并开通网上咨询服务，及时解答相关工作人员的业务和技术问题。学校也需要对在岗人员进行继续教育、终身教育，开展多样化的培训，不断提高工作人员的整体素质。

3.5 联合开展活动，深化阅读推广

公共图书馆资源的有效性、及时性、针对性及时提高了学生的使用体验，联合

学校常态化开展各类阅读、展览、讲座及培训活动，更能吸引更多学生成为参与主体，极大程度上提高了对图书馆的知晓度，对文献资源的利用率，对公共文化活动的参与度。扩大了阅读推广群体，从未成年人开始培养阅读推广意识，实现全民阅读重要意义。

4 结语

综上，在现阶段龙泉驿区图书馆总分馆制已经覆盖全区街、镇、村、社区、部分企事业单位的前提条件下，响应“十四五”公共文化服务体系建设规划主要任务要求，探索公共文化服务和教育融合路径，完善公共文化服务进校园的常态化机制，完善与中小学的双向融合机制。公共图书馆和中小学图书馆（室）尝试建立资源共建共享机制，探索创新融合发展新路径，实现公共文化服务资源共建共享、优势互补。

参考文献

[1] 阮丽珍. 浅谈少儿图书馆与中小学图书馆实现资源共建共享的作用和策略[J]. 中小学图书情报世界，2002（5）.

[2] 信息时代电子图书馆展望[J]. 现代情报，2000：54-55.

[3] 韩柏松. 对中学图书馆资源共建共享的思考[J]. 中小学图书情报世界，1998（5）.

[4] 林景星.关于我区中小学图书馆信息资源共建共享的若干思考[J]. 福建社科情报，2003（6）.

与区域发展相互融合促进的
公共图书馆特色分馆建设探析

贺磊，唐峡

（青白江区图书馆，四川成都，610300）

【摘　要】 本文介绍了成都市青白江区图书馆在结合青白江区获评国家级经济技术开发区的区域优势背景下，通过馆企合作、文旅融合的方式因地制宜建设特色分馆的案例，为新时期的公共文化服务体系实现协同区域发展、资源融合、促进旅游经济繁荣全面提升的目标，提供了新的探索方式和实践经验。

【关键词】 特色分馆；文旅融合；资源整合；区域发展

1　引言

2011 年文化部、财政部启动“创建国家公共文化服务体系示范区（示范项目）”，2015 年中共中央办公厅、国务院办公厅印发《关于加快构建现代公共文化服务体系的意见》，2016 年文化部等五部委共同印发《关于推进县级文化馆图书馆总分馆制建设的指导意见》，再到 2018 年《公共图书馆法》的施行，从最开始的顶层设计到配套政策、法规的相继跟进支持，我国的公共图书馆总分馆建设已基本实现了让广大基层群众享受到了更丰富、更便捷、更高质的基本公共文化服务。但在建设的过程当中，依旧存在着部分分馆服务水平不高、管理人员专业化程度不足，评价机制不够完善、地方政府资金支持不够、空间布局不够合理等问题，于是借助资源整合、文旅融合思想的特色图书馆分馆建设、主题图书馆分馆建设、“智慧+”总分馆服务体系建设、概念书店参与的公共图书馆分馆建设等诸多探索应运而生，本文就成都市青白江区图书馆结合区域发展特色的主题分馆建设的实践探索进行了论述。

2 青白江区图书馆特色分馆的基本情况

2.1 分馆建设情况

截至 2020 年底，成都市青白江区图书馆顺利完成全区 7 个乡镇（街道）的分馆建设工作，同时结合区内实际情况，建成坐落在工业园区内的盛华企业园分馆以及与区域内品牌书店合作的青江书城分馆。全年共计完成了 9 个图书馆分馆的建设，实现了以区图书馆为总馆，乡镇（街道）综合性文化服务中心为分馆，服务点为补充，上下联通、结构合理、服务优质、有效覆盖、运行高效的图书馆总分馆服务体系，使公民享受的基本公共文化服务内容更加丰富，途径更加便捷，质量显著提升。

2021 年 6 月 21 日，成都青白江经济开发区升级为国家级经济技术开发区，定名成都国际铁路港经济技术开发区。成都国际铁路港成为国家向西开放的主要通道和亚欧国际贸易物流的桥头堡。也是全国唯一依托铁路港设立的自贸区片区，也是中欧班列（成都）始发地。其中建设在铁路港自贸区内的亚蓉欧国家（商品）馆是青白江建设对外交往引领区和国际品质生活区的重要抓手，是繁荣“一带一路”特色商品展示展销和对外文化交往的重要平台，是打造国别商贸总部基地、国际化青白江的重要载体。

在此背景下，成都市青白江区图书馆结合地区特殊区位因素和重大发展项目优势，于今年 3 月份再次建设了成都市青白江区图书馆亚蓉欧国家（商品）馆分馆。

2.2 成都市青白江区图书馆亚蓉欧国家（商品）馆分馆

亚蓉欧商品馆是结合成都国际铁路港、“一带一路”倡议和全方位对外开放战略发展打造的可参与、能共享的体验式文化艺术美学空间。其充分突出新丝路文化元素，是一个集宣传、展销、孵化、发布交流活动为一体的多功能并具代表性的综合场馆。考虑到区位因素与项目背景，成都市青白江区图书馆通过馆企合作的方式，建设了青白江区图书馆亚蓉欧国家（商品）馆分馆。

荷兰蒂尔堡图书馆是以蒂尔堡车站枢纽为中心建设而成的，亚蓉欧国家（商品）馆分馆也处在铁路枢纽，因此在设计理念上借鉴了前者，室内的咖啡吧、立体书墙以及开放式的阶梯座椅，以及营造的自由、开放、舒适的氛围都极其相似。除此之外，馆内还复合有更多的文化艺术设施，拥有 2 个展厅以及 3 个可移动组合的活动场地用于布展或开展阅读活动。在馆藏上现有图书展墙三面，藏书量约 3 000 余册，藏书主要以法国名著为主，另外根据读者借阅情况，将会与青白江区图书馆协调不定期开展新书流转工作，以满足读者的阅读需求。在区域划分上设置了主题阅读区、亲子阅读区等，可举办各类品牌讲座、读书会、展览、亲子阅读、国际交流、图书沙龙等阅读推广活动，整个场馆功能多样，设施完备。

2.3 特色分馆的公服成效

迄今为止，亚蓉欧国家（商品）馆图书分馆已发展为成都市青白江区图书馆阅读推广活动的重要阵地。从今年 4 月授牌开馆至今，已开展了 26 场次的各类阅读推广活动，其中阅读推广活动 12 场次，展览 3 场次，交流活动 11 场次，惠民人数达到 3 000 余人次。

亚蓉欧国家（商品）馆图书分馆同时也是传递国内外文化交流，搭建中法、中荷、中德、中俄之间等国际贸易的桥梁，从开馆以来举办了中俄青年创业“云交流”研讨会、成都市 2021 年上半年区域一体化公共图书馆学术研讨会、中俄德国柏林自由大学图书馆学术交流活动等国际文化娱乐交流等主题交流会议，搭建起了“一带一路”沿线国家商品展销、体验及文化交流的开放型双向交流平台。

3 文旅融合特色分馆建设带来的益处

3.1 公共阅读服务效能得以倍增

得益于特色分馆的创建，亚蓉欧国家（商品）馆与成都市青白江区图书馆间实现馆藏资源的共享，除了给分馆配置的以法国文学作品为主的图书外，每年还会根据实际需要进行不定期的新书流转，保证了分馆读者阅读需求的满足以及分馆阅读服务的有效覆盖和延伸。同时由于分馆特殊的建筑设计和空间布局，也是极佳的阅读推广服务场地，无论是图书馆业内的研讨会，还是读者交流的书友会、读书会，都需要有一个各项基础设施、文化氛围浓郁的阅读美空间来进行呈现，该分馆通过资源融合发展的方式，有效解决公共文化服务供给低效、单一、供需不匹配的问题，使得公共文化服务效能得到倍增的效果。

3.2 综合多方需求，使资源利用效率最大化

选址新建馆舍会增加政府开支，增加人力财力物力的投入，融入已有文化设施的合作建馆方式更加经济高效。如果共建项目是地方政府大力扶持的重点项目，合作将达到“1+1>2”的多赢效果，使得资源利用的效率最大化。除了在筹建开放阶段省时省力，在日后的维护与利用中，商家考虑到自身的利益，会主动做好场馆维护和运营，避免馆舍门可罗雀无人使用，造成资源浪费的现象。

3.3 助力提升旅游吸引力，促进地方经济发展

作为亚蓉欧国家（商品）馆，其本质属性依旧是跨境商品展销和搭建对外交流

平台。但由于区域发展水平的限制和人口地理位置不占优等因素，导致该馆群主要是以政务活动为主导，获客渠道较为狭窄，群众的文娱消费缺乏活力。故而在此增设图书馆分馆，通过增加商品馆内的公共文化服务内容，提供一个环境优美的落脚地，提升消费者消遣娱乐的内在驱动力，吸引更多的市民群众参与游览消费，以馆聚人、以馆促销，形成有效的宣传推广，提升场馆知名度，助力商品馆的商业发展。

3.4 促进城市高质发展，营造书香城市文化氛围

随着成都市在“十四五”时期实施幸福美好生活十大工程的开展，图书馆作为“书香城市”建设的核心力量，成都市青白江区图书馆通过特色分馆建设的方式，在市民日常的消费娱乐场所中植入公共文化服务，将文化服务送到市民身边，并且融入日常生活之中，既有利于提升市民的文化素养、审美水平和幸福指数，更利于推动成都市书香城市的发展建设。

4 结语

在《四川省县级文化馆图书馆总分馆制建设实施方案》《关于印发〈优化供给提升公共文化服务效能的实施方案〉的通知》等文件指导下，在文旅融合发展的背景下，图书馆如何顺应社会进程的发展需要，在不忘初心的工作过程中，担负起社会责任，创新变革思维方式，在总分馆建设的工作中树立文旅融合发展理念，这是每一位图书馆同仁积极探索实践的课题。

成都市青白江区图书馆坚持规范化建设分馆，积极整合地方优质资源项目，发展区域优势开展总分馆制建设，不断提升区域公共文化服务效能。但是在实践的过程中，依旧存在“过度网红化”影响图书馆正常服务、专业人才配套不够完善等管理问题，这还需要在后续的实践探索中不断改进和完善。但勇于发散思维，努力探索公共文化服务体系建设的新途径，是早日实现公共文化服务体系基本服务全覆盖、均等化、增效能最终目标的有效措施，同时也是现代图书馆人不忘初心、不懈追求的重要使命。

参考文献

[1] 郑凤岗. 推进滨海新区公共图书馆总分馆制建设的实践与思考[J]. 图书馆工作与研究，2019（S1）：5-10.

[2] 刘春节. 县级公共图书馆总分馆制建设的实践与思考[J]. 文化产业，2021，（07）：104-105.

[3] 宋军，魏红. 借力示范项目建设，推动区县图书馆总分馆制建设[J]. 当代图书馆，2019，No.140（04）：15-17.

[4] 张振慧. 图书馆参与文旅融合的发展策略探究[J]. 河北科技图苑，2020，33(04)：9-12.

[5] 柯平. 主题图书馆：公共图书馆高质量发展新路径[J]. 图书馆建设，2020（01）：6-7.

[6] 李星光. 盐田区图书馆"智慧+"总分馆服务体系建设实践研究[J]. 图书与情报，2021（01）：26-31.

[7] 李菲，柯平，王溪，等. 概念书店参与公共阅读服务供给研究[J]. 图书馆论坛，2020，40（03）：124-130.

[8] 伍力. 公共图书馆主题分馆建设研究[J]. 图书馆建设，2020(S1)：158-161.

[9] 孙杨. 基于调研的西安"书香城市"建设路径分析[J]. 当代图书馆，2019，139(03)：58-62.

[10] 庄园姝. "文旅融合"背景下主题图书馆建设思考[J]. 图书馆建设，2020(S1)：166-168.

公共图书馆图书固定资产入账价值探讨

汤萃群

（青白江区图书馆，四川成都，610300）

【摘　要】 目前公共图书馆取得图书，大多按照实洋计入资产管理系统、码洋计入图书管理系统，这样的入账方式造成了图书固定资产账实不符、账账不符，导致会计数据严重失真。按照码洋计入资产管理系统和图书管理系统，将保证图书固定资产账实相符、账账相符。本文简要分析了图书类固定资产管理现状，找出了当前实洋入资产管理系统、码洋入图书管理系统的弊端，试探讨出有效的码洋入资产管理系统和图书管理系统解决办法。

【关键词】 实洋；资产管理系统；码洋；图书管理系统

图书是公共图书馆最主要的固定资产，长期以来，因在资产管理系统和图书管理系统入账价值不一致，造成了账实不符、账账不符等问题，给图书的管理带来巨大的困难。要想保证公共图书馆管理工作完整，必须提升固定资产管理质量，在实际的操作活动中，应该加强对固定资产管理工作力度，注重管理人员业务能力的提升，最大限度上满足公共图书馆的发展需要。

1　公共图书馆图书固定资产管理现状

近几年，国家十分支持图书馆产业发展，不断加大图书馆建设资金投入力度，积极号召社会各界向图书馆系统捐赠图书,我国公共图书馆的数量得到了显著增加。与此同时，为了与社会发展相适应，图书馆在原有的管理体系上不断进行改革与创新，着重解决图书馆管理工作中的各种问题，尤其是做好固定资产管理工作。

但是在实际工作中，公共图书馆管理人员并没有足够重视图书固定资产管理工作。青白江区图书馆近年来未定期对图书固定资产进行清查盘点，而且长期以来缺乏对资产管理系统与图书管理系统账账不符现象的重视，导致资产管理系统与图书管理系统中图书价值差异极大。

2 实洋入资产管理系统、码洋入图书管理系统的弊端

2.1 购入图书形成的账账不符

资产管理系统中，购入图书按照实洋批量计价；图书管理系统中，购入图书按照码洋计价。购书的折扣导致资产管理系统与图书管理系统账账不符，且两者的差距会随着图书的增加不断增大。

具体来说，通过实洋计入资产台账和会计核算系统的方式将图书计入资产管理系统，而码洋记入公共图书馆图书管理系统，二者并没有统一的入账标准。虽然实洋入资产台账与财务账符合相关准则的规定，严格遵循会计核算的配比性与真实性，但是由于图书采购时往往能享受到一定的折扣与优惠，最终购入价格普遍低于市场价格，导致图书类资产的公允价值与账面价值不符。而码洋记入图书管理系统能够充分反映图书的市场价值，但并不能代表投入资金。在图书数量不断增长的情况下，资产管理系统与图书管理系统间的差额越来越大，统计数据失真、账账不符的现象愈加恶化、严重。

2.2 接受捐赠的图书造成账实不符、账账不符

接受捐赠的图书实洋为零，按照实洋计入资产管理系统的思路，青白江区图书馆未将接受捐赠的图书计入资产管理系统，这样就造成这些图书账实不符。同时青白江区图书馆将接受捐赠的图书按照码洋计入图书管理系统，也造成了资产管理系统与图书管理系统账账不符。

一方面，金额方面的不一致。图书管理系统固定资产管理方式按照码洋入账，资产管理系统因未投入资金而未入账，这也逐渐增强了图书管理系统与资产管理系统之间图书资产价值的差距。资产管理系统与图书管理系统图书原值的比值持续下降，图书资产总额比被压缩减小，进而导致严重的会计信息账账不符现象。

另一方面，捐赠图书实物方面存在不一致。捐赠图书实物上架，而资产管理系统未入账，这导致实物数量多于资产管理系统，进而导致账实不符现象。

2.3 读者丢失图书造成账实不符、账账不符

读者丢失图书后，青白江区图书馆按照码洋收取读者赔书款，并将收取的赔书款作为非税收入缴入国库。由于无法准确获取丢失图书在资产管理系统的入账价值，在图书管理系统中作图书进行丢失处理后，青白江区图书馆未在资产管理系统中减少固定资产，造成了账实不符、账账不符。

收取赔书款虽然弥补了图书丢失造成的固有资产流失，但缺乏有效的图书固定资产价值管理，资产管理人员无法准确地将丢失图书的价值反映至会计人员处进行会计核算，在图书固定资产减少丢失图书的处理，导致资产管理系统与实物差异不断扩大。

3 码洋入资产管理系统和图书管理系统的探讨

3.1 码洋入资产管理系统和图书管理系统的会计处理

青白江区图书馆按照码洋收取读者的赔书款，表明了图书的码洋能够反映其市场价值，因此以码洋同时计入资产管理系统与图书管理系统具有可行性。《政府会计制度》的实施，财务会计与预算会计的适度分离，也为以码洋同时计入资产管理系统与图书管理系统提供了更多的可能。

公共图书馆取得图书，验收合格按照码洋计入图书管理系统后，资产管理人员按照码洋录入资产管理系统。会计人员按照码洋在会计核算系统中计入固定资产，码洋与实洋之间的差额，按照《政府会计制度》，作为图书固定资产的评估增值，计入“其他收入”，最终形成“累计盈余”。

3.2 采用码洋入资产管理系统和图书管理系统方式的后续处理

实施图书固定资产的全面清查盘点，将接受捐赠的图书补记入资产管理系统，丢书的图书从资产管理系统和图书管理系统中减少，确保图书固定资产在资产管理系统和图书管理系统中数量一致、价值一致。

3.2.1 优化图书盘点管理工作

由于图书固定资产的长期低效管理，应制定计划对所有图书固定资产进行全面清查盘点，消除以往资产管理系统和图书管理系统之间的数量、价值差异。公共图书馆数量过多、流动性太大、馆藏地点不确定以及图书乱推乱放等是导致图书盘点工作困难的主要因素，要想明确图书馆的固定资产情况，应该对图书盘点管理工作进行优化调整。全面清查盘点时，将流转至分馆的图书及外借的图书默认为馆藏图书，仅在资产管理系统按照码洋调整其价值；盘盈的图书，按照码洋分别计入资产管理系统和图书管理系统，对于无码洋的图书，按照名义价值分别计入资产管理系统和图书管理系统；盘亏的图书，查明原因后，从资产管理系统和资产管理系统中减少。全面清查盘点完成后，应制定图书资产清查盘点制度，定期进行全面盘点，不定期进行抽查盘点，并形成长效机制。

3.2.2 制定图书剔除计划

制定合理的图书剔除计划，及时剔除无效的图书，能够有效缓解公共图书馆流通库存压力，实现公共图书馆整体管理效果的优化与升级。一方面，要明确图书剔除标准，图书剔除的主要对象是破损图书以及利用价值较低的图书，其中破损图书进行剔除时，应该对其破损修复程度进行划分，破损严重且没有修复价值的图书直接剔除，利用率低、流通不利的图书也应作为剔除的对象；另一方面，应该对图书剔除比例进行控制与掌握，根据图书流动情况将决定剔除的图书分为不同等级，划分好图书剔除顺序，安排专业的人员进行剔除百分比的计算，列好剔除清单，按顺序进行剔除，直到目标与剔除百分比相一致。

为保证馆藏数量，可在图书馆系统中设置剔除图书库，剔除的图书不再进行流通，但仍为图书馆的馆藏图书，也不从资产管理系统中减少。

4 结语

总而言之，当前公共图书馆图书固定资产管理工作问题较多、难度较大，是一项系统性的大工程。在固定资产法制化发展的大背景下，图书类固定资产管理朝着更精准、高效的精细化方向发展，因此加强图书类固定资产管理将是现代化公共图书馆管理工作重点研究的课题之一。在今后的发展中，应对图书馆固定资产进行更加深入的研究，制定出更多行业性强、操作性强的规范制度，引导公共图书馆更好地开展图书固定资产管理工作。

参考文献

[1] 赖丽娜.公共图书馆图书类固定资产管理探析[J]. 图书馆理论与实践，2018(12)：21-29.

[2] 赵联锋.高校图书资料账实及账账不符的原因及对策[J]. 科技情报开发与经济，2015，25(13)：59-60.

基于政府采购制度的中文图书采购工作初探
——以成都市青白江区图书馆为例

江秀

（青白江区图书馆，四川成都，610300）

【摘　要】 从政府采购制度要求出发，以本馆2018～2020年中文图书采购项目实际工作为例，进行了招标前期准备、中标情况、供货验收等环节的详细列举，分析了存在的问题，提出了几点改进的应对策略，旨在提高公共图书馆中文图书采购工作效率和质量，使购书经费发挥最大限度的效益。

【关键词】 政府采购；公共图书馆；中文图书；采购方式；购书经费

随着《中华人民共和国公共图书馆法》的颁布施行，公共图书馆购书经费由政府拨款，专款专用。每年度充足且明确的购书经费纳入常态化政府采购，一方面有利于采购人员制定本年度采购计划，另一方面更有助于经费得到最大限度的合理利用。笔者结合本馆近三年中文图书采购项目工作进行比较分析，思考存在的问题，提出应对策略，尽量保证图书采购的完整性、连续性，减少因招投标过程带来的损失。最终实现购书经费的最大效益，提高公共文化服务效能，更好地满足广大群众的基本文化需求。

1　政府采购制度概述

《中华人民共和国政府采购法》第二条明确规定：政府采购是指各级国家机关、事业单位和团体组织，使用财政性资金采购依法制定的集中采购目录以内的或者采购限额标准以上的货物、工程和服务的行为。

根据四川省人民政府办公厅关于印发《四川省2018—2019年政府集中采购目录及采购限额标准的通知》（川办函〔2017〕208号）规定，公共图书馆中文图书采购虽不在集中采购目录内，但2018～2020年成都市青白江区图书馆中文图书采购预算分别为 85 万元、108.11 万元、82 万元，属于县（市、区）级在 30 万元以上的货物项目的分散采购限额标准，同样要走政府采购流程。

2 政府采购方式

《中华人民共和国政府采购法》第二十六条明确规定：政府采购采用以下方式：公开招标；邀请招标；竞争性谈判；单一来源采购；询价；国务院政府采购监督管理部门认定的其他采购方式。以下就本馆采用过的三种方式进行简要分析。

2.1 公开招标方式

公开招标应作为政府采购的主要采购方式。公共图书馆中文图书采购采用公开招标方式的，其具体数额标准，属于中央预算的政府采购项目，由国务院规定；属于地方预算的政府采购项目，由省、自治区、直辖市人民政府规定。根据四川省相关规定 2018—2020 年政府采购货物和服务项目公开招标数额标准县（市、区）级由 120 万元调整到 400 万元。目前本馆购书专项经费还达不到公开招标数额标准。

2.2 竞争性谈判方式

采用竞争性谈判方式采购中文图书时，参与投标的潜在供应商可以根据公共图书馆具体供货要求直接给出折扣率或者价格。将报价最低的供应商确定为成交供应商。这种招标方式优势是公告期短、可多次报价。

2.3 询价方式

采购的货物规格、标准统一、现货货源充足且价格变化幅度小的政府采购项目，可以采用询价方式采购。所谓询价方式，是根据采购需求，从符合相应资格条件的供应商名单中确定不少于三家的供应商，并向其发出询价通知书让其报价。被询价的供应商一次报出不得更改的价格。根据符合采购需求、质量和服务相等且报价最低的原则确定成交供应商。这种模式要求公共图书馆提供确定的中文图书采购清单，供应商一次性报价，将最低报价的供应商确定为中标供应商。但可能出现恶意竞争，故意低价中标。

3 政府采购招标评标方法

政府采购招标评标方法分为最低评标价法和综合评分法。

最低评标价法，是指投标文件满足招标文件全部实质性要求且投标报价最低的供应商为中标候选人的评标方法。综合评分法，是指投标文件满足招标文件全部实质性要求且按照评审因素的量化指标评审得分最高的供应商为中标候选人的评标方法。

公开招标方式评审原则可以是最低评标价法也可以是综合评分法原则来确定成交供应商。而竞争性谈判和询价两种方式都是根据符合采购需求、质量和服务相等且报价最低的原则确定成交供应商。

4 青白江区中文图书采购

以青白江区图书馆采购为例，2018 年总分馆购书经费渠道来自乡镇（街道）综合文化站（中心）常年公共文化服务经费 85 万元。首先制定了 2018 年总分馆中文图书采购清单，总定价 1 133 361.90 元，共计 6 325 种，18 975 册。按照成都市青白江区政府采购计划表，2018 年总分馆中文图书采购项目类别属于货物类，采购模式为分散采购，代理机构为社会代理机构，采购方式为竞争性谈判。采购清单作为标的物连同招标公告一起挂网。从符合相应资格条件的供应商名单中确定了十二家供应商参加谈判，经过两轮报价后，最终以报价最低的四川倍美文化用品有限公司确定为成交供应商，成交金额为 617 682.20 元即 54.5%折扣率。成交供应商按照《成都市青白江区图书馆 2018 年总分馆图书采购清单》中的中文图书供货，最终实际供货 6 106 种，20 163 册。到货率 96.5%，缺货率 3.5%，验收合格。实际资金支付 588 946.51 元，供货出现价格不一致情况及配送了清单以外的中文图书。

2019 年购书经费共计 108.11 万元，分别来自乡镇（街道）综合文化站（中心）常年公共文化服务经费 26.11 万元和公共图书馆专项购书预算经费。同样制定了 2019 年中文图书采购清单，总定价 1 590 047.37 元，共计 9 163 种，27 489 册。按照成都市青白江区政府采购计划表，2019 年中文图书采购项目类别属于货物类，采购模式为分散采购，代理机构为社会代理机构，采购方式为公开招标。此次招标经历了第二次开标，因第一次开标出现符合专业条件的供应商或者对招标文件作实质响应的供应商不足三家的情况予以废标。通过综合评分法得分最高的来确定成交供应商，其中报价部分占比为 70%，而供货能力、到书率、人员配置占比较低。最终以得分最高的北京人天书店有限公司确定为成交供应商，成交金额为 1 033 530.79 元即 65%折扣率。供应商按照《成都市青白江区图书馆 2019 年图书采购清单》中的中文图书供货，最终实际供货 26 156 册。到货率 95.1%，缺货率 4.9%，验收合格。实际资金支付 986 107 元，供货出现价格不一致情况及配送了清单以外的中文图书。

2020 年购书经费 82 万元，渠道为公共图书馆专项购书预算经费。同样延续以往经验制定了 2020 年中文图书采购清单，总定价 1 202 175.6 元，共计 5 691 种，16 873 册。按照成都市青白江区政府采购实施计划备案表，2020 年中文图书采购项目类别属于货物类，采购模式为分散采购，代理机构为社会代理机构，采购方式由“公开招标”修改为“询价”。采购方式第一次批复的为公开招标，后因落实“专门面向中小企业采购”的政府采购有关政策与本项目中文图书清单的部分出版社为大型企业相矛盾，同时考虑到本项目未到达公开招标限额及资金支付进度问题，将采购方式“公开招标”修改为“询价”。通过最低评标价法报价最低的来确定成交供应商，最终以报价最低的四川倍美文化用品有限公司确定为成交供应商，成交金额为 740 000 元即 61.56%折扣率。成交供应商完全按照《成都市青白江区图书馆 2020 年图书采购清单》的中文图书供货，最终实际供货 16 138 册。到货率 95.64%，缺货率 4.36%，验收合格。实际资金支付 694 650 元，供货出现价格不一致情况及配送了清单以外的中文图书。

5 中文图书采购工作的思考

5.1 购书经费得到保障

政府采购能够使公共图书馆购书经费专款专用，防止图书经费被挤占、挪用，保证图书采购经费及时到位。有利于公共图书馆文献资源建设的稳定性和连续性，促进图书采购经费效益最大化。

5.2 采购程序公开透明

通过政府采购做到了公开透明，扩大了公共图书馆选择供应商的范围。图书采购将经过从提出采购计划申请、财政审批、开展需求论证、制定招标文件、挂网公告、投标报名、开标评标、确定成交供应商、签订合同到最后图书到馆验收、新书上架等一系列政府采购程序，随时接受各方相关部门监督管理，保证了采购程序规范合规。

5.3 增值服务范围不断扩大

政府采购要求下通过招投标进行中文图书采购的，都会要求成交供应商提供公共图书馆所要求的配套增值服务。包括标准的 CNMARC 编目数据，还需提供加盖馆藏章、贴书标、贴条码、图书上架等附加服务。公共图书馆在花费同等资金购买中文图书的情况下，能获得更多的额外增值服务，不仅节省了采购经费，尤其在专业采编人员严重不足的区（市、县）级公共图书馆来说，还在很大程度上减轻了采编人员的工作强度。

5.4 公共图书馆政府采购的弊端

5.4.1 采购周期长，工作效率低

目前，本馆中文图书采购招投标工作都是一年进行一次，从提出申请到开标通常要经过两个月甚至更长的时间。招标工作结束后，供应商还要备货，供应商的供货受出版社的出版频率和图书编目加工速度影响，这样就延长了采购周期，大大影响新书上架的时效性，例如畅销书、热门书、时效性强的书不能及时与读者见面。

以本馆中文图书采购为例，每年 5 月中下旬进行采购，通过询价方式，从财政审批、开标、中标到签订合同，基本到 7 月底。然后根据采购清单，供货、验收、上架最快到 10 月底能完成采购项目。根据中标商的供货能力、供货周期、图书正常到货率、出版社的发货规律，可能到 11 月底才能完成全部项目流程，同时要求不得更改或者替换已经招投标的采购清单，那么导致当年 5 ~ 12 月出版的新书就无法采购。造成往往新购买的图书为上半年的热门图书，而下半年或最近出版的热门图书还未进行采购，造成馆藏需求脱机，无法最快满足读者的迫切阅读需求，严重影响公共图书馆文献资源的流通率，也降低了公共图书馆的服务质量。

5.4.2 低折扣中标，影响图书质量

无论通过哪种政府采购方式，最终只能把投标商的投标报价或折扣率作为主要评标因素，即“低价中标”，目前本馆按照政府采购中的询价方式招投标，将中文图书作为一般货物进行招投标，其结果就是低价中标。而“低价中标”所带来的弊端就是图书的供货质量难以把控，一方面是有些投标商为了在众多的竞争者中胜出，故意压低折扣以获得中标，中标后为追求利益最大化，恶意不供货高折扣的大码洋类图书或故意拖延交货时间，甚至出现盗版图书。另一方面低价中标的成交供应商，虽然前期已经提前选定好了采购清单，但是每个供货商的供货能力良莠不齐，有的供应商就是无法获取到独家代理权，导致某些大型出版社的图书无法供货。造成优质文献资源无法获取，浪费了采访人员的精心挑选的时间成本。

5.4.3 缺乏连续性，供应不稳定

供货书商更换频繁，无论通过哪种政府采购方式，确定的供应商都是针对一个特定项目提供服务，每年都是重新招标，更换成不同或者相同的供货商，特别对图书加工标准造成反复沟通和培训，浪费人力资源，亦可能会影响到本馆藏书体系的完整性和连续性。同时供应商提供的数据编目加工质量也因人而异，中小企业提供的出错率会相对更高，在公共图书馆从事专业编目的人员越来越少的情况下，增加了验收难度及工作量。

6 政府采购制度下中文图书采购策略

6.1 提前做好招标准备工作

重视招标前的准备工作，无论选择哪种采购方式，公共图书馆馆长、采购负责人员必须认真对待、深入研究招标文件和相关招标制度，科学合理编制招标文件，从业务和专业角度使招标文件能全面反映图书馆中文图书采购需求。通过详尽的招标文件内容，撰写完整的招标文件条款和标准等方式，提高图书馆的话语权，以便更合理高效使用购书经费，同时争取更多的优惠和更好的服务。

中文图书采购是一项长期性、连续性、完整性极强的工作，不同于一般的货物采购。各出版社出版图书是不间断的，采访人员对图书书目的搜集也是每一周甚至每一天都在进行的。实施招标要有计划性，可以将准备采购清单工作提前到上年年底，给采访人员留足充分的时间进行采购清单的甄选以及不断新增更好的优质的新书。这样既保证了图书质量，又提高了文献采购效率。

6.2 组建采访团队，精选优质书目

可以组建具有不同学科背景的采访人员团队参与采购清单选定，充分了解当前图书市场运行规律，搜集各书商及重点出版社的书目信息。通过线上线下荐购等方式或者将各类图书奖获奖书目纳入选订书目，让读者主动参与图书采购，满足不同层次读者的阅读需求。为杜绝低价中标带来的不利影响，应选择高品质的图书采购清单，比如可以选择大型出版社的新书，或者基于各种图书奖或图书榜单来事先确定采购清单。

6.3 加大数据分析，优化馆藏结构

采购清单除了参考大型书商的馆配清单外，还可以通过对本馆馆藏图书的流通量、借阅量以及出版社的特点和重点进行分析，与本馆读者群体的需求匹配程度，合理规划馆藏，调整各类图书的采购比例，精选适合本馆出版社的优质图书。同时，每年还应针对损毁严重的图书，要及时给予补充，维护馆藏资源的完整性，对收藏不全的多卷书或者连续出版物要尽可能补充完整。

6.4 创新采访模式，融合社会力量

创新采访模式，与公共图书馆阅读推广活动相结合。引入读者自主采购模式，比如“你选书、我买单”的“图书馆+书店”模式。

以“分包”形式招标进行，方便每家投标供应商根据各自经营的特点或重点有的放矢地来投标，充分发挥各自优势。比如可以分成年鉴包、地方文献包、少儿图书包、文学包等。

在招标年限上实施一采 *N* 年模式，延长中标供应商的服务年限，以确保图书供货稳定，以达到馆藏资源结构的相对连续性和稳定性。

引入竞争机制，在进行政府采购可以一采 N 家模式，可以根据实际采购需求选择多家书商分别供货，在书商之间形成竞争，确保到馆图书质量，同时缩短新书到馆时间。

加大现采力度，组织采访人员参加大型书展，通过现采方式，根据图书内容、装帧等直接选择所需图书，确保图书质量，满足读者个性化需求。

6.5 总结行业经验，形成参考范本

整合公共图书馆在政府采购制度下各种采购方式的典型案例，总结政府采购各种采购方式的特点、适用条件、评标方法和公告时间等，分析这些采购方式对中文图书采购类货物的优劣，总结经验，形成一套关于公共图书馆中文图书招投标的参考范本，供公共图书馆参考选择适合本馆的采购方式和评标方法。

6.6 加强沟通交流，完善监督管理

做好验收监督，完善考核机制。公共图书馆采访馆员要与成交供应商密切沟通，将本馆的采编要求、CNMARC 数据标准、图书质量、业务管理系统、物理加工服务等要求用正式文件形式进行沟通，减少因口头语言带来的理解偏差。督促书商做好供货情况的反馈机制，包括订单处理的反馈、高码洋价格的反馈、缺货情况的反馈以及缩短到货周期的处理，达到采购工作任务的圆满完成。

公共图书馆采访馆员在进行图书验收环节时，严把验收质量关，要仔细与采购清单核对，发现有污损、定价、复本数是否相符，发现重复配书、非采购清单图书、盗版书等情况要拒绝验收，通知供应商立马整改，否则按照违约处置。

7 结语

政府采购制度对公共图书馆采访工作提出了新要求：一方面采访人员需要不断提升自身业务素质，加强书目的搜集能力，甄选更多优质好书，满足不同读者的阅读层次需求；另一方面要营造公平透明的营商环境，使有限的购书经费发挥最大效益，尽量节省公共图书馆的人力、物力。

参考文献

[1] 胡育杏. 政府采购背景下公共图书采访工作的思考[J]. 河南图书馆学刊，2020（9）：107-109.

[2] 王均玲. 政府采购制度下图书馆图书采购存在的问题及对策[J]. 内蒙古科技与经济，2019（11）：140-143.

[3] 郭春兰. 政府集中采购背景下公共图书馆提升图书采访质量探讨[J]. 中国中医药图书情报杂志，2017（5）：35-37.

[4] 顾丽莉. 政府采购背景下图书馆图书采访工作的研究[J]. 科技与创新，2017（2）：53-54.

[5] 王雪. 公共图书馆中文普通图书采购招标的思考[J]. 四川图书馆学报，2016（5）：36-38.

[6] 邱洁媛. 政府招标采购下公共图书馆图书采购质量控制[J]. 科技与创新，2014（3）：116-117.

[7] 张晨. 购书经费增加后的图书采访策略研究——以湖北省图书馆为例[J]. 科技情报开发与经济，2013（23）：24-27.

[8] 侯彤. 政府采购背景下的公共图书馆中文图书采购——以四川省图书馆中文采购工作为例[J]. 图书情报工作，2012 增刊（2）：78-85.

公共图书馆弱势群体服务研究
——以温江区图书馆为例

刘海燕

（温江区图书馆，四川成都，611130）

【摘　要】 作为公共文化服务体系中的重要核心，图书馆在服务广大群众的同时，应该特别关注弱势群体。本文结合成都市温江区图书馆服务实践，阐述了公共图书馆对弱势群体开展服务的现实意义和有效措施。

【关键词】 公共图书馆；弱势群体；图书馆发展

在全面推进社会文化建设的进程中，温江图书馆认识到弱势群体是社会群体中重要的一部分，拥有独立、平等地享受社会公共服务的权利。在开放、平等、普惠的理念指导下，温江图书馆密切关注弱势群体的知识、信息、精神、文化需求，改善服务质量，改进服务方式，加强人文关怀，拓展了服务方式，取得了良好的社会效益，温江图书馆的社会职能进一步得到体现。

1　弱势群体及其文化需求

1.1　弱势群体的定义

总体来说我国的弱势群体主要包括农民工、城市失业人员、贫困农民、残疾人、妇女、儿童等。

1.2　弱势群体的文化需求

据统计，我国弱势群体数量占全国总人口的 11%~14%，是社会群体的很大一部分。在马斯洛的需求层次理论中，最基本的生存需要满足之后，作为自然人的弱势群体也需满足精神需求，这对弱势群体建立乐观向上的健康心态起到激发和推动作用。例如进城务工人员可以丰富法律知识，了解最新资讯，保护自己的合法权益，获取更多就业机会；儿童在获取义务教育的同时，开阔自己的视野，提高阅读理解能力。

2 公共图书馆现状

我国社会主要矛盾已经转化为人民日益增长的美好生活需要和不平衡不充分的发展之间的矛盾。公共图书馆为读者服务的宗旨没有改变，但服务的内涵和重点发生了变化，在基本实现文化服务体系全覆盖的基础上，更加注重包容性、深度均等化发展。实现深度均等化，就必须满足弱势群体平等、就近、便捷的阅读需求，提供适宜的服务。

3 对弱势群体服务的有效措施

3.1 平台创新，便利弱势群体

温江区图书馆利用大数据，移动网络服务开展适合弱势群体的公益活动。将打造新一代图书馆管理和“云服务平台”为发展目标，进行图书馆资源管理进行革新，设立了网上数字资源，实现在线用户自注册，大数据统计分析，优化功能为弱势用户提供借书还书服务。“云服务平台”构建了线上与线下文献互补、个性化与多元化的馆藏资源体系，破除了由于图书馆地理位置而使弱势群体难以获取资源的限制，如残疾人出行困难，贫困人群交通费用问题，儿童外出安全问题等，为本地区读者带来了“随时随地想看就看”阅读方式。

3.2 改善硬件，更好服务弱势人群

温江区图书馆于2008年创设了盲文阅览室，共有盲文图书500册，视听文献300种，安装了专用中国盲文计算机系统电脑，在大门楼梯处专门设置了轮椅通道，并在馆内修建盲人步道一条，修建了残疾人专用厕所等特别设施。成立残疾人服务小组，有需要的残疾读者只需一个电话我们的工作人员便会上门送书提供服务。充分考虑各类群众工作、学习时间的差异性，温江区图书馆将工作日开馆时间设为9:00—20:30，节假日为9:00—17:00，延时开放破除了由于时间冲突使各类人群的不能到馆阅读并借阅图书的限制。提供了管理员导向与读者个性化需求相结合的数字化、体系化、开放化、便捷化借阅服务。改善了图书馆阅读环境，提高了阅读体验。

3.3 为弱势群体开展形式多样的活动

为了使群众足不出户也能有良好的阅读体验，2020 年温江图书馆线上提供了 19 个主题展览服务。如春节期间的“你好，故宫——庆祝故宫建成 600 周年”在线展；儿童节期间的“书香伴我成长——中国儿童文学作家及作品展”。疫情期间推出线上绘本阅读活动——“好爸故事绘”10 期，以趣味绘本阅读为主题满足了青少年儿童的阅读需要，点击量达 2 042 次。

除了线上活动外，利用现有场地及资源为弱势群体开展各种形式多样的读书活动，举办残疾人励志主题的征文和演讲，为老年群体开设专题讲座，给老年群体扫盲开展手机和电脑培训，针对留守儿童举行专题讲座，利用流动图书车为建筑工地工人送书，为打工者开展技术类、人文历史类讲座。号召社会认识关注弱势群体，鼓励弱势群体关注自我生命，实现自我价值。

为丰富区内视障人群的文娱生活，温江区图书馆与温江都市生活广播联合举行了“阳光阅读”活动，每期图书馆的志愿者到广播电台为视障人群读书和交流。联合区内企业为视障人群购买了收音机，发放到每位视障人员手中，与温江区残联签订了友好单位协议，在图书馆设立了“温江区残疾人阅读专区”，每年与共同开展“残疾人读书日”活动，努力为全区视障人群提供各项帮助。

为保障图书的最大化利用，温江区图书馆分别在外来务工子女学校、留守儿童学校、福利院等建立图书室，为他们送去图书、期刊，并定期进行更换。同时定期培训工作人员，增强其专业素养和人文关怀理念，使他们能够专业、积极、真诚、耐心地为弱势群体服务。温江图书馆工作人员发放调查问卷，定期使用电话、信息等回访弱势群体，征集弱势人群对于信息资源丰富程度以及服务设施的意见和建议，进一步改善了服务质量。

4 “十四五”时期图书馆发展

当前弱势群体对于图书馆认识和接受服务程度依然有限，图书馆还不能最大程度发挥针对弱势群体的优质服务。一方面需要加强服务理念、服务团队的宣传，提高他们对公共图书馆的认识和了解，激发他们学习和阅读热情；另一方面优化服务意识，进一步提升服务内容，创新服务模式，为不同类型的弱势群体提供有针对性的特质化服务。

4.1 加强教育培训

图书馆工作人员站在服务的第一线，要想提高对弱势群体的服务质量，首要任务就是强对工作人员的培训。通过增强对弱势群体的了解与提升为弱势群体服务的技能来优化工作人员的服务意识，提高整体的服务素质，使弱势群体能感受到工作人员给予的尊重与人文关怀，为弱势群体提供更加高效、优质、适宜的服务。

图书馆在为弱势群体提供服务的过程中，应该意识到让其具备足够的信息获取和使用的能力，从而更能够融入图书馆的各种文化服务内容当中来。例如，部分图书馆已经开始定期开展讲座、交流会议等不同形式的活动，主要目的就是为了提升信息弱势群体的信息获取、处理、分析和应用能力。

4.2 优化阅读环境

公共图书馆必须充分考虑到弱势群体各方面需求，不断对馆内环境进行改善，使其能够享受到更加优质的读者服务。针对老年群体，公共图书馆一定要保证光线充足且布置温馨舒适，适当放大分类标志，确保老年读者在取阅过程中的安全性与可靠性，使老年群体能在更加舒适的阅读环境中满足文化需求；针对儿童群体，各公共图书馆要结合青少年的兴趣特点，如提供专门的儿童书架、配置颜色鲜艳、款式新颖的桌椅，提供人性化的馆藏服务以及活动，加强互动交流，让儿童群体能够在轻松愉悦的氛围中感受到阅读的乐趣；针对残疾人群体，首先，公共图书馆应该开设残疾人阅读区，配备盲文图书书架、专业的阅览桌椅以及电脑，为盲人提供与其情况相结合的文学、医学等书籍。其次，安装的电脑也要配备语音软件，使盲人亲自操作电脑，获取所需信息，在公共图书馆中更好地自主阅读，并利用互联网与他人加强交流。不仅如此，也要使用有声读物的方式，为盲人阅读创造便利条件。

4.3 延伸服务内容

比如，为盲人读者等残疾人招募志愿者，提供手语、盲文讲解等无障碍服务；对于进城务工人员和失业者，可提供心理咨询和就业服务指导讲座，普及相关劳动法知识。针对老年读者和幼儿读者，采购字体较大的纸质读物，家庭医疗、健康保健、科普书刊；开展针对不同类型弱势群体的活动，为老年群体定期组织健康知识讲座、报告会等，确保老年读者尽快掌握比较常见的疾病以及防治策略；加强与学校合作，为儿童群体开展丰富的公益讲座，确保青少年掌握时事热点，拓宽自身的知识眼界；提供专人上门服务，满足有特殊需要的残疾人群体的文化需求，为其提供免费的图书上门借还服务，并定期开展文化上门活动，丰富其文化生活。

参考文献

[1] 刘蕾. 图书馆对弱势群体服务的思考[J]. 内蒙古科技与经济，2015（11）：136-137.

[2] 王芳. 图书馆保障弱势群体文化权益服务路径研究[J]. 齐齐哈尔师范高等专科学校学报，2017(2)：74-75.

[3] 习近平. 在经济社会领域专家座谈会上的讲话（2020年8月24日）[N]. 人民日报，2020-08-02.

[4] 杨星. 面向信息弱势群体的图书馆知识援助服务[J]. 兰台内外，2021(26)：49-51.

[5] 赵振洪. 公共图书馆为特殊群体读者提供服务的思考[J]. 中国民族博览，2021(14)：214-216.

县级公共图书馆公益性讲座开展初探

宋康

（崇州市图书馆，四川成都，611230）

【摘　要】县级公共图书馆公益性讲座的开展推广困难较多，但从国家图书馆事业发展来看又是势在必行。那么，影响县级公共图书馆公益性讲座开展的困难因素有哪些？怎样克服困难、创造性地将县级公共图书馆的公益性讲座开展起来？本文将对此做一些初步探讨。

【关键词】县级公共图书馆；公益性讲座；困难因素；探索设想

我国的各级公共图书馆，从建立之初就有着综合的社会功能，除了收集、整理、保存文献信息并提供查询、借阅及相关服务外，公共图书馆也是开展社会教育的公共文化设施，还是社会主义公共文化服务体系的重要组成部分，承担着提高公民科学文化素质和社会文明程度，传承人类文明的重任。由此可见，图书馆并不仅仅是书籍的典藏处，要充分发挥图书馆的文化功能，各种文化活动的开展是必不可少的。

为了充分发挥公共图书馆的文化功能，我国各地各级的公共图书馆进行了卓有成效的尝试，开展了丰富多彩的文化活动。而这些活动中，社会影响最大的便是各种各样的图书馆文化讲座。随着公共图书馆讲座的蓬勃发展，学术界对公共图书馆讲座的研究也逐渐重视起来，各种研究论文常见发表，但这些研究和图书馆讲座发展的现状一样，大多都将目光集中在国家图书馆和各省级公共图书馆上，对基层公共图书馆讲座的开展情况关注较少，本文作者长期就职基层公共图书馆，拟对县级公共图书馆开展公益性讲座进行一点初步的探索。

1　县级公共图书馆开展公益性讲座的背景分析

1910 年韦棣华女士创办的“文华公书林”，是我国第一家近代意义上的公共图书馆，该馆制定有公共讲座制度，还定期举办音乐会，演讲会。可见我国的公共图书馆讲座是伴随公共图书馆的诞生而诞生的，可以算作公共图书馆的“孪生兄弟”。之后开办的公共图书馆基本上都沿袭了这一传统，举办各种讲座。1939 年，当时的国民政府教育部颁布的《图书馆工作大纲》，要求省级图书馆“设立各专室讲座；举办图书馆员讲习班；举办全省图书馆员研究会”，要求县市图书馆“办理各项学术演讲；举办读书顾问，指导民众进修”。这是最早将讲座明确为图书馆基本工作的政府文件。

改革开放以来，全国各公共图书馆依托各自优势资源，发挥自身特点，打造各具特色的品牌讲座，百花齐放，发展喜人。如国家图书馆的“文津讲坛”，山西省图书馆的“文源讲坛”，四川省图书馆的“巴蜀讲坛”，广西图书馆的“八桂讲坛”等。除了国家图书馆和各地省级公共图书馆的讲座外，一些地市级的公共图书馆讲座也开展得颇为成功，各具特色。如郴州市图书馆的“林邑讲坛”，紧跟文化热点，贴近百姓需求。宁波市图书馆的“天一讲坛”，九江市图书馆的“寻庐讲坛”，依托当地特色文化，开展得有模有样。

总之，公共图书馆文化讲座已经成为公共文化服务体系的重要组成部分，也成为推行中国特色社会主义先进文化的重要阵地，在推动建设学习型社会和重塑中华民族的“文化自信”方面承担着自己的使命，并做出自己的贡献。因此，2018 年 1 月 1 日正式实施的《中华人民共和国公共图书馆法》第三十三条第三款规定，公共图书馆应当免费向社会公众提供“公益性讲座、阅读推广、培训、展览”。国家的法律规定，既是对公共图书馆讲座价值的肯定和认同，也是公共图书馆开展讲座活动的法律依据，更是公共图书馆开展公益性讲座提出的要求，发出的督促。

2 影响县级公共图书馆开展公益讲座的困难因素

我国公共图书馆讲座的开展总的来说是成绩喜人的。但这主要是国家图书馆和各省级公共图书馆，地市级公共图书馆讲座的开展，比较成功的有，但相较于 330 多个地市级公共图书馆的总量来看，成功开展公益讲座的地市级公共图书馆数量还是较少的，甚至可以说是很少的。至于比地市级公共图书馆更低一级的县级图书馆，成功开展公益性讲座的就更少了。总体来看，我国的公共图书馆，级别越低的，开展公益性讲座的困难越大，成功的越少。处于我国公共图书馆架构最基层的县级公共图书馆，开展公益性讲座的困难应该说是最大的，综合梳理各种困难因素，可列举出以下一些方面。

2.1 存在于县级公共图书馆内部的客观困难因素

2.1.1 “人”的问题，讲座人员的缺乏

目前我国开展讲座，专家效应很明显，不论是图书馆讲座还是其他平台的讲座。例如家喻户晓的中央电视台的讲座《百家讲坛》，之所以大获成功，其嘉宾专家可谓是重要因素。公共图书馆的公益讲座，对专家的依赖就更为明显，国家图书馆的讲座，经常聘请高水平的专家进行，如 20 世纪 50 年代，国家图书馆邀请郭沫若、老舍、田汉、艾青、何其芳等诸多知名学者举办讲座，便大受社会欢迎，以致出现一票难求的盛况。新时期以来，国家图书馆的“部级领导干部历史文化讲座”知名度也很高，影响也很大。

但对于县区级的公共图书馆，一则是自身馆员的整体文化水平并不是很高，很难培养出自己本馆的知名专家。二是因为经费、社会影响等方面的原因，也很难邀请到外界知名专家来馆开展长期稳定的讲座。

2.1.2 “钱”的问题，讲座经费不足

要办好高质量的讲座，较高的经费投入不是决定因素，但却是重要的保障因素。但大多数县级公共图书馆因所在的地方经济都不太发达，政府对图书馆的资金投入本身便不充足，而图书馆在对本就不充足的经费进行安排时，也将讲座经费列得比较靠后，甚至根本没有讲座经费的安排。广西图书馆的陈建红研究员曾对广西的公共图书馆进行调查显示，广西公共图书馆“仅有 26.7%的图书馆有讲座专项经费，仍有近 30%的图书馆从未开展过讲座服务，也无讲座经费预算。”全国其他地方县级公共图书馆的讲座经费投入，也基本如此。

2.1.3 “物”的问题，讲座场所难寻

县级公共图书馆在建馆之初，绝大多数是没有考虑到公益讲座开展的问题，在馆舍的设计上也没有为公益讲座留有位置。现在要推行公益讲座，就出现了场地难寻的问题。这是历史遗留问题，是时代局限所致。但现在也成了县区级公共图书馆开展讲座的一大困难所在，一些地方在新建馆舍时对这个问题进行了考虑，但总体来看，这个问题短期内还是很难解决的。

2.2 存在于县级公共图书馆内部的主观困难因素

2.2.1 县级公共图书馆开展公益性讲座的积极性普遍不高

不论是馆领导还是普通馆员，大都缺乏开展公益性讲座的热情。主要是县级公

共图书馆在过去也没怎么开展公益性讲座，“上级也没要求，基层也少呼声”。大家就认为多一事不如少一事。况且，前文中笔者也提到了开展讲座面临着各方面的客观困难，做起来事倍功半不说，还容易失败，吃力不讨好的事，大家谁都不愿意去干，积极性自然也就高不起来。

2.2.2 县级公共图书馆大多在讲座认识上存在局限

绝大多数的图书馆对讲座工作的成绩基本上都是从举办场次、参与名人、听众数量等方面去统计衡量，这样就会导致很多的讲座变成例行公事、应付任务，讲座质量难以保证。导致听众对讲座的不认可，本就不多的听众又进一步流失。形成一种恶性循环。有学者指出“若长期定位于这一简单思维模式，此类活动最终流于形式，走向低俗就将是一种必然。”

2.2.3 县级公共图书馆之外的讲座受众方面的困难因素

县级公共图书馆开展公益性讲座，怎样吸引听众来听是个问题，怎样吸引听众长期来听那更是个大问题。没有听众群体的支持，你讲得再好也是白搭。在省级及以上公共图书馆开展讲座时，听众问题基本上是不能称作困难因素的。较高级别的公共图书馆讲座，其实是先有听众需求，然后图书馆响应群众的要求，顺势而为，只要讲座质量有保证，自然会引起反响，得到好评。但县级公共图书馆的服务对象主要是最基层的市民和村民，他们更关心的是具体的、实实在在的生计问题，也就是柴米油盐酱醋茶的问题。对图书馆的公益性讲座，他们的态度并不积极，无可无不可，持怀疑甚至否定态度的也不在少数。怎样让群众变成听众，让短期的听众变成长期的听众，这确实是摆在县级公共图书馆面前的一道难题，而且这个难题没有可借鉴的上级馆所经验，需要自己在实践中探索解决才行。

3 县级公共图书馆开展公益性讲座的探索设想

本文前面谈到了县级公共图书馆开展公益性讲座面临的各种困难因素，而且有些因素在现有条件下还很难解决。但工作还是要开展的，我们基层公共图书馆必须要扬长避短，创造性地开展工作，在重重困难中把公益性讲座开展起来，坚持下去，普及开来。

笔者结合自己工作的崇州市图书馆的一些实际情况，对县级公共图书馆公益性讲座提出如下一些设想，其中一些是我们崇州市图书馆已经在探索实践中的，有些则是纯粹的理论设想，尚待实际工作进一步验证。

3.1 开展基于绘本阅读推广的面向儿童及其家长的公益性讲座

现在，全国各县级图书馆都比较热衷于推广儿童绘本阅读，因为其比较契合人民群众的需求实际，开展得比较成功，吸引了相当一部分小朋友及其家长参与其中。例如我们崇州市图书馆公益性绘本阅读推广活动——“豌豆苗童乐园”，就开展得有声有色，社会反响颇为不错。在此基础上，我们馆开办了“颢颖老师亲子课堂”公益性讲座，启发孩子的阅读兴趣，形成良好的求知习惯。目前已经坚持开办几年，开展活动多期，受到了社会好评。

“颢颖老师亲子课堂”的成功，给了我们一个很好的启发——既然我们基层公共图书馆所服务的群众更关注实用性，那么我们便从实用的角度入手，老百姓觉得有用，自然也是会关注，会被吸引过来，我们公益性讲座的目的就达到了。顺着这个思路，我们再结合自己所在区域的实际情况，开展一些让老百姓觉得有用的讲座，既让讲座活动容易成功，也可以让讲座的公益性目的得以实现。

3.2 开展面向求职青年的以职业培训为主题的公益性讲座

既然秉持实用的理念，那便想想老百姓所需，看看他们到底想要什么，没工作的年轻人想尽快找到工作，找到工作的年轻人想尽快干好工作。这样的社会需求是实实在在存在着的，并不需要什么慧眼就可发现的。比如崇州市的大划镇，有着多家电子科技企业，其中不乏员工数万人的大型电子元件生产企业，这里的企业有着大量的用工需求，也就吸引着四面八方而来求职的年轻人。在大划镇的街道边，用工企业设有固定的招工点，每天都有大量的求职者从这里进入工厂，但每天也可以看到很多工厂工人的离开。当然，离开的原因各不相同，但这其中有很多人是因为不能适应岗位要求而离开的。为了让新入职者最快最好地适应工作要求，用工企业也是要花量的时间、精力和金钱进行岗前培训的。从这个角度来说，开展面向求职青年的以职业培训为主题的公益性讲座，是会受到求职者和用工者的双重欢迎的。

当然，求职青年走入社会的目的很明确，就是要找工作，挣钱糊口，哪里有工作机会，他们便会出现在那里，我们的公共图书馆并不能解决他们面临的最迫切的工作问题，想让他们自己主动来到图书馆来听讲座，无异于痴人说梦，他们既没有这样的闲心，也没有这样的闲时。所以，我们图书馆在开展这样的讲座的时候，还是要有一点讲座方式的创新的，我们要勇于走出自己的“一亩三分地”，把讲座开到基层中去。群众的需要在哪里，我们的讲座就开在哪里，要走出馆去办讲座，而不是像原来那样，“打开店门，坐等顾客”。另外，讲座的内容还是要精心准备的，我们发现的只是机会，要想让机会成为成功的起点，还是要付出更多的努力才行，机会是留给有准备的人的，这一点是不言自明的。

3.3 开展面向普通高中学生和家长的以生涯规划为主题的公益性讲座

2014 年，国务院发布了《关于深化考试招生制度改革的实施意见》(简称《意见》)，在《意见》指导下，考生有了更大的选择自主权，每一位考生可根据自己的实际情况，做出最有利于自己成长的选择。在这样的指导思想之下，中学各学科的课程标准中都出现了指导学生“规划人生”的要求。这无疑是我国教育改革的创新性举措，代表着教育发展的新方向。但这种颠覆性的改革，对习惯于“被安排”的中国学生来说，也出现了一些慌乱和无所适从。拥有选择的权力当然是好的，但如果不具备选择的能力，选择的权力可能并不好发挥其正面的效果。社会中大量“选择困难症”现象的出现，背后的原因也是很值得深思的。不要说普通学生，就连众多的老师和家长，对“生涯规划”也是极感陌生，不知从何入手。群众疑惑的出现，自应是我们讲座的开始。这样的话题和主题，对我们公共图书馆的公益性讲座来说，实在是再好不过了。

在聘请专家做好讲座内容的同时，讲座的方式也是要进行创新。针对学生生涯规划的讲座，可以更多利用网络技术和数字技术。将讲座做成“慕课”，放在图书馆的网站和各个学校的网站上，方便学生和家长的聆听，同时再辅以定期的线下讲座，应当可以将讲座的社会效应发挥得更为彻底。

4 结语

因我国的图书馆讲座是伴随着图书馆的产生而产生的，并在长期的实践中发挥了其积极的社会价值。在此背景下国家法律将公共图书馆的公益性讲座明确为公共文化服务的重要组成部分，也对各级图书馆发展公益性讲座提出了新的要求。而县级公共图书馆在开展公益性讲座时面临的困难较多，但只要我们找准人民群众的需求，扬长避短，不断探索，对讲座的方式方法进行创新，我们县级公共图书馆的公益性讲座还是前景光明、大有可为的。

参考文献

[1] 金龙. 国家图书馆讲座发展回顾与新态势[J].《图书馆学刊》, 2019(10).

[2] 陈建红. 广西公共图书馆讲座服务研究.《内蒙古科技与经济》[J]. 2019(24).

[3] 易谷池. 中小型公共图书馆讲座的品牌构筑.《兰台内外》[J]. 2020(6).

[4] 董青. 县级公共图书馆绘本阅读推广探究.《成都市图书馆学会 2017 年学术年会论文汇编》[C]. 102-105.

[5] 刘炜红，钟剑《关于公共图书馆讲座若干问题的认识》[DB]. CNKI; WanFang.2010(02)58-60，2020-02-11.

浅谈文旅融合背景下县级图书馆如何提升服务效能

万竞波

（大邑县图书馆，四川成都，610300）

【摘　要】 新时期背景下，文旅融合已经成为现代公共产业发展与升级的重要方向，县级图书馆应当以此为发展路径，通过图书馆文化与旅游文创等产业的结合，既可以提升图书馆的公共服务效能，又能开发多元化的服务内容，建立新的文化产业链条，进一步发挥出县级图书馆在当前社会背景下的服务功能。本文即以此为研究背景，以大邑县图书馆为研究对象，通过分析当前县级图书馆的服务路径，进而提出其服务效能提升的策略。

【关键词】 文旅融合；县级图书馆；服务效能

自 2018 年成立文化和旅游部后，公共文化产业就与旅游产业开启了深入融合之路。融合不仅促进了传统文化的传承与发展，而且为旅游产业添加了文化气息，同时还为公共服务提供了多元化的路径。县级图书馆更需要以文旅融合为契机，开发全新的服务路径与产品，实现服务效能的进一步提升。

1　文旅融合背景下县级图书馆的服务路径

1.1　基础建设

文旅融合进程中，县级图书馆首先应从形式上开发新的服务功能，将图书馆打造为一个新的可供“游览”的文化场所。一般可以借助其场馆的设计、智能化设备、咨询服务等为游客提供参观的内容，不仅可以进一步强化图书馆的影响力，还能增加图书馆的人流量，让人们的文化生活更加丰富多彩，这也是大邑县图书馆接下来需要完善的重要内容。

1.2 文化服务

在文化服务中，则要进一步开发娱乐服务与消费服务。首先，在娱乐服务中，可以结合图书馆本身的文化宣传、知识普及等功能，开展更加多元化的服务形式。比如大邑县图书馆开展“快乐暑假”活动，一方面引领青少年参与“绘本剧创作与表演”的活动；另一方面又开展“爱国主义影片放映会”“亲子画创作”等活动，为广大儿童与学生提供了更健康的娱乐内容。其次，在消费服务中，图书馆还可以开发与本土文化相关的文创产品，比如杯子、饰品、摆件、服饰等，不仅实现了文化宣传，而且还能提升文化价值，让大众拥有文化消费的体验。

1.3 产业链条

文旅融合的最终目的，就是要建立以文化和旅游为基础的产业链，形成一种新的文化盈利模式。首先，图书馆必须发挥其本身的功能与社会价值，通过为大众提供更多的阅读机会，从而提升民众整体的文化水平与意识形态。比如大邑县图书馆就以互联网平台为基础，围绕周边 30 个村落与社区建立了农家书屋，实现了全市范围内的“一卡通”，在统筹管理之下，实现了对图书资源的优化整合与多元利用。其次，图书馆还应开发与旅游相关的产业，比如在住宿与饮食等方面，其一可以建立“图书馆+民宿”的住宿模式，为游客提供别具一格的居住体验；其二可以创建“图书馆水吧、读者餐厅”等餐饮产业，以图书馆文化氛围改造餐饮环境。

2 文旅融合背景下县级图书馆的服务效能提升策略

2.1 加强设施建设，提升基本服务效能

文旅融合下，县级图书馆服务效能的提升与发展首先要从设施建设展开，其一要从基础文化空间建设展开，通过空间布局、场馆装修、文化标签设计、区域文化融合以及智能化设备与多媒体环境的创设，进一步促进农家书屋、文旅路线、服务空间的拓展，为读者提供更舒适的阅读体验，为游客提供更别致的参观感受。其二要提升信息服务的导向性与功能性，一方面可以建立文化专区，以本土旅游文化资源相关的图书、旅游图册、报纸杂志等为主，进一步推动区域内文化旅游线路的联动性。另一方面要建立咨询窗口，通过人工服务以及线上服务的方式，向游客提供区域内旅游景点的信息，建立文化旅游一体化机制。此外还要进一步发挥信息化平台的功能，建立“互联网+”的宣传方式，比如网站、新媒体、数字媒体等，同时还要深化大数据应用，实现个性化推进与引导，设立智能化沉浸式的文旅服务项目。

2.2 坚持推陈出新，提升文创产品服务

县级图书馆还需要进一步开展文创产品的发展与建设，首先要开发具有文化内涵与设计感的文创产品，比如书签、钥匙扣、冰箱贴、玩偶、雨伞等，既要扩展宣传途径，也要带动自身的服务能力，增强游客的纪念意义。其次，要全面开展文创活动，包括专题书展、书目推荐、文旅沙龙等，比如大邑县图书馆就围绕传统节日，开展了“春节、清明、端午、七夕”等节日的文化活动，吸引大量读者、学生、志愿者参与其中，通过对应主题的活动设计，实现服务效能的有效提升。其三，还应建立评价反馈体系，利用手机 App、咨询窗口、互动反馈等方式，收集读者与游客的反馈建议，从而根据大众的需求进一步改革与优化服务的方式和内容，提升服务的质量。此外，还应进一步与社会力量建立新的联系，尤其对于县级图书馆，更要以地域文化、民俗文化、非物质文化等产业为基础，进而将文化 IP 转化为新的文创产品，并通过电商平台实现营销目的。

2.3 开展多元合作，提升融合服务能力

多元合作是现代产业发展的重要路径，县级图书馆也要积极展开合作，通过资源融合与信息共享，实现双赢目标。第一，县级图书馆要围绕公共文化领域展开内部合作。首先，图书馆可以与博物馆、文化馆等其他文化机构寻求政府的进一步支持，通过财政拨款推动设施场馆的完善与串联，形成“图书馆+博物馆+文化馆”的旅游路线；其次，可以与其他公共文化机构建立协同服务活动，比如图书馆与博物馆可以建立以区域文化为主题的展览活动，既可以展现区域内的文物作品，又可以展示古书籍、历史与文化记录等，以此形成具有融合价值的研学服务。第二，县级图书馆还应开展外部合作，比如与旅游产业建立合作，可以开展“生态旅行+文化展览”“乡村体验+文化享受+特色食宿”的旅游项目，让游客在游览乡村风景之后，得到文化的熏陶与感染，获得全新的旅行体验，从而进一步扩展图书馆的服务功能与范围。

3 结语

综上所述，在文旅融合的背景下，县级图书馆必须全面开展改革，通过基础建设、文化服务以及产业链条等途径的开发与挖掘，借助设施建设、文创服务以及产业合作的策略与措施，实现服务效能的全方位提升，为大众提供更加多元化的文化服务项目。

参考文献

[1] 韩延汝. 文旅融合背景下公共图书馆志愿服务效能提高——以济南市图书馆为例[J]. 人文天下，2020(09)：19-22.

[2] 柴景梅. 文旅融合背景下的公共图书馆服务创新思考[J]. 大众文艺，2021(03)：150-151.

[3] 凌芝. 浅谈文旅融合新形势下图书馆科普活动的开展——以防城港市图书馆科普阅读推广活动为例[J]. 办公室业务，2021(04)：68-69.

乡村图书馆助力乡村振兴的实践研究
——以彭州市梨花读·乡村图书馆为例

李晓培

（彭州市图书馆，四川成都，611930）

【摘　要】为深入推进全民阅读，促进文旅融合，彭州市图书馆建设了梨花读·乡村图书馆，配备阅读资源，开展阅读活动，营造书香氛围，助力当地乡村文化振兴、旅游振兴、产业振兴、人才振兴。本文从建设实践、措施及意义、启示及思考三个方面对彭州市梨花读·乡村图书馆进行案例分析，总结乡村图书馆助力乡村振兴的经验。

【关键词】图书馆；乡村振兴；全民阅读；乡村文化

实施乡村振兴战略是实现“两个一百年”奋斗目标和中华民族伟大复兴中国梦的必然要求，具有重大现实意义和深远历史意义。

乡村文化振兴是乡村振兴的重要任务和精神动力，对我国社会发展和乡村建设具有重要意义，在文化助力乡村振兴大有可为的时代背景下，彭州市图书馆主动发挥职能，打造梨花读·乡村图书馆成为新兴文化地标和网红打卡地，取得了良好的阅读效益、宣传效益、社会效益和经济效益。

1　梨花读·乡村图书馆简述

彭州市位于成都市西北部，是“国家级生态城市”“全省首批农村文化建设示范培育市”，书香氛围浓郁，阅读蔚然成风，被中国图书馆学会评选为首批“书香城市”，被中共中央机关刊求是主管主办的《小康》杂志评为“2020 中国最具书香百佳城市”。彭州市图书馆大力推动书香亲民、惠民、悦民工程，组织开展全民阅读活动，不断创新活动形式和载体，丰富活动内容和手段，提高活动水平和质量，扩大宣传力度和社会影响，获得“国家一级图书馆”“全国巾帼文明岗”、国家级“全民阅读先进单位”“四川省全民阅读示范基地”等荣誉称号，党支部被中共四川省委评为“四川省优秀基层党组织”。

彭州市葛仙山镇熙玉村面积 10 平方千米，距成都市区 28 千米，交通便捷，风景优美，境内山、丘、坝俱全，有千亩梨园、冰川瀑布等知名旅游资源，生态良好，是周边市民休闲徒步首选地。彭州市图书馆依托自然环境和区位优势，集中阅读资源，配送图书、期刊等 5 000 册，并按照分馆标准配置相应设备，成功打造了梨花读·乡村图书馆。自 2021 年 1 月建成以来，梨花读·乡村图书馆半年间吸引了 20 万人次的游客和读者到访，被游客亲切地誉为“香雪梨花海，诗意栖居地”。梨花读·乡村图书馆助力乡村振兴的生动实践吸引了中央广播电视总台新闻频道大型直播特别节目《走进乡村看小康》主动宣传报道。

2　乡村图书馆助力乡村振兴实践

乡村图书馆作为乡村文化振兴的主要阵地，既承担着优秀传统乡村文化的保护和传承使命，又承担着新时代乡村文化的重塑与发展重任，同时要努力激发乡村社会活力、丰富乡村文化生活、推动乡村经济发展，梨花读·乡村图书馆采取多种措施，助力乡村文化振兴、产业振兴、旅游振兴、人才振兴。

2.1　培塑文明乡风，助力乡村文化振兴

彭州市图书馆依托信息资源优势，指导梨花读·乡村图书馆广泛开展了多元化、个性化、常态化的全民阅读主题活动，建成半年以来，已举办阅读分享会、亲子阅读、培训班、演讲比赛、主题展览、作家创作笔会等活动 120 场，共 10 000 余人次参加。2021 年正值中国共产党成立 100 周年，梨花读·乡村图书馆发挥红色教育职能，先后组织了“建党百年 自强不息 读书不怠”全民阅读活动、“学习百年党史 汲取奋进力量”党史学习会、“知史爱党 知史爱国”党史学习会、“湔江听涛·全民阅读”——庆祝建党 100 周年红色经典阅读活动、“向党献歌”党建活动等，并设立红色图书展专区和“念党恩 敬国魂”红色人物主题展，充分向村民及游客展示了中国共产党百年辉煌历程和伟大功绩，全面推动党史学习教育入脑入心、走深走实。梨花读·乡村图书馆还开展“书香阅读·满园梨花汉服秀”、“团扇”绘画、“白茶清欢人间值得”茶道文化体验活动、古琴琴艺培训班等阅读活动弘扬优秀传统文化，开展“春季赏梨花”趣味游园亲子活动培养当地村民的亲子阅读习惯，开展“孝亲敬

老 传承文明”宣传活动、新时代文明实践“社会主义核心价值观”宣讲活动等巩固农村思想文化阵地，推动当地形成文明乡风、良好家风、淳朴民风。

2.2 打造网红地标，助力乡村旅游振兴

梨花读·乡村图书馆注重空间与人的关系、环境氛围的营造、陈列与选书的影响，创造了更加舒适美好的阅读体验，搭建成为爱书人的心中理想圣地，被列入彭州市“2021美丽彭州·春天游”推荐打卡点，依托“一本图书的计划”开展田野读书会、阅读分享会、熙玉大讲堂、龙门山讲堂等互动活动，激活乡村图书馆流量，带动周边旅游约30万人次。当地政府通过不同的活动组合，梳理周边1万亩花木果树和5万亩彩田林盘等特色旅游资源，场景搭配，实现多线联动、多点互动，让广大游客、群众打卡彭州美景、美宿、美食、美物，乘兴而来，尽兴而归，品味幸福美好生活，将最美的记忆留在彭州。

2.3 推动经济发展，助力乡村产业振兴

梨花读·乡村图书馆的建设改变了葛仙山镇熙玉村的产业格局，从初级赏花、采摘升级为文商农旅融合发展，提升了当地群众文化生活品位、旅游环境品质。图书馆不仅展示售卖葛村长酥梨汁、梨花膏、果干等本地农特产品，还融合学习培训、创新创业、科普教育、亲子活动等多种功能，为游客与读者带来可感知、可阅读、可欣赏、可参与、可消费的创意新体验。在梨花读·乡村图书馆的网红带动效益下，当地建设了“果徕咖啡庄园”“左廪右舍乡村酒店”等一批特色民宿，包装出熙玉梨汁、梨膏糖、梨花白道茶等特色产品，推出“葛鲜汇”“葛村长”系列农创品牌，大力推动林野·杏林中医主题村、康弘中药材种植基地等项目落地，启动“云居智慧农业（果业）研发中心”建设，计划打造“云居花梯”立体现代农业高标准农田，推动农产品质量升级，打造乡村产业振兴示范点。

2.4 完善人才队伍，助力乡村人才振兴

梨花读·乡村图书馆积极发挥公共图书馆的社会教育功能，立足本土开展职业教育和培训，提高村民的种植技术技能、就业创业能力和市场营销经验，满足了他们的职业教育和技术培训需求。“熙玉大讲堂”讲座邀请四川省农技推广站技术人员、文旅行业相关专家前来授课，开展了梨树种植技术培训、乡村民宿打造经验分享等主题讲座，将阅读与人才培养进行有效融合，为乡村振兴提供更多的可能性。梨花读·乡村图书馆还加强与同济大学等高校的深度合作，共建“同济大

学乡村振兴创新基地”，拓展“写生经济”和“游学经济”。同时梨花读·乡村图书馆注重培育挖掘本土人才和吸引乡村文化能人的参与，针对本村有阅读意愿和奉献精神的居民进行了有内容、有标准、有专业规划和实际行动的强化培训，聘为图书管理员，培养造就了一支懂图书馆专业知识、对农村农民有感情、专兼职相结合的管理队伍，充分发挥本土人才的主动性、积极性和创造性，最大限度地引导和激发农村、农民的内生动力，提升了乡村图书馆的专业能力，也提高了村民对乡村文化振兴的参与度。

3 启示及思考

在乡村振兴战略背景下，由政府主导、社会力量共同打造的梨花读·乡村图书馆满足了人民群众的多元化需求，发挥了独特作用，扩大了彭州市的知名度、美誉度和影响力。

3.1 政府主导，社会力量参与

在政府重视和关怀下，梨花读·乡村图书馆探索了一条“政府引导+集体经济组织支持+专业公司运营”的建设模式。整个项目由熙玉村出地，彭州市文体旅局和葛仙山镇政府共同出资 180 万元，彭州市图书馆配备图书 5 000 册并指导图书馆总分馆建设，第三方运营公司负责日常维护。彭州市图书馆负责对梨花读·乡村图书馆进行业务指导、技能培训和设备支持，并定期配送和流转图书，增加图书的可读性、适宜性、趣味性和针对性，同时安装图书自动化管理系统，与总馆实现图书借阅“一卡通”服务，集图书借阅、报刊阅览、网络信息等多项服务为一体，免费 WiFi 全覆盖，为读者提供了丰富的阅读资源，提高读者的阅读积极性。政府主导、社会力量参与形成合力，为梨花读·乡村图书馆的发展提供了坚实保障。

3.2 多元空间，提高利用效率

梨花读·乡村图书馆以“乡村图书馆+乡村展示馆+乡村社交地+文化艺术基地+网红打卡点”为整体定位，以传统乡村文化与阅读休闲娱乐为载体，回味千年农耕文化，找寻田园生活记忆。整栋建筑为鸟巢造型，三层玻璃外墙的钢架结构配以仿真棕榈树叶屋顶，传统建筑元素与现代艺术风格相融合，极富设计感和野趣。一楼以乡村记忆、特色文化展示为切入点，通过老物件、老照片、地方特色文献等的展示，回顾熙玉村发展史，亦可使游客沉浸式体验当地风土人情。二三楼植入阅读元素和网红元素，设置手工刺绣工坊、创意工坊等文创空间以及水吧、咖啡吧等休闲空间，营造有质感、有温度、有灵魂的特色阅读空间。一条条乡村绿道将图书馆与周边民宿相连，形成了以阅读、赏花、采摘、观光、餐饮、住宿为一体的乡村阅读旅游环线，满足了当地居民和外来游客、读者的多元化需求，展现了乡村生活之美、生态之美，实现了功能共享、情感共融，受到人民群众的喜爱和欢迎。

3.3 加大宣传，扩大影响力

梨花读·乡村图书馆广泛利用报纸、电视、广播等传统媒体进行宣传，并积极运用微信、微博、抖音、小红书等新媒体扩大知名度和美誉度。中央电视台、人民网、四川日报、精神文明报、四川广播电视台、彭州电视台等30余家媒体报道了百余篇（次）。此外邀请四川省作协、成都市文联前来召开创作笔会、采风，创作了一批脍炙人口、广为流传的优秀文艺作品。梨花读·乡村图书馆被成都市评为“全市首批社区美空间”，被四川省文化和旅游厅评为“四川100个赏春踏青点”，熙玉村被评为省级四好村、成都市乡村振兴示范村。

4 结语

乡村文化振兴是一个系统性、综合性的工程，需要多元主体的共同参与，公共图书馆理念与乡村振兴战略精神高度契合、宗旨内在一致，乡村振兴任重道远，公共图书馆大有可为。各级公共图书馆应立足本职岗位，整合文化资源，因地制宜建设乡村图书馆，积极开展全民阅读活动，激发农村发展新动力，以更有力的举措、汇聚更强大的力量全面推进乡村振兴，为实现中华民族伟大复兴贡献图书馆力量。

参考文献

[1] 郑卫光. 乡村振兴战略下的公共图书馆作为及价值实现[J]. 图书与情报，2020(4).

[2] 中共中央 国务院印发《乡村振兴战略规划（2018—2022年）》[EB/OL]. http://www.gov.cn/gongbao/content/2018/content_5331958.htm，2018-09-26.

[3] 林肖锦. 文旅融合发展的乡村文化样本——以“滕·小院”乡村书吧为例[J]. 图书馆研究与工作，2019(9).

[4] 萧子扬，叶锦涛. 公共图书馆参与乡村文化振兴：现实困境、内在契合和主要路径[J]. 图书馆，2020(2).

区（市）县级公共图书馆分馆服务效能的提升探讨

——以彭州市图书馆分馆为例

黄浩

（彭州市图书馆，四川彭州，611930）

【摘　要】　总分馆制是公共图书馆为利用有限资源最大限度满足人民群众不断增长的文化需求而产生的一种服务模式。当前，在我国大部分的区（市）县级公共图书馆已经开始了总分馆制建设工作，甚至一些发达地区已经率先完成了该项工作，彭州市图书馆也于2018年正式启动总分馆建设工作，并于2019年年底完成全市20个分馆的建设任务，经过1年多以来的运行，各分馆的服务效能都不容乐观，甚至有些分馆难以为继。本文将以彭州市图书馆分馆为例，从背景、分馆现状、总体目标、分馆存在的问题、总馆对分馆的要求、具体做法等方面来探讨一下区（市）县级公共图书馆分馆服务效能如何提升。

【关键词】　图书馆；服务效能；提升

1　背景

公共图书馆总分馆制是欧美等国家普遍采取的公共图书馆组织模式和运行机制，是指在一个合适的地域单元内，由一个或多个建设主体建成一个“公共图书馆群”，形成图书馆服务体系，提供普遍均等服务。在行政权归属上，分馆与总馆一起隶属于同一个主管部门，但在业务上要接受总馆指导。总分馆制可以提高资源利用效率和服务效益，并实现体系内各级图书馆之间的服务互动和资源共享，充分体现了运行机制和管理机制的适用性、合理性及高效性。总分馆制在资源配置、资金利用、人员管理方面有它特有的优势，可以在一定程度上缓解公共文化设施建设不足与人们日益增长的文化需求之间的矛盾。随着我国人民生活水平的提高，人们对文化的需求也越来越迫切。虽然我们建设了一些分馆，但各分馆都一样，不是一样的好，而是服务效能都比较低，特别是乡镇分馆，为贯彻落实四川省委十一届三次全会“完善公共文化服务体系，大力实施博物馆、图书馆、文化馆提升行动”精神，以及省文旅厅、省文物局《关于优化供给提升公共文化服务效能的实施意见》要求和成都市文广旅局、成都市文物局《关于优化供给提升公共文化服务效能的实施方案》要求，着力破解当前存在的阅读资源供给不足、服务效能有待提高等短板，提供均等、优质、高效的公共文化服务，利用建设全民阅读社会的重大机遇，进一步提升我市总分馆制服务效能，丰富公共文化产品供给，构建全面阅读服务体系。

2 彭州市图书馆分馆现状

彭州市图书馆已于 2019 年年底建成以彭州市图书馆为总馆、乡镇（街道）文化站（文化中心）为分馆的总分馆制服务网络。全市现有分馆 20 个，分别为：天彭分馆、致和分馆、丽春分馆、濛阳分馆、九尺分馆、三界分馆（梨花读分馆）、升平分馆、葛仙山分馆、敖平分馆、军乐分馆、隆丰分馆、红岩分馆（宝山分馆）、龙门山分馆、小鱼洞分馆、通济分馆、新兴分馆、白鹿分馆、丹景山分馆、桂花分馆、武警中队分馆，其中涉旅分馆 10 个，占到了所有分馆的 50%。各分馆面积均在 200 平方米以上；藏书量均达到 4 000 册以上，其中有 5 个分馆藏书量达到 5 000 册，宝山分馆图书量更达到 18 000 余册，所有分馆均配备有主流配置的台式电脑 1 台、条形码扫描枪 1 把、二代身份证读卡器 1 台、社保卡读卡器 1 台，安装图书馆自动化管理系统并预设对应的管理员账户。此外，丹景山分馆、白鹿分馆、龙门山分馆、新兴分馆、濛阳分馆、军乐分馆、隆丰分馆、葛仙山分馆、宝山分馆还配备了书目查询一体式电脑，白鹿分馆还配置了 24 小时户外电子图书借阅机；2020 年市图书馆为所有分馆均订阅报纸 5 种，期刊 25 种。总馆与分馆之间全面实现了文献资源的共建共享和通借通还。

3 该馆总体目标

到 2022 年，以彭州市图书馆为总馆、乡镇（街道）文化站（文化中心）为分馆的总分馆制服务网络全面建成，服务效能显著提升，队伍建设更加完善。全市所有分馆的建设面积不得低于 200 平方米；文献资源保障能力明显增强，人均藏书量达 1.2 册以上，人均年新增藏量达到 0.08 册（件），人均购书经费达到 2 元以上，市图书馆数字资源达到 6TB 以上，并且与所有分馆共建共享；服务效能进一步提高，全市有效读者总人数达到 5 万人以上，其中各分馆有效读者不得少于 500 人；年流通人次达 35 万人次，其中各分馆年流通量不得低于 1 000 人次；年文献外借达到 20

万册次，其中各分馆年文献外借册次不得低于 500 册；人才队伍建设有效加强，每个分馆必须配备相应数量工作人员，原则上不得低于 3 人，并且都得进行专业培训上岗。总馆及分馆服务社会化、数字化水平显著提高，社会力量广泛参与，公众对总分馆服务的满意度持续提升。

4 分馆存在的问题

4.1 资源匮乏

彭州市图书馆分馆的资源都是依托当地文化站的文献资源而建设的，文化站的图书资源更新慢，数量少，甚至根本没有更新，读者需要的图书根本找不到。再加上很多当地居民的借阅习惯未形成，其娱乐活动多以麻将和聊天为主，分馆虽然建立起来了，但几乎处于“闭馆”的状态。

4.2 人才缺失

在目前图书馆分馆建设的过程中，专业人才可以说是极度缺乏，很多管理人员没有过硬的专业知识，对待工作的态度极其不认真，这就导致很多图书资源没有明确的分类。在总馆分馆中，主要管理员是由市文体旅局招聘的文化专干担任，他们除了要完成市文体旅局交代的工作外，更要完成乡镇交办的工作，甚至被抽调到别的部门，根本无暇顾及分馆工作。分馆除了守门的大爷就是保洁阿姨，他们年龄偏大，文化基础薄弱，对电脑等新型东西根本无法操作，造成读者借还图书还用最原始的手记借阅，借阅手续复杂，图书整理得不到保障。

4.3 经费缺乏

据我了解，市文化站（分馆）的运行经费只有市文体旅局每年拨给的 5 万元，这 5 万元，除了要保障文化站的运行外，还得承担部分员工的工资，用于图书更新，期刊报纸订阅，阅读活动的开展经费极其有限，甚至入不敷出。

5 总馆对分馆的总体要求

5.1 开放时间要求

各分馆必须有对外公示的开放时间、开放项目，且按时按量开放，有条件的分馆可以做延时错时开放，每周开放时间不得低于 56 小时，原则上节假日周六周末必须开放。

5.2 开展活动要求

各分馆应定时定期开展阅读活动，全年开展阅读活动不得少于 4 次。

5.3 管理员业务要求

各分馆管理员必须能独立使用 interlib3 图书馆集群管理系统，对订阅的期刊和报纸及时进行寄到处理并正确上架；积极开展“通借通还”宣传，积极做好身份证注册为读者证的办证和图书期刊借还工作。

6 具体做法

6.1 分馆硬件设施的提档升级

总馆以 2019 年彭州市乡镇行政区调整为契机，完善乡镇分馆硬件设施的提档升级，并对总分馆进行了调整，其中红岩分馆调整为宝山分馆，三界分馆调整为梨花读分馆。所有分馆面积均达到 200 平方米，图书藏量均达到 4 000 册，图书复本均小于等于 2 册；年更新图书均超过 50 册，年订报刊 30 种；并提供免费 WiFi 和数字资源（彭州市移动图书馆、成都数字图书馆、彭州市微信公众号），另外市图书馆为龙门山分馆等 9 个分馆配置了书目查询机供读者使用。每个分馆现均配置全（兼）工作人员至少 1 名，分馆均设立统一固定的开放时间（9:00—20:30），每周开放时间均超过于 40 小时，双休日均对外开放，设立了醒目的引导标识和服务公告，包括开放时间、文献排架标识、服务项目与活动预告等。

6.2 数字阅读服务优化提升

加强数字资源建设和整合利用。总馆加大成都数字图书馆 · 成都市公共图书馆数字资源共享平台、彭州市移动图书馆、彭州市微信公众平台、彭州市图书馆网站等平台的宣传和使用，整合总馆现有数字资源，并将总馆的所有数字资源共享给各分馆（通过易拉宝、门型框架等载体对总馆的数字资源进行引导公示），让分馆读者享受和总馆读者同样的服务内容和标准。并要求有条件的分馆申请微信公众号、微博或抖音号对分馆服务内容进行有效宣传和推广，也可以通过当地政府微信公众号、微博或抖音号进行有效宣传和推广。

6.3 服务供给优化提升

6.3.1 开展图书资源整合

将农家书屋书刊报纳入总馆统一采编配送和管理，提升分馆的有效配置和利用。总馆已将 interlib3 图书馆管理系统与微信、彭州市移动图书馆 App 等主流移动服务实现互联互通，市民可多平台享受全市图书资源书目检索、借阅查询、在线续借、个人阅读报告等便捷服务。

6.3.2 加大社保卡和身份证作为图书馆读者证的宣传和推广

总馆制作了 20 套社保卡和身份证作为图书馆读者证的宣传推广展架发放到了各分馆，并要求分馆将宣传推广展架放置在醒目位置供读者阅览知晓，截止 2020 年底，各分馆共新增有效读者 100 余人。市图书馆积极推广市民通过天府市民云 App 或支付宝 APP 出示电子社保卡免证件借阅服务和只提供身份证号的借阅服务，让市民更加方便地享有图书馆服务（目前市图书馆已经实现电子社保卡借阅功能）。

6.3.3 加强总馆和分馆图书期刊的流转

各分馆设置图书期刊流转区，用于总馆流转图书的借阅。2020 年总馆对各分馆开展图书流转各 1 次，每次流转图书 100 册，期刊 200 册，并根据各分馆实际需要配送不同种类的图书和期刊，如分馆需求少儿期刊，总馆就配送少儿期刊等。目前，完成图书流转 8 050 册，期刊流转 4 600 册。

6.3.4 加强分馆图书的更新

分馆新增图书不少于 200 册。新增图书由总馆统一采购、统一编目，且分馆自主购买图书在总馆指导下完成统一编目工作；目前总馆已完成新书更新 1 次，更新图书达 6 278 册，其中新购图书 1 228 册，由成都图书馆配送图书 5 500 册。

6.3.5 积极利用流动文化服务车开展馆外办证服务

由总馆牵头联合分馆到分馆下辖的社区开展馆外办证服务和图书馆总分馆宣传推广 15 次，提升各分馆身份证借阅卡的办证量和市民对分馆的知晓率。

6.4 阅读活动开展的提升

积极开展图书品牌活动进分馆。总馆现有品牌活动 4 个，分别为“湔江讲坛”“‘花样阅读’亲子系列活动”“国学教育”“精品视听资源鉴赏”等，新增 2 个周末活动：“少儿英语”和“少儿绘本”。总馆积极利用自己的品牌活动联合分馆开展《湔江讲坛》进分馆、“花样阅读”亲子系列活动进分馆、“国学教育”进分馆、“精品视听资源鉴赏”进分馆、“少儿英语”和“少儿绘本”进分馆等活动 20 余场，参加人次达 4 000 余人。指导分馆开展阅读活动 20 余场，联合分馆开展线上活动 80 余场，点击率超过 2 000 次，活动包括：线上《渝江讲坛》、新书推荐、扫码听书、“双节朗读”“光影里的中秋国庆——图片有奖征集”“隔离病毒，但不隔离爱和阅读”等线上活动。

6.5 人才队伍提升

6.5.1 稳步推进分馆服务队伍培训工作，建立培训上岗制度

2020 年总馆开展集中培训 1 次，培训人数达 30 余人，开展一对一业务培训 40 余次，参加人次超过 60 余人，以视频、Word 文档等形式的网络培训 4 次，下载量超过 100 次，开展线上业务指导 100 余次，充分保障各分馆员工能够熟练地掌握分馆业务。

6.5.2 加强总馆工作人员和分馆工作人员的业务交流

总馆牵头建立总分馆 QQ 群，并将全市所有图书馆及分馆工作人员拉入群聊，建立交流服务平台。分馆工作人员在总分馆业务群里提出的问题，总馆于当天解决，当天不能解决的，总馆工作人员均与分馆工作人员做好说明，并于第二天进行处理。

6.6 考核激励制度的提升

6.6.1 制定分馆年度考核办法

考核办法将根据分馆开放时间、入馆人次、借阅量，办证量、活动开展情况等为指标进行制定。总馆将根据考核结果评选出优秀分馆和优秀分馆管理员，并且颁发优秀分馆证书和给予 2 000 元的购书和活动开展经费，颁发优秀分馆管理员证书和给予 500 元的经济奖励。证书和奖金已于 2021 年“4.23”全民阅读日当日颁发。

6.6.2 开展分馆管理员职工技能大赛

由总馆制订方案，邀请各分馆业务管理员（分馆负责、图书管理员等）参加，活动内容包括（图书上架、数字资源使用、办证、图书借还、相关的知识问答）。

7 小结

彭州市图书馆积极发挥分馆作用，加强总分馆服务效能提升，将优质的文化大餐送到群众的身边，让更多市民在身边享受阅读的快乐，扩大了公共文化服务的有效覆盖，满足了基层群众文化需求，取得了较好的社会效益。

参考文献

[1] 金武刚. 论县域图书馆总分馆制建设的十大要点——兼及《关于推进县级文化馆图书馆总分馆制建设的指导意见》解析[J]. 图书馆建设，2017(5)：4-11.

[2] 张爱荣. 我国公共图书馆总分馆管理模式概述[J]. 沙洋师范高等专科学校学报，2011(2)：71-74.

[3] 邱晓东. 公共图书馆总分馆服务体系建设思考[J]. 江西图书馆学刊，2012，42(3)：64-66.

[4] 菊秋芳. 基于法人治理结构的西部民族地区县域公共图书馆服务体系构建[J]. 图书馆理论与实践，2014(10)：86-90.

PART FOUR

公共图书馆阅读推广

文旅融合下公共图书馆跨界融合发展模式的探索

——成都图书馆“阅读+”创新服务实践与分析

王承佳

（成都图书馆，四川成都，610000）

【摘　要】在促进文旅融合的大背景下，为推广天府文化，加快书香成都建设，更好地推进全民阅读，成都图书馆深入开展“阅读+”系列创新服务，打造出城市阅读新试点、城市阅读新场景、城市阅读美空间以及书“YOU”成都文旅主题空间改造，并持续性开展系列品牌活动。创新服务得到广大读者和游客点赞好评、业内充分肯定以及媒体广泛关注，取得令人瞩目的成绩。通过系列“阅读+”创新服务，成都图书馆正在逐步拓展成都公共文化服务广度和深度，探索出成都文旅融合的新路径。

【关键词】文旅融合；阅读+；创新服务；跨界融合

“十四五”期间，身负“发展天府文化，建设书香成都”的使命，成都图书馆将整合多方资源，创新传播推广方式，建立具有新时期的全民阅读推广平台。借力成都图书馆新馆文化地标建设、彰显天府文化特色、体现生活美学的“城市阅读美空间”、成都图书馆“阅读+”阅读推广服务模式等全域成都公共文化服务体系，开展全媒体宣传推广，激发全民参与公共文化的热情，提高公共文化服务效能，促进全市公共文化服务体系的建立和完善。同时利用成都图书馆现有数字资源平台和海量的数字资源，运用融媒体创新服务手段，引导社会力量参与公共文化服务，开展形式多样内容丰富便捷高效的公共数字文化服务。不断激发全民参与公共文化的热情，提高公共文化服务效能，促进全市公共文化服务体系的建立和完善，争取在十四五期间，扩大成都图书馆文化影响力，引导全市市民享有成都生活美学阅读新场景。

1 “互联网+”时代公共图书馆实现跨界融合的必要性

“互联网+”以其“融合、创新、互联”的思维模式，推进了不同行业之间的跨界交流，也对公共图书馆服务带来了深远的影响。信息服务环境与用户需求的变化，迫切要求公共图书馆突破固有思维束缚，认真分析自身服务实际，采取适应“互联网+”思维的方式实现跨界融合。

当前公众对公共文化服务的需求日益多元化，仅靠单个信息机构无法提供专业完备的信息化服务，也无法适应“互联网+”时代的新转变。公共图书馆作为重要的文化服务机构，在为公众提供文化服务方面具有整体优势，更加应该联合其他信息机构，共同参与到公共文化服务事业中。公共图书馆通过跨界融合，整合不同行业的人力、技术资源，解决公共文化服务中存在的问题，有利于提升公共图书馆的专业技术水平，推动图书馆事业良性发展。此外，无论是与其他机构协作开发区域集成管理系统，还是数字化资源的联合采购，都有利于公共图书馆业务的标准化建设，这不仅是解决不同机构信息异构问题的方式，也是其服务创新的必然要求。

2 成都图书馆在“阅读 +”创新思维下跨界融合的实践

目前，“互联网 + ”已迅速延伸到各行各业，成为跨界融合的新潮流，“阅读 + ”正是在普遍应用背景下产生的一种新概念、新形式，该行式大大提高了图书馆的服务效率以及服务的专业性。随着“互联网+”时代下，信息资源的获取方式与形式发生了巨大的转变，在“图书馆+”的背景下，公共图书馆亟须革新传统的文献信息服务方式与形式，“阅读 + ”已经成为公共图书馆开展阅读推广服务的新常态。如何用“阅读+”创新思维来有效利用公共图书馆的各类资源以及开展全民阅读推广活动，从而进一步普惠覆盖全年龄段读者，是我们亟待思考和探索的问题。本文以成都图书馆的实践案例分析该公共图书馆在“互联网+”创新思维下跨界融合的各类尝试。

随着我国经济不断高质量发展，社会各界人士对全民阅读推广工作的重视度也越来越高，市民对阅读的需求呈现出多元化态势，并逐渐转化为社会常态。同时，依托“互联网 + ”的发展理念进一步促进了“阅读 + ”的跨界发展，不仅在领域上得到了拓展，而且融合新模式、新成果不断涌现，“阅读 + ”已经成为公共图书馆开展阅读服务的新趋势。

2.1 阅读+旅游：阅读正“铛”时——成都图书馆打造“城市流动阅读新阵地”

为打造文旅融合新亮点，丰富旅游景区文化内涵，提升图书馆全民阅读服务工作效能，让天府文化“走出去”，成都图书馆联合成都文旅公交旅游发展有限公司创新打造“城市流动阅读新阵地”，并通过线上线下活动持续进行品牌推广。

活动创新文旅融合阅读空间新模式，打造成都市第一个城市流动阅读新场景。活动主要依托成图馆藏资源和 City Tour 城市旅游观光巴士——铛铛车，于成图和城市旅游线路设置“城市流动阅读新阵地”共享入口（由成图和旅交的二维码组成），将“城市流动阅读新阵地”概念覆盖到成图、杜甫草堂、武侯祠、宽窄巷子、熊猫基地等文旅场所，为市民及游客提供具有地方特色的文旅信息、精品讲座等成图数字阅读资源，并可获取旅交为大众提供的旅游优惠和福利。活动通过持续发力，将创建文旅融合新 IP，最终在成都塑造出一个个带有书香气息的公共阅读服务新场景，打造出阅读+旅游的城市流动阅读新阵地。

活动于 2020 年 7 月 28 日在春熙路成功拉开序幕，得到市民、游客的积极参与。并持续到 2020 年底。本次活动还引起了各级媒体的重点关注。活动共吸引了中国文化报、人民网、新华网、中新网、成都日报、四川日报等 30 多家媒体，近 40 位记者现场采访报道。截至目前，共计刊发报道近 60 篇（次）。值得一提的是，在今年的服贸会报道中，央视新闻对本项创新服务进行专题报道，引起广泛好评。

2.2 阅读+书店：牵手成都知名书店 打造城市阅读美空间

为进一步贯彻《全民阅读促进条例》精神，充分发挥公共图书馆作为全民阅读阵地积极作用，进一步促进“馆店融合”，成都图书馆创新推出阅读+书店服务——城市阅读美空间，致力于为广大读者建立一个融合阅读、生活、美学等多元化的文化公共服务空间体系。

首批名单于 2020 年 5 月中旬公布，共有 15 家品质书店入选。“城市阅读美空间”结合当下最流行的“图书馆+书店”的模式，完美融合了“借书、购书、看书”三大需求，为广大读者提供了便利。

“城市阅读美空间”通过不断增加实体书店成员，向社会公众免费开放借阅图书，作为成都图书馆的分馆统一管理。让成图的公共阅读文化融入每个城市书店，更加注重读者阅读的体验感受，让公共阅读服务走出成图，拥有更广阔的空间。

该项服务通过不断优化公共文化服务效能，为市民打造出“身边的图书馆”，不断提升市民的阅读获得感和幸福感。

2.3 阅读+酒店:“读”享成都好风景——成都图书馆打造“城市阅读新试点”

在文旅融合大背景下，为推广天府文化，加快书香成都建设，推进全民阅读在蓉城大地蔚然成风，成都图书馆联合成都文旅酒店投资管理有限公司，成都图书馆创新推出“阅读+酒店”服务，打造“城市阅读新试点”，通过开展系列品牌活动拓展公共文化服务广度，探索文旅融合新路径。

“读”享成都好风景主题活动由图书馆联动成都酒店行业开展交流活动,签署《成都图书馆与成都文旅酒店投资管理有限公司合作战略》,推出成都市首个由公共图书馆牵头打造的“阅读+酒店”公共文化服务新场景。

依托成都图书馆海量的阅读资源，活动选定成都文旅酒店投资管理有限公司旗下精品酒店——德门仁里作为成都市首个“城市阅读新试点”。试点酒店将设置活动专属的“城市客厅阅读空间”，在全酒店以“实体书+数字阅读资源”的形式，推出成都图书馆馆藏资源，为市民和游客提供免费的特色地方文化汇总资源、精品名人讲座、最新数字阅读资源等。

活动于 2020 年 9 月 25 日在成功举办，本次活动引起了各级媒体的积极报道，包括中国文化报、人民日报、中国旅游新闻网、西南商报、成都电视台等 20 多家媒体，共计刊发报道近 30 篇（次）。

2.4 阅读+高校：成都图书馆书“YOU”成都文旅主题空间改造

为全面落实全省文化和旅游发展大会精神，推进文旅融合发展，塑造“三城三都”品牌，加快世界文化名城建设。11 月 15 日，由成都市文化广电旅游局牵头，联合成都大学专业团队共建的文旅融合发展实验室项目：成都图书馆书“YOU”成都文旅主题空间改造项目成功落地。

该项目空间设计主题为书“YOU”成都，包含书“有”成都、书“由”成都、书“友”成都、书“游”成都四个主题功能区，意为每个人都可以从书中知道成都的过去（由），构建自己心目中的成都（有），以书会友，结友同行（友），共游成都（游）。

该空间共陈列涵盖成都历史文化类、方言文化类、旅游文化类等主题书籍 100 余本，市民只需扫描二维码，即可阅读海量好书，了解成都好风景。在这里，市民可以看到成都发展沿革、历史文化、人文风情……知晓成都的过去，感受成都的现在。兼具人文气息与旅游文化的美学空间，吸引了不少市民前来打卡。

本次空间改造，是成都图书馆在文旅融合发展上的又一次创新举措。成都图书馆通过“阅读 + 高校”，打造出具有成都特色的主题空间，充分利用高校的专家优势和智力资源，对空间进行重新设计和打造，展现出独特的天府文化魅力。

通过与成都图书馆线上线下协同合作，成都大学文旅融合实验团队结合成都图书馆馆舍环境、装修风格、文化内涵等实际情况。立足馆内资源，聚焦“小而精，有特色，有特点”的目标，最终建成了成都图书馆书“YOU”成都文旅主题空间，为成都图书馆提供了可持续使用并且美观实用的文旅书籍展示阅读区域。

目前，成都图书馆“阅读 + 高校”创新服务，已与四川大学、电子科技大学、成都大学等高校进行系列合作。开展了“低碳迎大运 寻找绿色阅读新青年”“传承传统技艺·感受文化魅力”珍贵古籍展暨雕版印刷体验等活动。

接下来，成都图书馆还将持续深入开展“阅读+”创新服务，加快推进文旅融合，传播天府文化，加快书香成都建设，拓展成都公共文化服务广度和深度。

2.5 阅读+乡村振兴：“阅读暖乡村”暨五星村站“书乡阅读驿站”建设

2021 年是“十四五”开局之年，文化和旅游部、国家发展改革委、财政部《关于推动公共文化服务高质量发展的意见》中明确提出：创新拓展城乡公共文化空间，创新打造一批融合图书阅读、艺术展览、文化沙龙、轻食餐饮等服务的“城市书房”“文化驿站”等新型文化业态，营造小而美的公共阅读和艺术空间。

以“乡村振兴，文化先行”为活动理念，成都图书馆以书香沁润乡村，向崇州市五星村捐赠借阅机，开展“阅读暖乡村”暨“书乡阅读驿站”五星村站活动启动仪式，号召群众加入“书乡驿站守护人”的行列，推动公共图书馆拓展阵地服务功能，在乡村推广数字图书、有声读物、借阅机等阅读资源，进一步加强公共文化服务和乡风文明建设的协调对接。活动以书香浸润乡村旅游，助力阅读在实现读者服务均等化、全面化、特色化的不断完善，拓展乡村阅读阵地，探索图书馆新型文化服务方式。让“书乡阅读驿站”五星村站成为崇州市白头镇五星村乡村文明建设的新亮点，为乡村旅游增添一缕书香味。

通过“阅读+”进乡村的形式，助力我市实施乡村振兴战略，将图书馆行业优势的公共文化服务和海量的阅读资源覆盖到乡村，同时整合社会资源，用文化为乡村振兴赋能，彰显成图阅读推广的书香气质。

3 阅读推广活动目前存在问题和未来发展的建议

2021 年，成都图书馆阅读推广活动和媒体宣传报道工作符合国家法律法规，正面宣传了成都图书馆的各项工作，体现图书馆的公共文化服务多样性；同时，充分挖掘了成都图书馆的亮点，树立了成都图书馆良好的社会形象，提升了知名度。此外，经过系统策划，成功包装了“阅读 + ”系列活动，获得业内一致好评。

但在日常执行过程中，也发现存在以下问题。总结起来，阅读推广活动主要存在以下问题：

（1）活动策划经费不足，无法策划具有影响力的大型活动。

（2）活动策划覆盖群体较固定，一般以老年和小读者为主。

（3）线上活动占比大，常规线下活动策划缺乏新意，对记者缺乏吸引力。目前，线上活动占比较大，线下活动主要以讲座为主，对记者缺乏一定的吸引力。

（4）受到经费、人员等多种因素的限制，活动宣传力度不够，覆盖面不够广。同时，受传播方式转变，传统纸媒数量急剧骤减，但目前纸媒报道数量任务依旧按照以前的标准在执行，传统纸媒报道任务偏重，执行困难。

针对以上问题，故提出以下发展建议：

（1）进一步深化改革，扩大政府向社会力量购买服务主体范围。深化文化体制改革，将符合条件的行政部门和群团组织明确为政府向社会力量购买公共文化服务主体。

（2）进一步加大资金投入，培育人民所需、政府满意的社会文化机构。密切配合各级政府部门，共同研究并严格执行政府向社会力量购买图书馆服务有关重要政策法规，细化解读指导性目录，鼓励更多社会力量参与提供服务。

（3）进一步创新购买方式，提高购买服务质量。建立“自下而上、以需定供”的互动式、菜单式服务方式，推动图书馆服务供给与人民群众文化需求有效对接。要注重宣传引导，推动形成一批政府重视、群众满意的、新的服务项目。充分利用各种媒体，充分调动社会参与的积极性，为推进政府向社会力量购买专业化服务营造良好的工作前提和舆论氛围。

（4）进一步优化服务购买流程，提高财政资金使用效能。建立以项目选定、信息发布、组织采购、项目监管、绩效评价为主要内容的规范化购买流程，便于购买主体监管。健全由购买主体、服务对象以及第三方共同参与的综合评审机制。根据承接主体服务内容和质量，合理确定价格。加强对图书馆相关业务的研究，积极推进政府购买文化服务项目库建设。建立政府向社会力量购买服务信用档案。

4 结语

全民阅读是我国领导层高度重视且多次提及的议题，并制定了一系列方针政策，为公共图书馆阅读推广跨界融合提供了发展机遇。公共图书馆承担着存储、传播文化知识的重任，借鉴“互联网+”思维实现与其他机构的跨界合作，是改善公共图书馆阅读服务边缘化状况，提升公共图书馆阅读推广水平的客观要求。当前公共图书馆应抓住跨界融合的良好契机，基于互补合作和资源共享，探索阅读推广服务的全新发展路径。

参考文献

[1] 姜进.“互联网+”时代公共图书馆阅读推广跨界融合服务发展范式研究[J]. 图书馆学刊，2016（12）.

[2] 严贝妮，刘青青，刘智群. 基于“图书馆+”创新思维的公共图书馆跨界融合实践研究——以合肥市图书馆为例[J]. 山东图书馆学刊，2019（05）.

[3] 侯明艳. 高校图书馆阅读推广服务创新实践探析[J]. 农业图书情报学刊，2017（10）.

[4] 张弘. 移动互联时代下图书馆阅读推广的跨界营销策略分析[D]. 滁州学院学报，2019（01）.

[5] 王斐.“阅读+”背景下公共图书馆跨界阅读推广策略研究[J]. 河南图书馆学刊，2020（02）.

疫情下公共图书馆线上阅读推广的思考与实践
——以成华区图书馆为例

覃楠

（成华区图书馆，四川成都，610051）

【摘　要】 疫情下，公共图书馆阅读推广应走向何方？本文将从发展新方向、服务新阵地、沟通新渠道、活动新形式四个方面思考和探讨如何利用互联网和新媒体开展公共图书馆阅读推广，构建更加现代化、立体化、多元化的阅读推广新模式，通过图书馆服务转型与创新，走出疫情困境。

【关键词】 阅读推广；新媒体；微信公众号；儿童阅读；阅读辅导；网络直播

自新冠疫情暴发以来，由于情况反复，各地公共图书馆不时陷入闭馆、限流的情境，线下活动的开展也受到了很大影响或限制，往往一停就是半月、一月甚至数月之久，图书馆阅读推广原有的节奏和安排不时被打乱甚至长时间打断，活动常态化难以实现，特别是儿童阅读因其特殊性，需考虑更多安全因素。在此情形下，图书馆应该如何一如既往为广大读者提供优质丰富的服务，如何保障阅读推广活动的正常持续开展成为问题。本文带着这些思考，去探寻图书馆阅读推广当下和未来发展的新出路、新方向，走出疫情之下的困境。

1　探索公共图书馆阅读推广的发展新方向

当今时代是互联网和新媒体的时代，“随着手机及各种智能终端设备的日益发展和革新，人们的阅读习惯和阅读载体也随之改变，因此依托于互联网络和新媒体技术开展活动是阅读推广工作的必然趋势”。线上阅读推广的作用在逐渐凸显，而疫情带来的种种变化和阻碍，毫无疑问也在迅速加深这一认知。2021 年 6 月 23 日，文化和旅游部发布了《“十四五” 公共文化服务体系建设规划》(以下简称《规划》)。《规划》明确提出公共图书馆要“主动适应公众阅读习惯和媒介传播方式变化，通过新媒体广泛开展在线阅读推广活动，吸引更多群众特别是年轻人参与。加强与出版社、品牌书店、上网服务场所和互联网平台等合作，联合开展阅读推广活动。"[2]可见新媒体助力图书馆阅读推广已是未来大势所趋的新发展方向。近年来，围绕"新媒体""微媒体""自媒体""网络直播"等图书馆阅读推广的新方向，国内部分高校图书馆和公共图书馆也纷纷开始展开相关研究和探索实践，图书馆线上阅读推广方兴未艾。

因此，公共图书馆界应当顺势而行，积极发挥"互联网+"的思维，充分认识到利用微信、微博、直播平台等新媒体开展线上服务对于图书馆阅读推广的必要性和重要作用，另辟蹊径突破传统线下阅读推广活动的局限，构建更加现代化、立体化、多元化的阅读推广新模式，开启疫情时代阅读推广新纪元。

2 开拓公共图书馆阅读推广的服务新阵地

随着 5G 时代到来，微博、微信公众号、抖音、快手等众多新媒体平台迅速发展，选择丰富，是各有千秋。但从目前现状来看，微信公众号在公共图书馆阅读推广中的应用最为广泛，"在各种新媒体中，微信公众平台凭借其高送达率、高曝光率、高接受率及高精准度的优势，为图书馆阅读推广创造了一个非常重要不可或缺的线上平台。"不少高校图书馆和公共图书馆都逐渐将微信公众号作为开展阅读推广的新阵地，发挥着日益突出的重要作用。

2.1 全国县级公共图书馆微信微博使用概况

参考山东省图书馆参考咨询部发布的《全国公共图书馆微信微博监测月报·县级馆分册》(以下简称《月报》)，2021 年 6 月最新《月报》数据显示："全国纳入监测的县级图书馆微信公众号总数为 1771 个，其中订阅号 1273 个，服务号 498 个"，"全国 303 个县级图书馆官方微博认证账号，其中东部地区县级微博账号 169 个，中部地区 56 个，西部地区 78 个"。而四川省纳入监测的县级公共图书馆微信公众号共有 126 个，微博账户仅有 16 个。

首先，从数量上看，虽同为主流新媒体平台，但目前不论是在全国范围还是全省范围，县级公共图书馆微信公众号的开通使用都远比微博更加广泛、普遍；其次，据《月报》显示，6 月全部微信公众号"共推送图文 16572 次，合计 40691 篇，所有公众号共获得 3908358 次阅读"，而微博共"更新博文 2967 条，粉丝群体本月合计总量 954355 人"，结合文章数、粉丝数、阅读量等数据来看，微信公众号的整体使用情况和宣传效果也好于微博。因此，当前图书馆线上阅读推广主要还是依托于微信公众号这一平台。

最后，微信、微博的使用还存在明显的地域差异，一是从开通数量上中西部地区与东部地区存在较大差距，二是从《月报》发布的公众号全国影响力排名整体来看，上海、江苏、浙江、广东、深圳、北京等东部沿海地区县级图书馆占据了影响力前 100 名的半壁江山，并且在前 50 名甚至前 10 名尤为集中，其中长期跻身前十者各项数据指标与大部分排名相对靠后的中西部地区相比更是一骑绝尘，可见总体而言中西部地区公共图书馆对微信微博的重视和应用还有待借鉴和提升。

2.2 四川省县级图书馆微信公众号使用情况

四川省绝大部分县级图书馆已开通微信公众号，参照《月报》"各省县区级公共图书馆微信公众号详表"，笔者统计了 2020 年、2021 年《月报》1 ~ 6 月的全国微信订阅号、服务号影响力前 100 名排名情况（见表 1），2020 年四川共有 15 个县级图书馆微信公众号上榜，累计上榜次数 42 次；2021 年则共有 20 个县级图书馆微信公众号上榜，累计上榜次数 46 次。一方面，2021 年的上榜个数和上榜次数都有所增长，且有更多成都地区以外的县级公共图书馆上榜。可见自疫情以来我省各馆对微信公众号的重视程度和使用效果有所提升。但另一方面，经对比也可看出 2021 年上榜的各馆订阅号的影响力排名较 2020 年整体下滑，服务号波动不明显，各馆应更加重视公众号的维护和影响力的提升。

表 1 2020 年、2021 年 1 ~ 6 月四川省县级公共图书馆微信影响力全国排名情况对比

2020 年	微信订阅号影响力前 100 名	微信服务号影响力前 100 名
1 月	27 双流、80 金牛、84 武侯	47 成华、53 隆昌、71 东坡、96 蒲江
2 月	37 简阳、50 广汉、64 双流	49 成华、77 崇州、99 米易
3 月	58 双流、72 金牛、75 郫都、80 武侯	27 成华、46 隆昌、66 彭州、68 东坡
4 月	10 金牛、34 温江、83 双流、87 郫都	56 成华、58 彭州、59 隆昌、95 东坡
5 月	69 武侯、79 双流、81 金牛	26 隆昌、63 邛崃、79 彭州
6 月	41 金牛、65 双流、84 武侯	33 成华、44 崇州、58 隆昌、81 邛崃
2021 年	微信订阅号影响力前 100 名	微信服务号影响力前 100 名
1 月	76 达川、79 双流、89 金牛	46 隆昌、53 成华、68 茂县、91 东坡、98 崇州
2 月	74 郫都、83 广汉	39 成华、67 隆昌

续表

3 月	63 汉源、76 青羊、86 武侯、93 郫都	13 成华、41 九龙、69 东坡、71 德昌、74 米易
4 月	62 汉源、94 郫都、97 青羊	36 成华、48 东坡
5 月	20 汉源、60 书香通江、94 武侯、95 双流、96 青羊	27 九龙、45 成华、82 隆昌、86 彭州、92 泸州市江阳区
6 月	72 郫都、73 青羊、74 书香通江、88 双流	51 文化大安、70 成华、94 崇州、95 米易、98 泸州市江阳区、100 隆昌

2.3 线上线下结合，助力微信公众号成长

公共图书馆应该如何持续提升微信公众号服务水平，不断增强公众号的吸引力和影响力呢？由于微信公众号的服务内容一方面在于提供线上服务和线上资源，一方面更多的还是发布图书馆动态特别是阅读推广活动的宣传。故除了保持推送的频率，提升推文质量和新意，以及提供更加丰富的线上服务、电子资源和线上活动外，微信公众号的吸引力和影响力归根到底主要还是来自图书馆的线下阅读推广活动。

以成华区图书馆的微信公众号（服务号）为例，自 2016 年 5 月开通以来，截至 2021 年 7 月 30 日公众号关注量为 32 283 人，近两年全国微信服务号影响力排名基本保持在前 50 名左右，最高排名达到 13 名（见表 1）。除却对线上内容的充实和创新，很大程度上得益于成华区图书馆线下阅读推广活动，特别是 0-15 岁全年龄段儿童阅读推广活动的成功开展。成华区图书馆年均开展 200 余场少儿活动，全部通过微信公众号每周定期推送、统一报名。一方面通过“年年有亮点，场场都不同”常态化、高频率的大量特色线下活动来保证公众号推送的活跃度和吸引力，为公众号源源不断地“吸粉”。一方面通过微信公众号的宣传推送让读者更便捷及时地了解图书馆活动资讯，增加活动的知名度和影响力，吸引更多读者参与活动。如此相辅相成、双向促进，不断完成活动参与者与公众号关注者之间的双重转换和正向增长，长期以来自然而然地吸引和培养了一群长期关注公众号、积极参与活动的忠实用户。

3 搭建公共图书馆阅读推广的沟通新渠道

3.1 微信群与微信公众号优势互补

虽然微信公众号具备信息发布、点赞留言、转发分享等一定的互动功能，但在沟通交流的即时性和丰富性和针对性上依然有限，而微信作为使用广泛、功能多样的综合性社交通信工具，正可以弥补这一点。且相比微信公众号服务对象、内容的广泛性而言，微信辅导群可以更加精准地为特定群体提供更具针对性的服务和更深

层次的交流，从而进一步增强“黏丝”黏性。因此公共图书馆可以通过微信群+微信公众号搭建阅读推广的沟通新渠道。通过微信群为读者提供在线咨询答疑，分享最新图书馆活动资讯，并灵活运用文字、图片、语音、视频、链接、小程序等随时随地为读者提供丰富多样的实时线上阅读辅导。

3.2 线上阅读辅导助力儿童阅读推广

微信群凭借其上述优势特点特别适合开展图书馆线上阅读辅导，用于配合和推动儿童阅读推广。因为“儿童不是天生就具备自主阅读能力的。他们自主阅读能力的发展，有其形成过程与规律，儿童的阅读是需要引导的”，而“要培养一个从小就热爱阅读的孩子，首先要让家长认识到孩子阅读的意义，因此公共图书馆必须对家长进行指导”。所以公共图书馆可以通过微信阅读辅导群对家长进行指导，再通过家长去指导儿童，从而提高儿童阅读中家长的重视度和参与度，实现家长和孩子共同学习成长，推动亲子共读和家庭阅读。有利于将家长纳入更为广义和广泛的儿童阅读中，形成更加健康、理想、积极、有益的儿童阅读推广模式，在深度、开放的交流共享过程中将儿童阅读推广被动的参与者和接受者转变为儿童阅读推广主动的分享者和传播者。

成华区图书馆即配合本馆不同年龄段、不同内容类别的儿童阅读推广活动，陆续组建了多个阅读辅导读者群，如“绘本阅读辅导群”“寒假线上整书阅读群”“暑假儿童文学阅读活动群”“‘科学万花筒’科普活动群”等，邀请关注和参与活动的家长进群，让家长共同参与儿童阅读推广。微信群由图书馆员负责监督管理，并联合活动导读师群体长期持续提供专业的线上阅读辅导服务。在活动开展的前中后全程跟进，包括：活动前转发活动资讯，提供咨询答疑，推荐书目并发布阅读任务、阅读打卡、进行点评和指导，活动中和结束后及时分享照片、感想和总结，收集调查反馈意见，了解活动效果并适时调整改进等，还可通过微信阅读辅导群组织家长读书会开展阅读分享交流。将微信阅读辅导群打造成为促进儿童阅读推广的高效沟通渠道和优质分享平台，从而延长了线下儿童阅读活动的长度和深度，让线下活动不再是“一次性”地做完即止，提升了活动的丰富性，最大化地发挥了活动的价值，让家长和儿童都获得更多收获和成长。

4 创新公共图书馆阅读推广的活动新形式

4.1 当前图书馆阅读推广网络直播概况

在疫情困境中，利用互联网和新媒体技术的发展成果，积极开展线上服务、线上活动能对线下活动起到有效地应急和补充作用，这既是图书馆的服务创新，也是图书馆的主动自救。特别是近年来在各行各业如火如荼开展的网络直播，作为最具代表性的新媒体传播形式，也逐渐被引入到了图书馆阅读推广活动中。目前，网络直播在高校和公共图书馆阅读推广中主要应用于讲座、培训、慕课、图书推荐、图书馆游览介绍等。如：广东省立中山图书馆与网易传媒合作直播“中图悦读会”和“中山讲堂”两大读者品牌活动，举办各类直播活动 30 场次，点播量达到了 46 万次。四川省图书馆 2016 年也与网易直播合作，开展了三场直播，共吸引 35 万人次观看。

2020 年 10 月，成华区图书馆分馆桃蹊书院成功举办了第十八届全国民间读书年会，在年会期间，桃蹊书院举办了《政府与民间文化服务机构的融合、创新、发展》主题论坛，来自全国各省、市的学者、作家和图书馆及民间组织代表齐聚一堂，共同探讨如何更加有效地激发社会力量投身公共文化服务的探索话题，并联合成都电视台对论坛进行了全程网络直播，有 26 万人次在线观看直播。

而此类网络直播的特点和优势在于对平台、设备和技术要求较高，受众多、规模大、宣传效果好，有利于提升图书馆的知名度和影响力。但内容还是以输出为主，互动为辅，难以兼顾到每个参与者，互动交流效果稍差，且参与对象也多为成人，目前在图书馆儿童阅读推广领域的运用还比较少见。

4.2 图书馆儿童阅读推广线上直播新尝试

与成人相比，儿童的自主学习能力和专注力较弱，需要更多直接的指点和引导，因此对于儿童阅读推广而言，规模小、互动强的小型视频直播比互动有限的大型网络直播和单向输出的录播网课更易吸引儿童，更有利于实现深度互动与情感交流，疫情期间这种形式也多运用于学校和教育培训领域开展的线上网课。至于如何选择儿童阅读推广线上活动的直播媒介也很重要，最好避开娱乐类和游戏类直播平台和软件，尽量选择简单干净的直播软件或平台，如教育学习类平台或者会议视频直播软件等。

为应对疫情带来的影响，近两年来成华区图书馆对“图书馆+直播”的儿童阅读推广活动新模式进行积极探索，开展了多次大胆尝试。2020 年暑假疫情未平，成华区图书馆首次将暂时无法开展的线下少儿活动转为线上开展，精心挑选更适合直播的内容，开展了“科学万花筒”少儿科普阅读实践活动和英文绘本故事会两个系列共 24 场线上直播少儿活动，参与儿童 360 人次。阅读活动借鉴了教育领域网课的形式，活动老师和少儿读者只需使用手机、电脑、平板等设备，即可通过“瞩目（Zoom）”

“腾讯会议”等视频会议软件或微信小程序参与线上直播活动，活动反响良好，初步积累了一定经验。

2021 年寒假，成都再度遭遇疫情，图书馆线下活动全部暂停，成华区图书馆特别策划开展了两期“寒夜书香”少儿线上夜读冬令营，并开始尝试将单纯的线上直播活动与前文所述的微信群线上阅读辅导有机结合。活动由线上导读课、线上阅读闯关、线上精读课三个部分组成，带领少儿读者每周共读一本书，循序渐进，效果良好，反响热烈。2021 年暑假，疫情又一次打断了成华区图书馆的暑期儿童阅读推广计划，鉴于此前开展线上阅读活动的经验，在线下活动全面取消的同时成华区图书馆迅速做出响应和改变，将部分线下暑期少儿活动如“经典之窗”儿童文学导读等无缝衔接调整到线上开展，家长儿童热情不减、十分欢迎。直播活动放到周末的白天和晚间开展，导读老师通过图片、视频、音乐等多媒体展示和线上分组讨论等形式引导儿童深度思考和阅读，收获了大量好评反馈。

虽然与面对面的线下活动相比，线上直播的互动效果或略有不如，也会因网络、操作、软件等因素影响流畅和体验。但线上直播让图书馆服务在空间和时间上得以灵活延伸，不再局限于“一时一地”，而是逐渐从“一时一地”到“随时随地”。一方面为广大读者打开了方便之门，节约了读者的时间和交通成本，让他们在工作、上学之余足不出户就能参与图书馆活动，体现了图书馆延时服务的内在要求。一方面对图书馆而言，线上活动对场地需求和人数限制较小，也降低了疫情时期人员聚集的风险，可谓一举数得。最后，就实践效果而言，通过一些调查和反馈，我们发现线上直播+微信群阅读辅导的形式，达到了较好的儿童阅读推广效果，参与读者均表示活动对儿童的阅读兴趣、阅读习惯、阅读技巧和能力均有积极的改变和提升。下一步成华区图书馆将继续探索如何让间歇性的儿童阅读推广线上直播活动更加具有连续性和系统性，从而成为常态化、特色化、品牌化活动。

5 结语

当疫情时代遇上 5G 时代，既是困难挑战也是发展契机。公共图书馆应当顺应时代发展的新方向，运用“互联网+”思维，充分发挥微信、微博、微信公众号、直播平台等新媒体的优势和作用，在发展线下服务的同时积极探索创新线上服务，以线下活动为基础和主体，以线上活动为补充和延伸，构建更加现代化、立体化、多元化的阅读推广新模式，不断提升公共文化服务水平，实现儿童阅读推广服务转型，从而走出疫情困境。

参考文献

[1] 王晓宇.《高校图书馆线上阅读推广活动策划思考》[A]. 科技视界，2020（16）：180.

[2] 文化和旅游部关于印发《“十四五”公共文化服务体系建设规划》的通知[EB].中国政府网，2021. http://www.gov.cn/zhengce/zhengceku/content_5620456.htm?ivk_sa=1023197a, 2021-06-23.

[3] 王晓宇.《高校图书馆线上阅读推广活动策划思考》[A]. 科技视界，2020,（16）：180.

[4] 山东省图书馆参考咨询部.《全国公共图书馆微信微博监测月报》(县级馆分册）1-6 月 [EB].“山东省图书馆决策参考”微信公众号，2020、2021.

[5] 李俊国，汪茜.图书馆儿童阅读推广[G]. 北京：朝华出版社，2015：11，108.

[6] 何蕾. 利用网络直播进行阅读推广的案例研究——以广东省立中山图书馆为例[J]. 图书馆学刊，2017（5）：17-22.

[7] 刘韩萍. 浅论图书馆直播视频云服务的应用——以四川省图书馆为例[J]. 四川图书馆学报，2017（4）：30-34.

浅析全媒体时代公共图书馆阅读推广活动

杨蓉　马秀梅

（大邑县图书馆，四川成都，611330）

【摘　要】 随着社会信息技术的不断发展，公共图书馆在阅读推广活动中已经融合了很多全媒体形式，高效的阅读推广活动促进了图书馆事业的发展。本文结合全媒体时代的阅读推广活动，分析了全媒体时代图书馆阅读推广活动的影响要素，介绍了全媒体时代下公共图书馆进行推广阅读的有效措施。

【关键词】 公共图书馆；全媒体；阅读推广

在全媒体时代下，人们的阅读方式逐渐发生改变，公共图书馆的阅读活动的开展形式也逐渐发生转变，从线下开展方式转变为线上线下相结合进行。公共图书馆不断增强服务意识，提高服务质量，推广阅读发展的新模式，促进全民阅读能力的提升。

1　公共图书馆阅读推广活动现状

公共图书馆作为藏书和阅读的场所，推广阅读是公共图书馆的使命所在。公共图书馆的阅读推广活动主要有以下特点：一是阅读推广的常态化工作。以大邑县图书馆为例，近年来图书馆不断举办讲座、培训、阅读推广等公共文化交流活动来吸引广大读者走进图书馆，且每年开展活动次数逐年提高，规模不断扩大。二是活动推广形式逐渐从线下逐渐转变为线上线下相结合的阅读推广模式。2020年，大邑县图书馆开展的“青少年暑期活动”、全民阅读宣传周活动等以读者的兴趣为出发点，采用了线上线下相结合的活动开展形式，充分利用数字资源和网络平台，通过进入“大邑县图书馆”小程序主页参与相关活动，最终取得了良好的活动效果。三是服务便捷性和高效性要求不断提升。全媒体时代的到来，读者不仅可以选择到图书馆借阅图书，还可以选择通过图书馆网站、手机客户端等方式参与线上活动。2021 年，为提高图书借阅的便捷度，提高全民的阅读水平，全省公共图书馆推动了社会保障卡与公共图书馆阅读服务有机融合的工作，实现了图书借阅、图书查询以及馆外访问馆藏数字资源的读者服务，并探索实现全省公共图书馆之间的图书通借通还服务。

2 全媒体时代对阅读推广活动的影响

2.1 阅读推广更加多样化

公共图书馆与其他行业一样，在互联网时代人们都是机不离手，很多事情都是在网上完成的。原本线下到馆阅读的方式转变为线上阅读模式，人们通过网络设备便可以足不出户随时随地地满足读者的阅读需求。面对读者阅读形式的转变，图书馆的阅读推广更加多样化。既要增加馆内纸质图书的藏量，满足传统阅读模式的读者阅读方式，也应该增加线上不同种类的电子图书资源，不断建立完善数字资源阅读系统，满足广大读者多样化的阅读需求。

2.2 服务更加形式多样

24 小时自助借阅机的出现改变了图书馆以阵地服务为主的服务模式，极大地推动了全民阅读，丰富了图书馆的服务内容，满足更多读者的阅读需求。公共图书馆利用新技术将服务从线下转移到线上，使读者可以利用其网站和微信公众平台、电子借阅机、数据库检索等享受优质的阅读服务。有的读者还使用读秀、超星等电子资料在线阅读，甚至还提供预约借还书和上门送书、取书等服务。近年来，很多公共图书馆都在自己的微信公众号中设置了“微服务大厅”“我的图书馆”等栏目，读者可以收听其录制的公开课、有声读物或观看学术视频等内容，也可以进入“我的图书馆”绑定读者证，在线办理借阅、续借手续等。通过网络平台，公共图书馆实现了服务途径的多样化。

2.3 信息传播方式的转变

网络具有传播速度快、互动性强、能够实时沟通交流等优点。在全媒体时代到来之前图书馆向读者传播信息都是通过发放传单或到馆传递，在全媒体时代，图书馆可以通过微信、微博、公众号等网上传播形式，与广大读者互动，让图书馆与读者联系更加密切。

3 全媒体时代公共图书馆做好阅读推广活动的策略

3.1 推进基础设施建设，营造良好的阅读氛围

随着信息化、网络化、数字化发展逐渐普及，读者对图书馆的要求也越来越高。公共图书馆在进行阅读推广活动中要为读者创建良好的阅读环境，馆内基础建设遵守和凸显人文关怀，让读者愿意并积极参与阅读推广活动。引进先进的阅读设备以及图书管理系统，对读者在图书馆内的阅读体验进行优化。同时，充分利用和发挥现有馆藏优势的基础上，提升图书馆内涵、提高读者服务质量、体现图书馆的现代元素，提升图书馆整体形象和完善服务环境。

3.2 提高数字资源建构，保证阅读推广活动资源充足

全媒体时代，公共图书馆的资源建构必须要跟上时代发展步伐，满足读者对于知识的个性化需求。图书馆可以采取在官方网站、微博、微信以及其他社交网站和信息网站上发布公共图书馆公益讲座、新书推荐、阅读活动等信息，提高公共图书馆的受关注度，同时通过在互联网上进行优秀图片展览，书籍信息资讯发布等，促进人们的阅读意识、阅读能力和阅读兴趣的提高；另外公共图书馆可以通过建立自己的微信公众号平台以及其他的官方平台、读者群等方式，定期推送相关阅读活动信息，加强与读者间的交流，掌握最新的读者需求和群众阅读动态，加强公共图书馆的重要性和引导能力，促进人们养成良好的阅读习惯，提高人们的阅读能力和水平。图书馆可以建立自己的微信公众号，定期向广大读者推送相关阅读及活动信息，第一时间向广大读者分享图书馆的阅读推广活动信息。

3.3 打造精品阅读活动品牌

品牌不仅代表实力，还能够提升人们的认可度、提升社会知名度和影响力。公共图书馆通过“我们的节日”活动、“4.23 世界读书日”活动、宣传服务周、青少年阅读活动等为契机，提升广大读者对图书馆的认可，营造多读书、读好书的良好氛围。同时以读者的需求为导向，创新推出高品质的服务品牌，将阅读的种子撒得更广、种得更深，掀起全民阅读热潮。全媒体时代，图书馆转变服务形式，采用线上线下相结合的方式开展，打造精品化阅读活动品牌。

3.4 多方联动，共同推动全民阅读

公共图书馆应采用“图书馆+”的合作模式，运用激励机制，鼓励并引导社会力

量参与全民阅读活动。一方面在现有“总分馆”体系的基础上，完善总馆、分馆、24 小时自助图书屋等建设和管理，强化公共图书馆的主体作用，实现与其他公共资源的有效对接，与民宿、商场、景区等场所做好“结合文章”，建设一批高标准、示范性的“城市美空间”和分馆、流通点等，完善管理和配送机制等，升级图书馆总分馆管理系统，强化对读者服务大数据的管理，使总分馆管理更规范、更科学、更有效，从而实现公共文化服务均等化、社会化、标准化。

4 结束语

全媒体时代，图书馆要提高认识，加强与外界的交流与合作，积极开展更多更好的阅读宣传推广活动，打造图书馆文化品牌，提高图书馆社会影响力。

参考文献

[1] 徐志，张勇. 公共图书馆宣传推广策略研究[J]. 山东图书馆学刊，2015（1）：46-49.

[2] 易红，詹洁，张冰梅. 公共图书馆全媒体阅读服务链的构建策略研究[J]. 图书馆理论与实践，2016（3）：90-94.

公共图书馆全民阅读服务模式推行策略探究

赵莎

（崇州市图书馆，四川省崇州市，611230）

【摘　要】 图书馆作为社会文化服务体系的基础构成，是推动全民阅读活动的重要主体，图书馆文化服务职能的高效实现为社会文化建设提供基础保障。本文通过公共图书馆发展现状进行详细阐述，探讨科学的全民阅读服务模式构建策略，推动图书馆文化服务水平的提升，为全民阅读活动开展提供有效支持。

【关键词】 公共图书馆；全民阅读；服务模式

1　引言

全民阅读活动的科学开展对营造积极的社会文化环境起到关键作用，对推动社会主义精神文明建设提供文化基础，为经济社会发展提供智力支撑。随着时代的发展，群众的精神文化需求不断提升，对图书馆文化服务工作提出了更高的要求，需要图书馆结合文化服务工作开展情况，构建完善的全民阅读服务模式，推动全民阅读活动的科学开展，营造积极的社会阅读氛围，保证社会文化建设的高效推进。

2　公共图书馆的服务现状

随着公共文化场所免费开发政策的高效落实，图书馆迎来了良好的发展机遇。图书馆文化服务水平得到极大提升的同时，实际工作中也暴露出一些问题，制约着图书馆文化价值的高效体现：一是文化服务环境日益复杂，网络和智能设备的广泛普及推动了社会生产生活方式的变化，电子阅读已经成为主要的阅读形式，对图书馆的传统阅读服务模式形成了严重的冲击，传统的服务方式无法有效满足读者阅读习惯的转变。群众精神文化需求呈现多元化的发展趋势，现有的服务模式无法满足读者的个性化需求，影响服务效果。二是文化推广思路较为传统，高效的阅读推广是构建全民阅读氛围的关键环节，而当前图书馆阅读推广工作开展较为滞后，推广渠道相对固定，对新媒体等先进技术缺乏有效的利用，不利于良好阅读环境的建设。三是文化服务形式较为单一，现有的文化服务缺乏主动性，对群众的文化需求缺乏有效掌握，无法构建长效全民阅读机制，不能对文化活动主题进行科学的制定。特别是网络环境下，碎片化的信息环境对传统的文化服务模式带来了极大的挑战，而在实际的文化服务工作中缺乏创新意识，不能结合实际的全民阅读开展情况对文化服务方式方法进行优化，不利于文化服务价值的高效实现。

3 公共图书馆推行全民阅读服务模式的构建

3.1 拓宽阅读服务模式

全民阅读服务体系的科学构建是保证图书馆文化服务职能高效实现的重要基础，图书馆要提升主动意识，深入挖掘图书馆馆藏资源，服务方式和地点多样化推动阅读活动，进机关、进校园、进家庭、进乡村、进社区、进军营、进特殊人群、进工地、进网络，发挥电子阅读特点，利用丰富的网络资源优势，引进电子阅读资源，为阅读活动开展提供资源保障。要充分结合群众的阅读特点，将线上和线下途径进行有效结合，利用信息设备和技术，建设电子图书馆，为电子阅读提供平台，充分发挥文化资源优势，与线下阅读活动进行有效结合，有效满足不同阅读群体的文化需求，提升阅读服务的实效性。

3.2 强化阅读推广

科学的阅读推广策略能够有效调动群众的阅读热情，营造积极的全民阅读氛围，为阅读活动开展提供环境基础。图书馆要加强对阅读推动工作的重视，结合阅读活动主题，对推广策略进行科学设计，有效适应群众的个性化需求。要优化推广内容，根据阅读主题对相关的图书资源进行提取，发挥信息技术优势，将视频、音频、图片和文字进行整合，丰富受众的感官体验，有效调动受众的参与热情。让大家都感受读书带来的成长和知识，给予我们发展的能力；要积极拓宽宣传途径，合理利用信息新媒体环境，将网络与传统的传播媒介进行结合，引导民众参与到阅读活动中，构建积极的阅读环境。

3.3 构建互动交流平台

群众的积极参与是保障全民阅读效果的重要基础，构建完善的文化交流环境能够使读者积极分享阅读体验，有效维护阅读群体的稳定性，营造积极的阅读氛围。图书馆作为全民阅读活动的重要主体，要发挥组织作用，利用网络技术，成为党建工作的高效互动交流平台，通过微信等网络社交平台，引导读者积极开展阅读交流活动，拓宽阅读活动形式。使阅读者由外部刺激的被动接受者和知识灌输的对象，转变为信息加工的主体知识构建的主动者。

4 公共图书馆推行全民阅读服务模式的策略

4.1 优化阅读服务思路

全民阅读活动的高效开展对推动企业文化建设起到积极作用，图书馆要发挥自身文化服务职能，深入挖掘文化资源，构建完善的阅读服务模式，为全民阅读活动开展提供基础保障。图书馆要加强对阅读服务工作的重视，强化服务意识，转变传统的发展思路，深入挖掘图书资源价值，科学开展阅读推广活动，有效调动民众的阅读兴趣。要推动电子图书馆构建，电子阅读省去了买书、存书、查书、搬运、邮寄等诸多麻烦，且查阅速度非常快，是传统的方法所不能比拟的，新兴起的多媒体方式，融合图像、声音、文字于一体，能提高阅读兴趣，减轻阅读负担，使抽象的概念和事物变得形象而具体。因此应积极引进优质的数字化阅读资源，搭建完善的电子阅读平台，保证电子阅读活动的高效开展。

4.2 科学制定阅读主题

阅读活动主题的科学制定是保证阅读服务效果的重要环节，读者的阅读需求存在个体间的显著差异，图书馆要结合读者群体特点，科学制定多样性的阅读活动主题。要加强与读者的互动交流，完善评价机制，对阅读服务效果形成及时的反馈，为后续服务工作开展提供科学的依据。要将阅读服务与读者的实际生活进行有效结合，深入到读者的工作生活中，进行全面细致的调研，准确掌握阅读需求。要将优秀传统文化进行科学的融入，深入挖掘传统文化中的思想内涵和精神力量，提升阅读服务的科学性。

4.3 积极引进社会力量

全民阅读活动需要社会各界的积极参与，图书馆要强化主体责任意识，加强与社会力量的合作，充分整合文化服务资源，构建完善的文化服务体系。要强化与其他图书馆等文化单位的合作，发挥网络优势，实现电子阅读资源的高效共享。要加强与社区、企事业单位等组织的合作，积极拓宽文化服务渠道，丰富阅读活动形式，发挥宣传引导作用，为全民阅读提供环境基础。

5 结语

图书馆是集文化、科学、教育、科研等于一体的信息交汇和传播的平台。它的存在把人类在实践中所获取的精神财富、科学技术等得到了系统的留存和传播。公共图书馆阅读服务工作的高效开展对推动全民阅读开展起到积极作用，图书馆要提升主动意识，充分发挥自身文化服务职能，优化阅读服务理念，构建完善的阅读推广模式，强化阅读推广，营造积极的全民阅读氛围。

参考文献

[1] 徐霞. 公共图书馆推广全民阅读的服务模式研究[J]. 中文信息，2019(4)：58-58.

[2] 王彩银. 公共图书馆做好全民阅读推广工作策略探究[J]. 中国文艺家，2020(10)：222-223.

[3] 刘晓燕. 全民阅读视角下公共图书馆服务转型及其应对策略[J]. 中小企业管理与科技(下旬刊)，2019(5)：101-102.

县级图书馆创新少年儿童阅读服务实践研究
——以彭州市图书馆为例

廖珧琦

（彭州市图书馆，四川成都，611930）

【摘　要】　县级图书馆作为公共文化服务体系建设的重要组成部分，承载着少年儿童阅读兴趣培养与优化儿童阅读生态的重要社会教育责任。文章以彭州市图书馆为例，归纳了彭州市图书馆少年儿童阅读服务概况，并就服务实践出现的问题进行了剖析，提出了关于优化服务工作三方面的建议，以期为其他县级图书馆实现少儿阅读服务转型创新提供参考与借鉴。

【关键词】　县级图书馆；少年儿童；阅读推广；服务创新

1　引言

少年儿童是全民阅读的基础和中坚，也是全民阅读的希望和未来。《儿童权利公约》指出，18 岁以前均属于童年，在这一特殊且受保护的阶段，必须让儿童有尊严地成长、学习、玩耍、发展并成就自我。2021 年政府工作报告提出，推进城乡公共文化服务体系一体建设，创新实施文化惠民工程，倡导全民阅读。阅读不仅被认定为提高儿童语文能力和获取知识的重要途径，也是培养其自我认知能力的重要手段。习近平总书记强调，党和政府要始终关心各族少年儿童，努力为他们学习成长创造更好的条件。四川省图书馆发布的《四川省图书馆暨全省公共图书馆 2020 年阅读报告》显示，各年龄段人均借阅纸质文献数据中，老年读者以人均借阅 13.37 册位居榜首，其中，儿童读者人均借阅 9.98 册，少年读者仅为 5.91 册。在“全民阅读”浪潮席卷全国的今天，少年儿童阅读现状急需引起重视。县级图书馆作为公共文化服务机构和公益性文化基础设施，是滋养民族心灵、坚定文化自信、完善公共文化服务体系建设的重要组成部分，在保障儿童阅读权益、开展儿童阅读指导、优化儿童阅读生态等方面承载着重要社会教育责任。

本文以彭州市图书馆为例，梳理总结儿童阅读服务工作开展现状，针对其存在的活动场地与活动人手有限、活动宣传覆盖面较小、特殊儿童群体使用不方便等问题，提出相关问题解决方法的建议，以期对推动儿童阅读服务的创新提供参考。

2 彭州市图书馆儿童阅读服务的现状

彭州市图书馆充分利用馆内先进的设施设备和丰富的馆藏资源为儿童提供公益服务，在馆内分年龄开设低幼阅览室、少儿阅览室、少儿数字互动区等特色功能区，联合彭州市南津社区建设打造儿童沉浸式、立体化的阅读学习空间“儿童友好图书馆”。他们还以节假日为契机，开展文化进学校、进社区、进农村等读书活动，每年到全市农家书屋、公共文化阅读空间开展不低于 20 次的儿童阅读活动，参与人数超 2 000 人次；打造儿童阅读三大主题品牌：“彭州读”周末活动、“花样阅读”亲子活动、“牡丹杯”读书征文比赛，得到社会各界的好评。活动共获市主流媒体报道 119 次、抖音等新媒体报道 327 次、总浏览量突破 49.050 0 万人次。其中，儿童阅读三大主题品牌活动具体开展形式如图 1 所示。

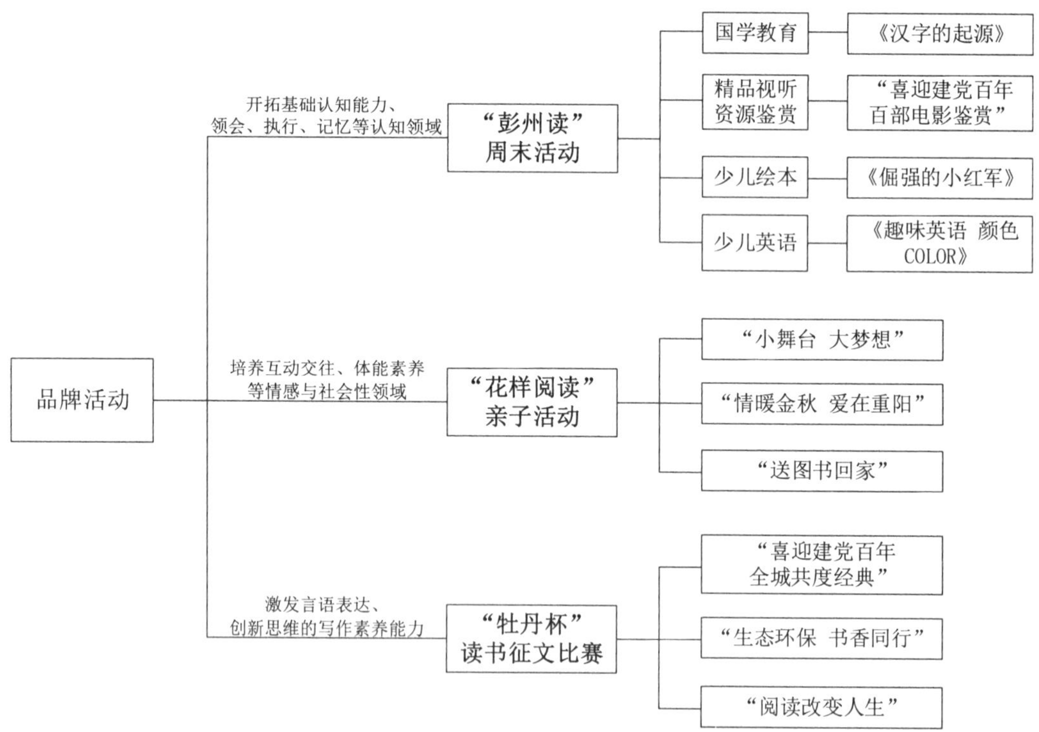

图 1 彭州市图书馆儿童阅读三大主题品牌结构图

2.1 “牡丹杯”品牌读书征文比赛

为倡导和推进全民阅读，培养提高少年儿童阅读的能力和兴趣，自 2013 年起，彭州市图书馆在每年 4 月 23 日“世界读书日”会启动本年度“牡丹杯”读书征文比赛，学生组征文范围覆盖全市小学、初中、高中，少年儿童可围绕“喜迎建党百年 全城共度经典”“生态环保 书香同行”“阅读改变人生”等不同主题参与投稿。征稿时间持续到每年 12 月 31 日，届时彭州市图书馆组织专家评选出获奖文章，并颁发证书和奖金，将优秀作品汇编成册，以此鼓励少年儿童积极参与，用文学点亮梦想。历年“牡丹杯”读书征文比赛（学生组）数据统计如表 1 所示。

表 1 2016～2020 年彭州市图书馆“牡丹杯”读书征文比赛（学生组）统计数据

年份（年）	“牡丹杯”读书征文比赛（届）	学生组参与人数（人）	参与覆盖学校（所）
2016	第四届	6451	43
2017	第五届	6523	47
2018	第六届	6747	55
2019	第七届	6835	61
2020	第八届	6912	69

2.2 “花样阅读”品牌亲子活动

彭州市图书馆以建设书香彭州为契机，创新形式，2017 年起，打造“花样阅读”品牌亲子活动，将活动现场搬进展览馆、科技实践基地、景区等，以亲子游戏、春游踏青等形式开展“小舞台·大梦想”“情暖金秋·爱在重阳”“送图书回家”“爱家·爱阅读”等系列活动，以寓教于乐的方式，让少年儿童在欢声笑语中增长见识，开拓思维。

2.3 “彭州读”品牌活动

“彭州读”周末活动作为彭州市图书馆的品牌活动，自 2015 年创立以来，共计开展 390 场次，吸引人数上万人次，受到广大读者的欢迎和喜爱，品牌包括“国学教育”“少儿绘本”“精品视听资源鉴赏”“少儿英语”四大板块。

2.3.1 国学教育

彭州市图书馆大力弘扬中华优秀传统文化，秉持“幼儿养性、童蒙养正、少年养志、成人养德”的国学理念，自 2015 年起，每月开展针对少年儿童群体的国学教育活动，以儿童易接受的授课方式，分阶段讲授“儿童读经”“诗词吟诵”“文言写作”“汉服回归”“琴棋书画”“易经预测”等热点，旨在通过长期、系统的教育和熏陶，鼓励少年儿童多读中华文化经典，提升道德修养，领悟先贤思想，传承民族记忆，坚定文化自信。

2.3.2 精品视听资源鉴赏

2021 年，彭州市图书馆深入实施“我为群众办实事”实践活动，搭建少年儿童观影平台，启动“喜迎建党百年百部电影鉴赏”主题教育活动。每月在“试听鉴赏室”滚动播放优秀红色电影，配备专门的影视鉴赏员，为儿童介绍电影时代背景，讲解电影红色内涵，使少年儿童通过观影亲近党史、了解党史，深植爱国主义情怀，激发少年儿童的历史责任感、使命感和荣誉感，引导少年儿童传承红色基因，培育和践行社会主义核心价值观。

2.3.3 少儿绘本

彭州市图书馆每月定期举行亲子绘本活动，借助绘本阅读，实现教学转型。开设“发现美·美丽四季”“暖暖森林的礼物”“大象！大象！请别吃掉她的家”等不同主题阅读活动，指导少年儿童走近绘本、读懂绘本，培养良好阅读习惯，增强观察力与语言表达能力，让绘本成为少年儿童未来学习与发展的“源头活水”。

2.3.4 少儿英语

为更好开展儿童阅读与服务创新工作，2021 年 1 月 17 日起，“彭州读”品牌新增全新版块——“少儿英语”，通过读英语绘本故事、听英语童谣、排练英语小剧场等方式，营造轻松愉快的英语语言环境，让少年儿童沉浸在快乐的英语学习氛围中，更好激发英语学习的兴趣。

3 创新儿童阅读活动服务方面的建议

尽管彭州市图书馆为引导少年儿童了解书本、爱上阅读做出了一系列尝试，但仍存在活动场地与活动人手有限、活动宣传覆盖面较小、特殊儿童群体使用不方便等问题，在更好服务少年儿童的文化生活和健康成长方面仍具有巨大发展空间。因此，针对以上问题，本文提出如下三点创新性建议。

3.1 转型延伸少年儿童阅读服务阵地

目前我国儿童阅读开展活动主要由公共图书馆负责，与许多县级图书馆相同，受自身规模限制，彭州市图书馆也面临着开展大型活动的场地有限、人力不足的问题，每年寒暑假期间是彭州市图书馆最繁忙的时期，馆内窗口人员紧缺，导致儿童阅读服务开展人力物力资源有限问题愈发突出，难以满足未成年人文化需求。

《普通高等学校图书馆规程》指出，高校图书馆应在保证校内服务和正常工作秩序的前提下，发挥资源和专业服务的优势，开展面向社会用户的服务，使少儿阅读推广工作更加多元化、立体化。一方面，图书馆可以吸引一批有爱心、有奉献精神的高校学生参与到图书馆的少儿阅读推广工作中来，缓解公共图书馆在少儿阅读推广上的人力压力，为少儿阅读推广工作的更好开展提供支持。沈阳师范大学、西南交通大学、厦门大学、四川大学等越来越多的高校图书馆已积极参与到未成年人服务当中。另一方面，针对少年儿童的阅读文化活动不应仅仅局限在某一单一场馆内，学校、博物馆、郊外都可以是少年儿童阅读延伸服务的场地，例如，县级图书馆可与高校、博物馆、旅游景点等进行合作，利用假期时间对辖区内少年儿童开展“带上阅读去旅行”等夏令营、冬令营活动，将书本中看到的场景还原到现实中，让他们在高校感受科学实验的魅力、在博物馆回味悠久历史的厚重、在景点体会大自然的鬼斧神工，以此开拓少儿娱乐、学习的全新平台，使少儿更好地走进图书馆、理解书本、感悟书本。

3.2 扩大少年儿童参与辐射范围

儿童阅读活动实践过程中，由于宣传手段单一、宣传地点有限等因素，导致彭州市图书馆少年儿童阅读活动参与者数量有限，活动辐射范围较小。

笔者认为，若想打破困局，一方面县级图书馆可将行业协作作为支撑，树立跨界思维，加强县级图书馆与辖区周边中小学校、兄弟单位、地方融媒体中心合作，在请求学校提供宣传帮助的基础上，创新宣传模式，发挥互联网的“四个无限”的优势，利用“三微一端”新媒体工具协助拍摄宣传，突破“有限”传播范围，提高活动知晓率与参与度，达到广覆盖宣传目的，实现“1+1>2”的效果。另一方面，根据少年儿童的特点，创新文创产品的开发，增设图书文创区，根植本馆文化特色与当地文化，开设少年儿童创客空间，设计具有本馆特色、当地特点的文创产品，定期评选优秀作品进行展出并生产，让少年儿童参与到文创产品的开发过程中来，通过参与以及回访的方式，提高研学体验质量，激发小读者的学习兴趣，增加少年儿童参与成就感，同时反增加图书馆对儿童读者的吸引力，让文创产品成为参加阅读活动的新型激励方式，建立长效发展机制。

3.3 关注特殊少年儿童群体阅读

我国公共少儿图书馆针对残疾儿童的“无障碍服务”起步较晚，彭州市图书馆开设有“盲人阅读体验区”“少儿阅览室”，却没有针对残疾儿童的阅览专用空间，加之特殊文献采购价格较高，导致儿童阅览纸质盲文书、大字图画书、触摸绘本等资源十分有限。

在《国家基本公共服务标准（2021 年版）》中，文件指出，为加强残疾人文体服务，各级图书馆要按照《公共图书馆建设标准》《无障碍设计规范》建立盲人阅览区域，在图书馆内提供盲文和有声读物等阅读服务。消除阅读差距，保障残障儿童教育权利，成为亟待解决的问题。县级图书馆应充分发挥领域、资源优势，通过与残联、民政部门等助残组织统筹协作、平台共建，完善服务设施和空间的无障碍设计；利用资源共享、协同采购和接受捐赠等多种渠道丰富特殊儿童馆藏；增加有声图书、无障碍电影等多元化资源，帮助残障儿童理解阅读、电影内容，感悟艺术文化的魅力；定期开展针对性阅读活动服务，建立、完善残障儿童服务档案，给予残障儿童适当摸读指导，传递阅读力量。

4 结语

县级图书馆作为社会基层文化教育的重要组成部分，是少年儿童课外获取知识信息的主阵地，对于培养少年儿童阅读习惯、提高阅读兴趣、传播科学学习思想具有举足轻重的地位。县级图书馆应当积极创新服务形式，整合资源，加强与其他机构合作，发挥各自优势。在做到“走出去”主动服务的同时，对弱势群体给予更多关注与帮助，创新阅读活动开展形式，让残障儿童也能顺利参与到内容丰富的少年儿童阅读活动中来，从而更好地承担起举旗帜、育新人、兴文化的使命任务，引导少年儿童在阅读中构建独立人格，坚定文化自信，增强其“传承华夏文明 发展中华文化”的时代使命感。

参考文献

[1] 2021 年政府工作报告[EB]. http://www.gov.cn/zhuanti/2021lhz fgzbg/index.htm?_zbs_baidu_bk，2021-03-05.

[2] 王平，汪斌. 基于集合效应的高职图书馆与企业图书馆联合服务的探索[J]. 教育教学论坛，2020，462(16)：344-347.

[3] 邹艳，姜晓，孙诗. 高校图书馆未成年人分级阅读推广实践研究——以四川大学图书馆“圕蒙学堂”为例[J]. 大学图书馆学报，2021，39(02)：68-74，91.

[4] 马英. 公共图书馆特殊儿童阅读服务研究[J]. 图书馆学刊，2020(9).

新时代未成年人阅读服务探究

仰叶

（彭州市图书馆，四川成都，611930）

【摘　要】 社会持续进步，人们对美好生活的需求不断提升，未成年人对阅读服务的诉求也在不断增加。未成年人存在年龄差异、认知差异的特殊性，阅读推广服务在未成年人中的开展不能一概而论。本文首先分析了未成年人阅读服务的现状，随后提出了新时代下开展未成年人阅读服务的几点建议。

【关键词】 未成年人；公共图书馆；阅读推广

1　引言

少年强则国强。少年儿童是祖国的未来，是传承红色基因、赓续中华传统文化的有生力量。在新时代新形势下，公共图书馆作为公共文化服务的重要阵地，在推进全民阅读活动工作上的一个重要课题便是为青少年儿童营造良好的全民阅读氛围，向未成年人提供功能齐全设施完善的服务空间。《中华人民共和国公共图书馆法》明确提出“公共图书馆应当将推动、引导、服务全民阅读作为重要任务”，同时指出“政府设立的公共图书馆应当开展面向少年儿童的阅读指导和社会教育活动”。本文以彭州市图书馆开展的未成年人阅读服务项目为例，探讨新时代下公共图书馆开展未成年人阅读服务措施。

2　未成年人阅读的现状

2.1　我国未成年人阅读调查

2021 年 4 月 23 日，中国新闻出版研究院发布了第十八次全国国民阅读调查，其中关于少年儿童的阅读情况公布有如下几个方面的数据：2020 年我国 0～17 周岁未成年人的人均图书阅读量为 10.71 本，比 2019 年的 10.36 本增加了 0.35 本。2020 年我国 0～17 周岁未成年人图书阅读率为 83.4%，较 2019 年的 82.9%提高了 0.5 个百分点。2020 年全国阅读指数为 70.45 点，较 2019 年的 70.22 点提高了 0.23 点。其中，个人阅读指数为 73.05 点，较 2019 年的 73.04 点提高了 0.01 点；公共阅读服务指数为 67.63 点，较 2019 年的 67.61 点提高了 0.02 点。从以上数据可以看出，国民对公共阅读服务设施、全民阅读活动的认知度、使用情况以及满意度在不断地增加。其中参与阅读的未成年读者正在不断增加，可见阅读氛围在未成年读者当中已蔚然成风。在当前数字阅读风靡普及的情况下，纸质图书仍是未成年读者用于阅读、获取资讯的主要方式。

2.2 简述本地未成年人阅读推广的现状——以彭州市图书馆为例

十九大报告中指出：中国特色社会主义进入新时代，我国社会主要矛盾已经转化为人民日益增长的美好生活需要和不平衡不充分的发展之间的矛盾。这一重要论述反映了我国社会发展的巨大进步，反映了发展的阶段性特征，对党和国家工作提出了新要求。彭州市图书馆坚持用“党建引领业务”的办馆思路，以读者需求为导向，深入基层了解聆听群众对改进未成年人阅读服务的诉求，制定了一系列未成年读者活动计划。笔者以 2015—2020 年间开展的两个品牌活动作为示例。

2.2.1 *周末专题活动*

为丰富未成年读者的课余生活，拓展他们获取知识的渠道，我馆自 2015 年开始开设了周末专题活动。馆员利用周末时间开展针对未成年读者的专题系列活动，5 年以来基本总结出一套成熟的活动机制，形成了周周有活动的良好局面。该专题活动以“国学教育”“精品视听资源鉴赏”“互动乐园”三个类型活动为主。“互动乐园”依托数字化机器设备，购置数据储备多、知识面涵盖广的数字资源，通过触碰、点击、红外体感等新技术操作，给未成年读者打造了现代化的阅读体验。“即触即得”的直观阅读方式、绚丽的屏幕配色、生动的儿歌音乐迅速吸引儿童的注意力，让阅读推广在不经意间深入到读者中去。“互动乐园”活动主要面向 3～6 岁的低幼群体参与，对于还在幼儿园阶段的未成年读者，是一个很好的启蒙活动。“国学教育”以学习中华传统经典读物为主要内容，以培养未成年人对中华传统文化的热爱，激发他们的读书热情为目标，在活动过程中开展对诸如《三字经》《弟子规》以及古诗词等优秀传统文化的集体学习。活动通过馆员讲解、领诵和现场互动提问等形式开展。此项活动主要面向 6～12 岁的未成年人，对于在小学阶段的学生，是一个课外拓展和自我提升的机会。“视听资源鉴赏”以彭州市共享工程支中心数字资源、彭州市图书馆购买的数字资源为主要活动载体，以“观影+赏析”的方式，在寓教于乐中开展有教育意义的影视赏析。活动现场开展互动问答、即兴访谈等活动，激发他们拼搏奋进的学习兴趣，在未成年人心中传播社会正能量，为未成年人树立正确的世界观、人生观、价值观保驾护航。此项活动面向 17 岁以下有基本是非分辨别力的未成年人。截至 2020 年 12 月，周末专题活动已开展有 300 余期，接待读者人数达 7 000 余人次，得到了家长的高度认可。

2.2.2 “花样阅读”亲子系列活动

通过这个名字，能看出彭州市图书馆在开设这项阅读推广活动的初心——增近亲子关系，激发家庭阅读的力量，开展多样化的阅读活动。该活动自 2017 年开始，以每月一期的频率开展，活动内容有结合传统节日开展的“中秋”“重阳”等主题的亲子活动，有培养未成年人爱国爱党情怀的“七一童心向党”“八一献礼最可爱的人”等党史学习教育活动，也有增近亲子关系而设计的“动静结合新年运动会”阅读活动。在实施此项阅读活动中，我们着重在“花样”和“亲子”上下工夫，活动形式不拘一格，活动内容、活动空间不设限，但在参与人员上始终如一地要求家长陪同。“花样”的阅读形式立刻吸引了大量未成年人的参与，也相应“带动”了一批忠实的家长朋友的参加，家庭阅读氛围得到了较大的提升。截至 2020 年 12 月，“花样阅读”活动已开展有 42 期，接待读者人数达 3 000 人次。

3 简述本地未成年人阅读推广存在的问题

3.1 分级阅读指导缺乏

未成年人是一群特殊的读者群体，他们正处于一个特殊的年龄阶段，集中力不够，学习认知能力不一，需要图书馆员根据未成年人的年龄、知识储备、认知能力开展针对性的阅读指导。2016 年国家新闻出版广电总局发布的《全民阅读“十三五”时期发展规划》明确提出，公共图书馆要借鉴国外先进的阅读能力测评体系，结合我国不同年龄段儿童生理和能力特点设计可显著提高智力、心理与认知能力的中国儿童分级阅读标准。李坦、杨媛、邵璐等人认为未成年人按年龄阶段分级应分为 0 ~ 3 岁、4 ~ 7 岁、7 ~ 9 岁、9 ~ 12 岁、12 ~ 14 岁、14 ~ 17 岁。各年龄段的未成年人对书籍的需求不同，应进行有针对性的指导。但在实际工作中，往往忽视了开展分级指导的阅读活动或者存在分级不细致的现象，例如我馆在对 0 ~ 3 岁的儿童就缺少相应的阅读活动的开展和指导。

3.2 图书馆阅读推广内容亟须优化

随着数字化时代的高速发展，越来越多人选择线上阅读方式，这样的方式可以快速获取资讯，但是由于缺乏系统深入的研读，往往会让人有一种“知其然，不知其所以然”的感觉，这种不完整、零散式的阅读方式，显然不能满足嗷嗷待哺的未成年人。所以，家长仍愿意带少年儿童到图书馆来，因为图书馆可以营造一个良好的学习氛围，能为少年儿童带来系统的深入的阅读体验，帮助其构建完整的知识储备体系。阿根廷作家博尔赫斯曾说过这样一句名言：“我一直在暗暗设想，天堂应该是图书馆的模样。”这也是读者赋予图书馆的幸福美好生活的愿望。因此，我们希望当读者踏进图书馆的那一刻开始，就感受到图书馆员提供的帮助读者改善提升阅读行为的便捷服务，帮助读者高效利用图书馆资源的方式方法，从而提升其对图书馆的认知和评价。在开展少年儿童阅读推广活动中，为他们提供优质的阅读推广内容，将是我们工作的出发点和落脚点，引领和帮助未成年人发现读书的乐趣，发现自己喜欢的阅读领域，将是我们工作的宗旨目标。为此，我们应在提升服务品质、丰富阅读内容上创新思维、攻克难关。目前，我馆在阅读活动的开展上仍存在推广内容系统性不强、专题提炼不够的情况，与当代未成年人知识架构和旺盛的知识需求不相匹配的情况。

4 未成年人阅读服务的几点建议

4.1 坚持以本位理念开展未成年人阅读

儿童本位这一概念产生于文艺复兴时期，16 世纪捷克教育学家夸美纽斯、18 世纪法国启蒙思想家卢梭、19 世纪末 20 世纪初美国教育家杜威也提出了以“儿童为中心、以儿童为本”的概念。以儿童为本就是要充分了解儿童的理念、顺应儿童的天性，立足于儿童立场、满足儿童的需求。在阅读推广中，我们应秉持这一理念，将未成年人作为活动的主体，通过制定翔实的分级阅读指导策略，设计出符合未成年人切身利益的活动，从而提升公共图书馆的服务效能。

4.2 坚持供给侧改革理念提升阅读服务水平

美国著名研究馆员南希·珀尔曾说过：“当读者向图书馆员询问自己接下来该看什么书时，图书馆员应该设法向他推荐三本书：第一本应与读者喜爱的书非常相近；第二本要与读者喜家的书有少许差别，略有延伸；第三本是彻头彻尾延伸的图书。

这种书不是小说，读者永远不会自己找来看。”要做到有针对性地提供阅读推广服务，首先就要求图书馆员要学会观察、耐心倾听，不断提升自身素养，会读书、善读书，充分了解认清未成年人的阅读需求，而不是机械地“为人找书”。其次是深挖本馆资源，设计出可连续、有特点的阅读活动，推出有针对性的推荐书目、个性化的阅读推广服务，满足未成年人的精神文化生活诉求。

4.3 以创新实干精神打造新时代下的阅读服务

今年是我国全面建成小康社会、实现第一个百年奋斗目标之后，乘势而上开启全面建设社会主义现代化国家新征程、向第二个百年奋斗目标进军的第一个五年，也是社会主义文化强国建设的关键时期。文化和旅游部印发的《“十四五”文化和旅游发展规划》指出，文化产业应立足新发展理念，构建新发展格局，以文化创意、科技创新、产业融合催生新发展动能，提升文化产业整体实力和竞争力。面对新时代新形势新挑战，笔者认为图书馆创新未成年人阅读服务，可以从以下几点着手。一是可以结合数字化服务推进未成年人阅读服务智慧化。实施“互联网+全民阅读”“互联网+中华文明”等线上服务，推动未成年人服务走上“云端”、进入“指尖”，丰富未成年人阅读活动载体，突破开展未成年人服务中的空间和时间的限制。二是充分利用公共阅读空间开展活动。按照《彭州市幸福美好生活十大工程 2021 年工作计划》工作安排，我市将在“十四五”期间打造 25 个公共阅读空间，基本建成“15 分钟公共文化服务圈”，提升彭州旅游的内涵品位、精神价值和人文含量。图书馆也将积极响应乡村振兴战略，结合文旅融合大繁荣大发展理念，在旅游景点和特色民宿等地积极建设特色馆外阅读空间，推进公共文化服务均等化、标准化、品质化、智慧化。结合阅读空间的建设，未成年人阅读服务可以结合拓宽眼界“走出去”互联互通“手拉手”等形式多样化开展，以“非遗+旅游”“文博+旅游”打造研学体验路线，推动文旅融合，丰富阅读活动形式，扩大公共文化服务半径，让未成年人享受更加充实、更为丰富、更高质量的精神文化生活。

5 结语

开展未成年人阅读服务有助于进一步培育和践行社会主义核心价值观，帮助未成年人树立正确的三观，引导其养成良好的阅读习惯。作为新时代图书馆人，应当锐意进取、发扬敢于创新、敢于胜利的优良传统，立足本职工作，打造全民阅读新时代，推进公共文化服务品牌化、专业化、国际化，建设幸福美好生活家园。

参考文献

[1] 陈晨艳. 关于公共图书馆儿童读者服务的几点建议[J]. 兰台内外，2020（32）.

[2] 第十八次全国国民阅读调查成果发布[EB]. https://www.sohu.com/a/462577763_120060294，2021-04-23.

[3] 李坦. 少年儿童图书馆分级阅读的实践与思考[J]. 河南图书馆学刊，2019(6).

[4] 杨媛. 分级视角下少年儿童图书馆阅读推广调查与分析[J]. 晋图学刊，2019（4）.

[5] 邵璐. 少儿图书馆分级阅读指导的现状与策略研究[J]. 科技视界. 2020（29）.

[6] 林元春. 碎片化阅读时代优化图书馆的阅读推广工作[J]. 兰台内外，2020（34）.

[7] 王春雨. 儿童本位理念下的绘本阅读推广研究[J]. 河南图书馆学刊. 2020（10）.

[8]“十四五”文化和旅游发展规划[EB]. http://www.gov.cn/zhengce/zhengceku/ content_5615106.htm, 2021-04-29.

“阅读+”活动开展与空间打造
——以金堂县图书馆为例

唐倩

（金堂县图书馆，四川成都，610400）

【摘　要】在电子阅读迅速发展的大背景下，公共图书馆应主动从单一的借阅服务向全方位、多层次、多元化服务模式转变。一是灵活运用“总馆+分馆+城市阅读美空间（城市书吧）+服务点”的框架部署，坚持公共服务普遍均等原则，加快构建文化资源共建共享；吸收企业、学校等其他系统图书馆加入的区域图书馆网群，着力打造“书香金堂、全民阅读”品牌；建设图书馆分馆和阅读推广服务点，以求达到丰富文化内涵、推广全民阅读的良好氛围。二是不断推出内容丰富、形式多样的阅读服务活动，吸引广大读者进入图书馆、爱上图书馆。三是通过对阅读空间的进一步打造和提升，融入本土文化元素，形成地方特色，优化功能分区，最大限度吸引读者。

【关键词】公共服务；全民阅读；空间打造

1　引言

为了不断提高读者阅读能力，激发读者阅读兴趣，丰富读者的业余生活，金堂县图书馆通过新时代文明实践中心打造和阅读特色品牌活动，硬件设施改善和服务双管齐下，通过“阅读+”活动开展与空间打造，全面提升阅读服务质量。不仅能让读者获取到有用的知识，还有助于他们树立正确的价值观和人生观，同时采取线上线下相结合的模式、直播互动的形式，吸引读者参与性、互动性，让“全民阅读”成为“全民悦读”。

2 “阅读+科普”，拓展全民阅读广度和深度

金堂县图书馆通过开展科普体验、科普展览等系列活动，引导青少年形成学科学、爱科学、用科学的良好习惯，同时营造喜欢读书，享受读书，珍惜读书的良好氛围。

2.1 开展各类科普活动

金堂县图书馆积极开展各类科普活动，以图书馆青少年读者为主要服务对象，以科普阅读为主要内容，让青少年学习趣味科普知识的同时，激发阅读兴趣。先后开展了“阅读新视野、科普新体验”线上直播活动、VR 体验活动、科普展览活动、人工智能科普培训讲座、健康知识讲座等。线上直播活动拉近了读者和图书馆的距离，互动的方式让读者足不出户轻松吸收科学知识。VR 体验活动通过 VR 虚拟现实内容，把图书中的平面知识变为立体、形象，身临其境的趣味体验，让读者在体验的同时观看视频，感受前沿技术的魅力，体验奇妙的数字世界。科普展览活动可以让小读者们切实地学到有用的科学知识。此外我们还与四川西南航空职业学院合作开展乘机安全应急科普体验活动，邀请金堂县医院共同开展儿童心理健康知识讲座、爱眼护眼知识讲座等。

2.2 设置科普读物专区

金堂县图书馆在二楼设立专区，陈列科普读物，如海洋、宇宙、自然科学、生物科学方面的书籍，进一步满足少年儿童对科普知识文化的阅读需求。

2.3 建立科普体验馆

科普体验馆由金堂县图书馆与金堂县科学技术协会共同成立，以体验科学为主题，设置了 10 个主题展区、40 余件互动展品，为公众提供了参与科学实践的活动场所。

2.4 “阅读+分享”品牌活动，丰富全民阅读内涵

金堂县图书馆“阅读分享会”以“阅读”和“分享”的形式，每月定期举办一次，每次选定一本书作为当月阅读分享的主题，打造“阅读分享会”品牌活动。开展各类线上活动，如“得知识闹元宵”主题活动、“悦读・悦听・悦览 码上同行”系列阅读推广活动、“线上”作文编辑活动等。

广泛联合社区共同举办各类公益活动，如禁毒知识宣传、防疫知识宣传活动、倡导使用公勺公筷活动、群众文化艺术进社区公益培训活动等。深入富康小区党群之家建立图书角，开展图书捐赠活动。

线下活动开展以文学类为主导，并包含文化艺术类活动、健康知识普及等。如邀请著名作家裘山山到金堂县图书馆开展《雪山上的达娃》读者见面会。承办第十八届全国民间读书年会金堂分会场——纪念流沙河先生主题活动。联合金堂县作家协会开展讲新时代故事，做新时代公民读者活动。读书月系列活动之书香金堂阅行阅美阅读推广活动、《金堂续志》新书发布分享会等。艺术类活动包括：如何欣赏中国画公益讲座、戏剧小品编创进军营公益讲座、“翰墨历程”书法作品展、2021 成都百万职工技能大赛——金堂县迎新春职工美术技能比赛等。

形式多样、内容丰富的各类公益性活动让图书馆“活”起来，为群众带来更全面的公共文化服务。

3 “阅读+党建”活动，树立文化自信激发爱国情怀

为聚焦中国共产党百年光辉历程和伟大成就，向中国共产党建党 100 周年献礼致敬，丰富全民阅读推广方式，金堂县图书馆开展了纪念建党 100 周年系列阅读活动。

3.1 举办小小红色讲解员活动

金堂县图书馆拟联合成都故事人社会工作服务中心开展以“讲红色故事，推红色文化”青少年爱国主义教育主题活动，培养小小红色讲解员深入社区、乡镇、学校等开展红色故事宣讲，通过分享红色历史、讲述红色人物故事，让更多的青少年了解红色故事，激发青少年的爱国之情，并引导广大青少年正确认识历史和现实，增强爱国情感和历史责任感。

3.2 开展党史专题公益性讲座

结合建党 100 周年活动开展党史知识的公益性讲座，是对青少年进行爱党、爱国、爱社会主义教育的重要契机。通过讲党史、讲军史、讲祖国发展史、讲中国精神，让青少年深刻领会中华民族“站起来——富起来——强起来”来之不易，让青少年受到心灵洗礼，树立为中华民族伟大复兴而努力学习的坚强信念。

3.3 进行美术类公益巡展

金堂县图书馆携手“壹悦书吧分馆”，围绕“童心向党致敬百年”主题，举行建党 100 周年青少年儿童主题绘画作品展览。本次活动中，孩子们紧扣“爱党、敬党”主题，充分发挥想象力和创作能力，以“儿童视角”展示出了热爱祖国、热爱党的真挚情感。一勾一勒，一色一墨，描绘出一幅幅生动活泼，充满童趣的绘画作品，充分展现了扎实的绘画基本功，提升了发现美、表现美、创作美的能力。

4 以新时代文明实践活动中心建设为契机美化阅读空间

利用打造新时代文明实践活动中心的有利契机，金堂县图书馆进行了空间打造。对一楼公共空间进行美化、改变了以往刻板单调的图书馆形象，在楼梯两侧的空白墙面进行美术创作，并融入流沙河、贺麟等金堂本地名人名家文化元素，美化空间的同时也起到提高公众知晓度、弘扬本土文化的作用。金堂县图书馆三楼分别打造 4 个培训室：“悦读空间”（悦天地）、“饮茗品书”（品百书）、“书画之源”（笔生花）、“文创天地”（巧人家）。四个功能室分别承担了不同的功能，各具特色，达到美化图书馆的作用，符合新时代图书馆发展的需要。

“悦读空间”（悦天地）主要为读者提供舒适的阅读环境，为文学沙龙、诗歌朗诵、诗词分享等文化活动提供场所。阅读分享将成为社交新的选择，有利于构建新型人际关系，推动书香社会的建设。

品百书其功能及意义在于体现中国茶道文化和相关中华优秀传统文化，如古筝、古琴等，发扬中华传统美德，展示文化艺术，修身养性，陶冶情操。 近期开展了养生基础知识讲座、女职工分享交流会等活动。

笔生花其功能及意义在于为文人雅交流、探讨、创作提供场所。通过书画这种集高雅、艺术、休闲、放松于一身的艺术，有利于培养人们的良好心态，个人修养，也对提升艺术才华和自我价值有着不可替代的作用。金堂县美术协会、金堂县书法家、金堂县文联长期在这里进行合作交流，为群众带去一场场公益性培训、讲座，如公益性美术培训、书法基础知识讲座等。不仅为文人雅士提供优美的创作环境，还有利于整合资源提升公共文化服务质量和水平。

巧人家为有创新思想的读者群体提供舒适的创作空间。以此来努力推出文创作品。现在已经联合本土文创工作室“青年之家”推出版画、扎染、陶艺、雕塑等一系列活动。

通过空间打造金堂县图书馆从以往单一承担借阅服务功能向全方位、多层次、多元化公共文化服务功能转变，是适应“十四五”时期公共图书馆转型与创新的必然转变，也是在“成渝”双城经济圈、公共图书馆协同发展的背景下发展自身特色必然要求。

5 结语

作为县级公共图书馆，金堂县图书馆不断加强县科学技术协会、县作家协会、县书法家协会、县美术协会的合作交流，全方位整合资源进一步加强对区域内文化活动、文艺创作、送文化下乡以及公共阅读资源等方面的统筹；加快建立公共文化志愿服务公益培训团队，多元化开展阅推广读、书画、声乐、文学、文创等公益免费培训；多层次地协调各类社会力量，如文创工作室、书吧、读书团体、各类图书角，联合图书馆分馆将基础服务延伸到了更广阔的社会领域，拓展了图书馆的服务范围，惠及更多群众。

参考文献

[1] 李红. 全媒体时代公共图书馆开展青少年阅读推广创新研究[J]. 图书馆工作与研究，2019.

[2] 刘艳. 江西省图书馆打造“第三空间”的探索和实践[J]. 河南图书馆学刊，2014.

图书馆少儿阅读的服务转型与创新

黄玉珠
（成都高新区巨力文化服务中心，四川成都，610100）

【摘　要】 近年来，我国全民阅读的氛围日益浓厚，少儿阅读的需求不断提升，少儿图书馆事业进入了快速发展和壮大的时期。少儿阅读对儿童的身心发展、素质提高和社会主义精神文明建设有着重要的推动作用，图书馆作为儿童阅读推广的重要阵地，需要结合新时代“平等、共享、融合、智慧”的科学理念，通过优化图书选择，深化少儿电子服务模式和服务特殊群体，开展亲子阅读、特色阅读活动等多方面组织教育培训与活动，实现少儿阅读工作的服务转型和创新。

【关键词】 图书馆；少儿阅读；服务转型与创新

发展教育要从娃娃抓起，这是现实，也是当务之急，因为孩子的初期教育会影响孩子的一生。少年儿童是我们的未来，他们的文化素质代表着我们未来的发展，儿童时期是孩子良好习惯形成的关键期，同时也是孩子各项能力发展的黄金时期。通过阅读，能把孩子带入一个奇妙而美丽的图书世界，不仅从书中得到童年的欢乐，也能在阅读的同时丰富知识，提高观察力、理解力、想象力，树立正确的人生观和价值观。对儿童阅读越加重视的今天，图书馆的儿童阅读服务工作也需要与时俱进，结合新时代“平等、共享、融合、智慧”的科学理念，充分理解少儿阅读的重要性，积极实现少年儿童阅读工作的服务转型与创新。

1　少儿阅读服务的转型

1.1　帮助孩子形成阅读习惯，树立正确的观念

“全民阅读”已经连续 6 年写入政府工作报告，李克强总理也指出：“一个国家养成全民阅读习惯非常重要，这与公共图书馆的普及密不可分”。帮助孩子从小养成阅读的习惯，不仅为其以后的文化学习和知识积累打下了坚实的基础，也是孩子将来信息获取、知识累积、提高能力的一种重要途径和手段。

阅读是学习的基础，是形成正确的世界观、人生观和价值观的重要途径。人的阅读能力往往决定了他的学习能力，同时也是未来成功从事各项工作的基本条件。所有知识的学习都是从基础的阅读开始，即使再高深的理论，都必须以语言和文字的形式来呈现出来，并通过阅读来学习，这也彰显出阅读的重要性。图书馆作为少年儿童提高阅读水平的重要场所，在教育培养和阅读指导发挥着重要作用，尤其对于祖国未来的发展和新一代人才的成长发挥着不可小视的作用。

中国有句古话："五岁成习，六十亦然。"对人的一生来说，人格的形成是从小塑造并基本定型的，且定型后很难纠正。 研究表明，孩子的品格教育在六岁前就已经基本完成。儿童阅读会使他们向书中优秀人物学习，在生活中会不自觉以其为榜样并努力向其学习。因此儿童时期是人格塑造的基础，是进行品德教育的重要时期，也是良好心理品质形成的最佳时期。

1.2 促进全民精神文明建设，帮助少儿健康成长

习近平总书记指出："社会主义精神文明建设要从基础抓起，从儿童抓起，从青少年抓起。要从培养未成年人的爱国情感、远大志向、文明习惯、良好素质等这些基本工作做起，真正把它作为精神文明建设的重中之重。"少年儿童是党和国家的未来。图书馆担负着社会主义文化和精神文明建设的重要任务，更要切实做好儿童阅读工作，帮助青少年形成正确的人生观和价值观。

2 少年儿童图书馆阅读服务的创新内容

2.1 拓展儿童阅读资源，优化少儿图书的转型

作为儿童阅读资源的专业提供机构，图书馆要把好儿童读物选择的第一关，实现从帮助少儿读者"选书"到"选好书"的转型，"好书如灯塔，书好比暗礁"。选书是阅读活动的起点，在这个纷繁、复杂的多元化发展的时代，知识爆炸，媒体繁多，获取信息的手段多种多样，阅读的途径四通八达。学会选择，学会辨别非常重要。儿童选书的范围自然取决于他们手中能拥有什么书籍，这主要依赖于成年人。因此，成年人如果不能帮助儿童正确地选择图书，势必将影响儿童的阅读兴趣乃至身心健康，图书馆作为书籍的大本营和社会主义精神文明建设的推进者，需要为广大儿童的阅读之旅把好起点这一关，结合先进的儿童教育理念，创新优化儿童阅读资源的选择。

2.2 发挥数字网络优势，推动阅读服务创新

随着信息时代的到来，互联网应用更为普及，而互联网的优势发挥也体现在图

书馆阅读服务中，图书馆的数字化转型为阅读服务创新提供了新思路。少儿图书馆不仅要有传统的纸质文献，还要结合网络信息资源，为少儿更加全面便捷地获取知识。积极共享相关网络资源，扩展网络服务，网络阅览、借阅等，丰富少儿阅读内容。同时，要根据少儿的特点建立特色数据库，实现馆藏资源的多元化。根据少儿读者的年龄范围划分层次，如学龄前，小学阶段，中学阶段。根据不同年龄段的少儿读者的心理特点、认知能力来进行细化，建设少儿数据库。

2.3 特殊群体的少儿阅读服务

在少儿阅读服务中，我们还有一群可爱的特殊阅读者，如残障少儿，留守少儿。据统计，到 2021 年我国视力残疾人数将为 2013 年的 4 倍，即将达到 5000 余万。少儿盲人对动画片、神话，童话故事最为感兴趣，对文献的载体要求一有声读物为主。这是现实的需求者，图书馆有义务为他们发声，提供一个爱心专区，为他们提供一个学习知识的场所，打开他们心灵视野，让他们感受到社会、国家的关爱。同时留守儿童在我国也是一个庞大的群体，我们应组织关爱留守儿童阅读服务，到少儿馆学习，读书，提供他们所需的图书资料和有声阅读方式，组织活动表达对他们的关爱，让他们的心灵感到温暖，也让他们有良好的思想道德及学习知识的机会。

2.4 积极推行亲子阅读，创办家庭阅览室

阅读是儿童了解社会与获取经验的重要方式，有效的阅读可以扩展幼儿知识和锻炼幼儿的思维。亲子阅读在书本媒介下通过家长与孩子共同进行的阅读活动，不仅提高了孩子阅读、分享、互动的兴趣，而且可以更好地培养儿童的思维与语言能力，促进少年儿童的阅读能力快速发展。现代儿童教育心理学研究表明，亲子阅读比儿童单独阅读的效果提高 50%以上，亲子阅读不仅能培养孩子的阅读兴趣和阅读习惯，提高阅读能力，更能够促进父母与孩子之间的情感交流，帮助父母及时了解孩子的心理活动，进行积极的正面引导，可以让孩子深切体会到父爱、母爱的温暖，促进儿童的身心健康和人格培养，这也是图书馆儿童阅读服务的目的和初衷。

图书馆可通过开办家庭阅览室，为父母和孩子独立提供一个有声的阅读环境，既不影响大龄读者安静的阅读习惯，也能为亲子阅读提供良好阅读氛围，研究表明，儿童阅读从倾听开始，孩子起始的阅读兴趣和优秀的阅读习惯源自倾听。一个从小倾听着父母阅读的孩子，走进学校和课堂后，也会很专注，同时因为善于倾听，他的信息储量、语言能力、思维方式都会大大超越那些不愿倾听的孩子。

图书馆也可以通过举办家庭读书活动，在孩子和父母共同读完一本书后，形成读书小组，让孩子们相互交流读书乐趣，这本书讲了什么，在书中学到了什么，还可以引导孩子阅读相关系列的书籍，将几本书中的人物事件进行对比等。这些延伸

拓展，在增强孩子阅读能力的同时，还提高了孩子的语言表达能力和社会交往能力。

2.5 推广儿童特色阅读活动

优化馆藏资源，开展阅读指导，高质量的藏书是开展阅读服务的强有力保障。图书馆少儿借阅室应根据不同年龄的借阅需要，构建适合于少儿读者的文献体系，丰富少儿读者活动，提高少儿读者的素质。

同时，我馆每年都会组织多种形式的少儿活动，例如有知识竞赛、“悦读童年”读书会、每天的新书推荐、驿图在线建党 100 周年、党史百年天天读等线上活动。“知识因传播而美丽”，图书漂流既是文明美丽的奇特之旅，也是一种传播快乐、知识和诚信的阅读游戏。去年，由于疫情原因，全国人民宅家共渡难关之际，我馆线上服务永不停摆，实施闭关不闭网。读者关注我馆的微信公众号，就能足不出户的观看由成都图书馆举办“锦城讲堂”老师们的公益讲座，满足了不同层次读者的精神需求，也受到社会的认可和市民热捧，成为成都市民精神生活不可或缺的文化盛筵和知名文化品牌。去年五月，我馆开展了以“感悟阅读之美，书香飘逸龙泉”为主题的图书漂流活动，取得了良好的读者反响。今年线下我馆增加森林少儿屋电影课堂，七月我馆继续开展“义务小馆员”活动，让小读者亲身体验图书馆工作，参与日常读者服务，学习书籍分类方法培养服务社会的意识，提高了小读者们充分利用图书馆的意识与能力，度过一个有意义的暑假！活动秉承“分享、信任、传播”的爱心理念，这不仅是书的旅行，更是爱心和文明的传递。

3 结语

综上所述，少年儿童是祖国的未来，民族的希望，少年儿童阅读服务指导工作必须深入下去，并不断地强化。儿童阅读关系到国民素质发展和国家未来的希望，图书馆作为儿童阅读推广的重要阵地，图书馆要发挥其主导和引领作用，汲取先进的科学理念，实现儿童阅读服务的转型和创新少儿图书馆作为专业。为青少年服务的图书馆，应该更好利用优势资源，开拓创新，与时俱进，把培养青少年对传统文化的兴趣爱好引入日常工作中，并形成长效机制，充分利用传统文化优势学科，深入开展中华优秀传统文化教育教学研究，为中华优秀传统文化教育做出自己的贡献。

参考文献

[1] 王新利. 我国儿童分级阅读存在的问题及对策[J]. 图书馆，2016，2(116).
[2] 王莉. 儿童阅读与服务转型、创新[J]. 基层建设，2019(12).

浅析公共图书馆与中小学图书馆的合作共建

蒋素芳

（成都高新区巨力文化服务中心，四川成都，610100）

【摘　要】合作共建，不仅能实现资源共享，提高馆藏利用率，更能改变中小学校园图书馆现状；适应新常态，抓住新机遇，迎难而上，奋发有为，推动中小学图书馆高质量发展，力争为书写好教育的“奋进之笔”做出新的贡献。

【关键词】公共图书馆；校园图书馆；合作共建

1　校园图书馆与公共图书馆

1.1　校园图书馆现状与思考

中小学图书馆是我国建馆数量最多的图书馆之一。但由于经济发展、教育资源的不平衡，导致多数的校园图书馆形式大于真正的意义。更甚在经济相对落后的一些地区是没有校园图书馆（室）。没有专项经费、没有专职人员管理、馆藏量小且图书类别少等等都是校园图书馆现下存在的问题。设施不完善、资源单一，无法满足孩子的阅读所需，不能及时更新、增添资源是城镇中小学校园图书馆存在的问题；城区中小学校园图书馆建立相对完善，资源丰富，资金充足，每年都及时增添新书，但又会出现资源堆积、浪费问题。

让资源流动起来，满足自身需求的同时，也让他人受益是最行之有效的办法。

学校除了校图书馆，可能每个班级还会有图书角，书籍多是由学生带去的，大家相互借阅，可以促进孩子们之间的交流，也能带动阅读，像课间如有一个孩子主动拿书阅读，那肯定会有第二个。校园图书馆与公共图书之间也可以创建这样的“关系”，让馆、校资源流动起来，形成良好的循环，即解决校园图书馆问题，也让公共图书馆得到更大的利用、更广泛服务于公众。

现在，社会基础阅读设施更加完善，阅读的内容供给也日益丰富。农家书屋、社区书屋、乡镇综合文化站、阅报栏等规模、数量不断增加。目前，全国所有有条件的行政村都建设了农家书屋，基本上实现了村村有书屋。[1]但实际上，一些书屋却没有被真正使用起来，一方面是人民群众自身原因，另一方面，则是农村书屋没有专人管理。中小学图书馆的建设，并不仅限于在校内设立。让社区书屋、农家书屋、乡镇综合文化站与校园图书馆结合，既解决社区、乡村图书馆的管理人员问题，又能改变学校图书馆的现状，同时实现了资源最大化利用。

1.2 公共图书馆与校园图书馆在寒暑假的现状

第 25 个“世界读书日”，教育部基础教育课程教材发展中心发布了最新研制的中小学生阅读指导目录 2020，推荐图书共 300 种；这个目录也将动态调整更新。每个公共图书馆一到寒暑假借阅量最大的就是推荐阅读书目，馆藏不足所需。我们不禁思考，推荐阅读的图书是很有必要的，但是否可以错时阅读？不集中在假期，以此减轻对某些书的需求。这也是一种充分利用资源的一种方法。而寒暑假期间，校园图书馆是闲置的，这是一种资源浪费。那是否可以让假期里的校园图书馆“活动”起来？多数学生的家离学校近，如假期校园图书馆对外开放，相信很多学生都愿意到校园图书馆阅读、自习、学习。学校比任何地方都更具学习氛围，对自控力较差的小学生来说，在学校学习比在家里学习更专注用心。而且校园图书馆相较公共图书馆和社区图书室，有一显著特点，校园图书馆的现刊、图书更偏向“教育”方向，这于家长是一个福音；家长有机会接触孩子的校园环境，还能透过最专业的教育者去学习如何教育，提高家长的家庭教育水平，这也是“家校共育”的新思路。校园图书馆对外开放，还可以改观学生对学校的认知，多数学生认为学校是学习的、老师是严肃的、在校就要认真刻苦，假期和父母一起在校园里看看书、带父母在校园内走一走、聊一聊学校的人和事，这时候的校园则更像具有浓厚文化气息和氛围的“图书公园”，让人惬意。

2 公共图书馆与校园图书馆作的重要意义

2.1 合作共赢

公共图书馆、校园图书馆各具优势，各负使命。在人员、经费、馆藏等有限的情况下，双方合作、资源共享，带来的是互利多赢。一是能充分利用馆藏、资源，发挥教育功能吸引更多的师生、家长利用图书馆，扩大公共图书馆的影响力、服务覆盖面。二是经济的不均衡导致教育资源不均衡，我国尚未实现校园图书馆全覆盖，特别是农村、城镇中小学。即使有，也存在馆藏少、质量差、资源久远等问题，合作共建可解决以上问题，让每个孩子都能享受好的资源，这也是公共图书馆为未成年人服务的有效途径。三是公共图书馆与多个校园图书馆合作可以让资源流动起来，可以促进校与校之间的交流、各校学生之间的精神交流。校园图书馆服务能力的提升能改变中小学校园图书馆在学校中的附属地位，加进中小学图书馆的发展与建设。《中小学校图书馆宣言》中，我们将以贯彻《中小学图书馆(室)规程》为契机，适应新常态，抓住新机遇，迎难而上，奋发有为，推动中小学图书馆高质量发展，力争为书写好教育的“奋进之笔”做出新的贡献。

2.2 培养未成年人的阅读习惯、利用图书馆的习惯

党中央、国务院高度重视全民阅读。“全民阅读是一项培育国民阅读习惯的长期工程，营造‘人人想读书、人人能读书、人人读好书’的书香氛围，需要各方面共同努力。爱读书要从娃娃抓起，从源头做起，帮助更多青少年从小养成阅读习惯，真正在阅读中找到乐趣。”馆校合作可以为孩子们提供更好的阅读资源与阅读教育，有利于培养他们的阅读习惯，提高阅读素养。同时，公共图书馆与中小学图书馆合作，能从小培养学生利用图书馆资源和服务进行学习和研究的习惯，为其终生学习和探索创新打下良好坚实基础。

2.3 提高信息素养，协调数字阅读和传统阅读的关系

数字阅读开创了一个非纸质的新的阅读媒介，是时代的进步。2020 年我国 0～17 周岁未成年人数字化阅读方式接触率为 72.3%。面对网络信息的良莠不齐，馆校合作可以为孩子提供良好安全的信息环境，规避网络负面，优化资源质量，减少无用资源，避免数字阅读的随意性、盲目性；引导未成年人以正确的态度、健康有效地开展数字阅读。提高信息素养，协调数字阅读和传统阅读的关系，这也是新时期图书馆服务的重要使命。

2.4 分级阅读指导和推广

中小学阶段，有计划、有目的读书，培养良好的阅读能力，对孩子的成长与发展起着至关重要的作用。阅读是每个人自我提升的重要方式，在学校教育和社会教

育中占有重要地位。公共图书馆和学校同样担负着学生阅读指导、培养学生阅读兴趣、提高学生阅读能力的重要使命。馆校合作，既提升了阅读指导的效果，又提高了阅读推广的力度。

3 合作形式、途径与方法

3.1 合作经验与尝试

在国外“结合图书馆”的基本原则是共享资源、共筹资金、兼顾双方。例如，澳大利亚，建立了许多“学校-公共馆”联合体，加入澳大利亚图多馆网的中小学不断增加，仅南澳大亚就有44个联合图书馆，其中还专门建立了许多社区机构和学校、公共图书馆的“学校-社区”中心，每个州和地区有一个中心馆支持中小学馆的工作，大多数州还有本地图书馆顾问，为学校提供相关政策及广泛的信息服务。

在国内，2003年青岛市南区中小学馆向社会开放，成立社区阳光图书馆。青岛市实验小学实行校长直接领导下的馆长负责制，并配专职人员一名，兼职教师及社区教育义工数名，定期发布新书信息；与社区合作，开办儿童学习中心、课后作业辅导班与读书会等服务。四川巴中市图书馆也与当地三所学校的合作，由学校提供场地设备、专职人员，图书馆提供书刊资料，进行业务辅导、指导阅读，并协助开展主题读书活动；三个分馆的图书定期轮换递增，确保新书上架率。实现校馆合作后，巴州区第三中学的图书馆持证者达2300多人，学生读者1800多人，教师和周围社区读者250多人。

3.2 理顺双方关系，做好前期调研，确定合作方式

学校和公共图书馆分别隶属于教育系统和文化系统，双方合作需要上级部门支持及各方积极参与、协调。合作应基于互惠互利、自主自愿的原则，合作形式可分为简单型、选择型、完全型。

简单型，适合软硬件较强的图书馆与学校，保留原有的特征与服务方式，同时供双方使用；选择型，适合中等水平的图书馆，两者相互学习，根据需求整合原有的管理模式，取长补短；完全型，适合经济落后的乡镇学校、公共图书馆地区，对资金、人员、馆舍、藏书等方面进行彻底融合，馆舍可安置在学校旁边，合二为一，即可做校园图书馆也可做公共图书馆或社区图书室。双方明确各自的优缺点，再对各自潜在读者群进行调研，选择合适的结合类型，确保合作的针对性、有效性、可操作性。

3.3 明确职责，签订协议，制定科学规范的管理体系

公共图书馆与学校双方合作共建，应签订协议，以书面形式确认双方的责任、权利与义务。合作涉及多个学校，对于资源调配、流转等问题，应从公共图书馆及各校间抽调人员成立委员会、上级部门应安排专项负责人协助进行监督管理和协调，确保沟通顺畅、合作顺利。根据合作程度制订工作指南、评估与解决问题的守则，建立数字化信息管理平台，各单位可随时了解、交流资源信息，科学设置业务流程、合理配置资源。依据合作形式，制定科学、规范的管理体系，是合作共建最坚实的基础。

3.4 人员管理

图书管理员应进行专业培训；制定相应的管员责任制度。公共图书馆应利用其专业优势对校园图书馆进行指导、专业培训，利用共享平台设立沟通、解疑的论坛。校园图书馆的管理员也应改变资源独享、单纯为本校师生服务的观念，加强学习，提高业务水平，以更加专业的面貌服务于大众。

3.5 开展形式多样的服务工作

馆校合作，可以开展形式多样的推广活动，更有效的推广“阅读”，加强宣传，引导广大群众养成利用图书馆的习惯，如读书交流会、知识竞赛、新书推荐、阅读辅导、学习信息交流会；也可馆、校、社区联办，如家庭教育、心理教育、普法教育、书画展等等。三方强强联合，开展不同主题的活动，更广泛服务于不同群体、不同需求的读者。

3.6 以龙泉驿区图书馆为例

以龙泉驿区图书馆为例，由区文化区、教育局牵头，龙泉驿区图书馆为主导开展工作。可先选择 3～5 所小学作为试点，之后再总结经验，完善流程与细节；试点学校应选择城乡中小学，因为目前最需要改善、资源最匮乏的就是城乡中小学。图书馆应成立专项小组，前期应由教育部门协助做好调研工作，如各所小学的资源量、资源分类、学校师生所需资源等；就合作形式，馆、校应达成一致。图书馆结合调研成果，出具方案；双方就方案展开讨论，定案；方案中应有各种情况说明及对应处理方案，之后对接环节出现的情况应出具补充方案；双方应签订合作协议。校馆选址应尊重校方，就馆内建设图书馆给予专业建议与指导；校馆图书管理员应集中由公共图书馆做专业培训再上岗。整合原有资源后，结合各个学校需求，购进所需

资源，之后做好资源分配与协调。整个合作最重要的环节是资源流转，依据方案各学校要定期流转，流转资源的数量、种类、质量各校应在方案中协商一致。公共馆每年资源采购应结合校方的资源购进意见或是校方自己参与其中。整个合作流程都应有详细的合作方案实施流程及应对方法。试点效果良好，合作方案更加完善后可逐一增加合作学校，扩大合作范围。应以划片区的方式，设立“中心馆”支持、协助、协调馆校合作。

活动开展可选在寒暑假期间或应学校邀请举办，应由学校主导，公共馆配合开展。这样学生积极性、活动效果等会更显著。开展时间应符合情境所需，如假期开始时可以是阅读指导、家庭教育，中期可以是读书交流，开学前可以是知识竞赛、学生心理教育等。最大限度地让活动融入学生的学习、生活中。

馆校共建，校馆可在不影响学校的前提下，适当的对外开放，以减轻社区图书室压力和满足民众对新资源的需求。社区图书室也应支持校馆的工作开展，如活动宣传，协助活动开展等。

4　结语

双方合作共建，不仅资源共享最大化，提高了馆藏利用率，更改变中小学校园图书馆现状；强强结合，让阅读推广更有效、有力地迈进一大步；开展更多种形式的活动，不仅扩大了读者群，更提升了双方的形象；适应新常态，抓住新机遇，迎难而上，奋发有为，推动中小学图书馆高质量发展。

参考文献

[1] 牛波. 公共图书馆为未成年人服务的有效途径——与中小学图书馆（室）合作[B]. [1005-6041(2016)01-0071-04，2020-12-10.

[2] 金丽萍. 澳大利亚学校图书馆概述[J]. 中小学图书情报世界，2000（2）：33-34.

[3] 孙敏. 社区阳光图书馆开放了[EB/OL]，2008-08-03.

[4] 赵晓华. 馆校结合-图书馆利用的新探索[J]. 四川图书馆学报，2006（2）：33-34.

《儿童与家庭阅读报告（第七版）》对我国公共图书馆少儿阅读推广的启示

苟思

（成都高新区巨力文化服务中心，四川成都，610100）

【摘　要】美国在儿童与家庭阅读推广方面有较为完善的体系。本文通过研究分析《儿童与家庭阅读报告（第七版）》，对我国公共图书馆儿童家庭阅读创新服务形成启示。

【关键词】儿童与家庭阅读报告；儿童阅读推广；创新服务启示

儿童是祖国的花朵，是民族希望，阅读要从娃娃抓起。阅读推广工作的核心是创新。美国在儿童阅读推广方面有较为完善的网络，儿童家庭阅读扎根民心。他山之石可以攻玉，本文分析美国儿童及家庭阅读情况，以期对我国公共图书馆推广儿童家庭阅读创新服务有所启发。

1　《儿童与家庭阅读报告（第七版）》概述

为了探索儿童和家庭的阅读态度和行为，推动儿童阅读，全球知名童书出版、教育及传媒公司学乐出版公司（Scholastic）自 2006 年起每两年推出一版《儿童与家庭阅读报告》*The Kids & Family Reading Report 7th*（以下简称《报告》），该报告是关于美国的全国性调查，分享了关于孩子和家长以娱乐为目的的阅读、影响孩子阅读频率和阅读态度的观点。2019 年推出第七版报告，分三期发布。

此次调研由调研公司 YouGov 进行，调研结果涵盖多方面内容，围绕家庭阅读乐趣、阅读态度和行为进行讨论，参与调查的对象共 2 758 名，其中包括 678 名 0～5 岁的儿童的父母，1 040 名 6～7 岁儿童的父母。三期报告的主题分别为：暑期阅读势在必行、寻找他们喜欢的故事、朗读的兴起。

2 《儿童与家庭阅读报告（第七版）》主要内容分析

2.1 儿童与家庭阅读状况

2.1.1 儿童阅读量：儿童阅读频率

报告已经发行了七个版本，探讨了 6 ~ 17 岁儿童和少年的阅读习惯和行为。自 2010 年以来，儿童阅读频率的同比变化一直很小，儿童每周阅读 1 ~ 4 天（普通阅读者）阅读书籍的比例始终如一。经常阅读者总体呈下降趋势。而偶尔阅读者有上升趋势。从表 1 可以看出来儿童阅读频率从 2010 年以来相对稳定，但经常阅读者的比例略有下降。

表 1 2010 ~ 2018 年各阅读频率读者所占比重的变化

	2010	2012	2014	2016	2018
经常阅读者	37%	34%	31%	32%	31%
普通阅读者	42%	40%	42%	44%	41%
偶尔阅读者	21%	26%	27%	24%	28%

九岁的孩子通常上三年级，这是孩子学业旅程中关键的一年。在三年级之前达到一定阅读能力是学业成功的预测指标。报告发现，儿童以阅读为乐趣的阅读书籍频率开始下降：只有 35%的 9 岁儿童报告每周阅读 5 ~ 7 天，而 8 岁的儿童这一比例为 57%。

2.1.2 儿童读物的选择

儿童会选择哪些有乐趣但是能够帮助他们认知世界的书籍？当选择儿童读物时，许多孩子想选“好笑”的故事书，对搞笑书籍的渴望自 2016 年以来增长了 10 个百分点。而有的孩子认为搞不搞笑不重要，他们只想寻找一个好故事，这样的孩子跌了 17 个百分点。

搞笑并没那么重要。孩子们选择那些将他们与整个世界联系起来的书籍。从表 2 中可看出，孩子们更希望通过书籍探索他们从未去过的世界，也看重熟悉的话题，并且想感受和用心体会去了解别人的生活。“好故事”依然重要，孩子们需要正能量的故事作为人生榜样。

表 2　儿童挑选书籍的偏好

类型	占比
探索从未去过的地方和世界	40%
熟悉的话题	26%
帮助想象和了解别人的生活	25%
让人用心思考和感受	25%
让人暂时远离现实世界	23%
帮助激发人做善事	22%
和孩子正在经历的事相关	19%

孩子们赞同阅读有助于他们更广泛地理解他们小圈子内外的人或事，甚至有助于他们通过阅读了解自己的优缺点。74%的孩子赞同阅读小说和非小说是帮助他们了解世界的一种方式。73%的孩子赞同阅读有关时事能使人更容易谈论或理解它们。一个 11 岁的男孩说“学习不同的事物有助于提高理解能力”。53%的孩子认同阅读一本书能帮助他们战胜困难，55%的家长也觉得书籍能帮助孩子克服困难。

阅读对一个人至关重要，它为儿童提供了学术知识和与社会共情的机会，使人获益匪浅。阅读这种方式使孩子和他们的同龄人，他们的家人，他们的社区和世界联系在一起。阅读好的书籍可以帮助孩子们更好地认知事物。把他们与世界联系起来的纽带可为儿童成为终身读者奠定基础，他们将会通过阅读建立同理心，努力探索和发现世界的奇妙。

2.2　儿童与家庭的阅读行为

2.2.1　大声朗读的益处

朗读的力量是突破性的，我们朗读的时候是那么情绪高昂和兴奋。教育和医疗领域里令人信服的研究表明亲子关系以及语言和识字能力的发展的重要性。家人们也告诉我们和儿童建立联系是多么重要。家长要创造与儿童一起交谈和思考的空间，为孩子大声朗读就是一种很好的方式。

美国科学院儿科发布新指南鼓励父母从孩子出生开始就大声朗读给他们听，这样可以增进亲子关系并且对婴儿的语言识字能力有益处。2014 年的报告显示，5 岁及以下的孩子父母中有 30%在孩子 3 个月大之前就开始对着孩子大声朗读，73%

的父母在孩子 1 岁前就开始为孩子朗读。自那以后，在孩子 3 个月之前对其大声朗读的百分比上涨了 50%，其中 43%的父母从孩子出生起就对其大声朗读。

2.2.2 一起朗读增进亲子关系

一个 8 岁大的女孩儿被调研时说："爸爸妈妈和我坐在一起阅读，我们在阅读的时光中一起大笑和交谈，非常美好。"为什么朗读时间那么受欢迎?父母和孩子们说这是他们在一起的特别的时光。而这种感觉会伴随着孩子们的年龄增长，一名 17 岁的男孩分享到："这是我与父母在一起的一对一高质量时间，我们一起选择喜欢的书一起读书的记忆非常特别。"这种互动使得家人之间更加亲密。

2.2.3 对于暑期阅读家长们的认识差距

乍一看父母似乎意识到了暑期阅读的重要性，因为 94%的人同意暑期阅读对下一学年很重要。然而也有近一半（47%）学龄儿童的父母不知道"暑期滑坡"，学习技能的滑坡发生在暑期，主要归咎于缺乏阅读。自 2016 年以来家长对"暑期滑坡"的了解度增加了 5 个百分点（48%对 53%） 但是，在某些群体之间意识存在显著差异。经常阅读的孩子（每周 5 ~ 7 天为了乐趣而阅读）的父母比不经常阅读的孩子（为了乐趣阅读不超过 1 天的孩子）的父母更有可能关注"暑期滑坡"现象。值得注意的是，"夏季滑坡"是导致低收入和高收入家庭学生之间阅读成绩差距的主要因素。可见要应对暑期滑坡现象，家长得带孩子多去图书馆借书。

2.3 影响儿童阅读行为的因素

2.3.1 儿童读物的多样性具有广泛的意义和深刻的内涵

对于大多数父母和孩子来说，书籍中的多样性包括与他们自己的文化、宗教和习俗、生活环境不同的人物和经历。报告显示大约一半的 9 ~ 17 岁的孩子和 6 ~ 17 岁的孩子的父母赞同"我们希望有更多包含多样性的书籍"，在认为儿童读物多样性的重要性的孩子和父母的百分比中孩子占比上升到 76%和父母占比上升到 69%。

2.3.2 在书中寻找榜样的力量

孩子和家长在童书中寻找角色，这些角色在孩子们的生活中发挥强大的作用。孩子们最想要的三种角色分别是那些可以成为榜样的人，面对挑战和克服困难的角色，以及"与我相似"的人。报告中显示 95%的父母同意书中的人物可以帮助培养他们重视的孩子的品质。数据表明整体上父母更加关注孩子的性格塑造，从书中角色获得更多益处的父母的百分比在上升。

2.3.3 阅读的榜样

为儿童创造一个丰富的识字环境需要使它们被书籍环绕，并且为他们树立阅读的榜样。报告显示经常阅读者比不常阅读者从家人、朋友、老师和学校图书馆员那里获得更多阅读鼓励。经常阅读者更常说他们生活中的每个人或大多数人都热爱阅读。经常阅读者的父母也是那些重视阅读经常阅读的人。经常阅读者的家庭平均拥有 139 本童书，相比之下不常阅读者家庭藏书只有 74 本。这个报告提醒我们注意父母和其他家庭成员、老师、图书馆员是促进儿童阅读的最重要的力量。

2.3.4 图书馆为家庭阅读领航

孩子们认为学校和公共图书馆是他们阅读的大部分书籍的主要来源。50%的孩子从公共图书馆获得书籍，因此 95%家长认为每一个社区都需要拥有公共图书馆。另外，学校图书馆至关重要，因为跨越所有年龄段的数据表明，拥有健全学校图书馆的孩子更有可能成为经常阅读者。然而，只有 43%的学龄儿童可以使用学校图书馆，只有三分之一的人说学校图书馆有足够类型的书籍是他们想阅读的。可见有很多儿童找不到自己喜欢或想要的书籍。这个时候如果能有一位值得信赖的大人为儿童读者提供各种协助，分享阅读经验，那么孩子将可以克服一定的阅读障碍，并且更容易选择自己喜欢的书籍。如何让儿童增加阅读兴趣和怎样选择合适的童书是公共图书馆馆员面临的重要课题。公共图书馆的藏书比学校图书馆藏书丰富，公共图书馆在引导家庭阅读方面发挥着重要作用。

3 对我国图书馆家庭阅读推广的启发

3.1 经典书目的推荐

报告显示 10 个孩子中有 4 个孩子同意书中的某个虚构角色或者真实人物——这些人物的故事给孩子们的人生上了一课。一个 11 岁的女孩分享来自作家 R·J·帕拉西奥的《奇迹》里的故事人物奥吉激励她“尽管人们取笑他的长相，他仍然找到了度过每一天的方式,这个人物故事展示了你不必成为某些人认为你应该成为的人，或者做别人认为你应该做的事，你只需要成为你”。许多其他孩子引用了历史人物，其中一个 10 岁的小女孩引用了马丁·路德·金博士的话：“他教我知道你可以为你的肤色感到自豪，你可以完成任何事不论你是谁。”报告显示父母最看重的品质有责任感、自信、诚实、尊重和善良。95%的父母同意书中的角色可以帮助他们的孩子培养这些积极的素质。

无疑，经典著作中的角色的榜样力量是强大的，这些榜样口口相传。这些经典优秀作品如国内的《皮皮鲁传》《鲁西西传》《男生贾里全传》《女生贾梅全传》等，国外的如领衔的《哈利·波特》系列。现如今网络发达，粗制滥造的低俗网文盛行。著名儿童文学作家金波说："培养孩子们喜欢读书的好习惯，这是人生非常重要的第一课。我们需要用好图书去培养好读者，劣质的低俗的书只会让孩子们滑进低级的趣味当中。一个人如果在童年的时代，没有培养出自己的高雅的纯正的审美趣味，他们将会失去一双审美的眼睛，失去一颗向善的心灵，也失去一些求真的理想。"金波强调，用好图书去培养好读者，是创造良好的文化环境的基础，作家、编辑和出版机构一定要加强责任感，不能草率，更不能贻害我们的小读者，因为他们的身心健康是关系到我们国家未来的大事。我们在编制经典书目推荐的时候，应该立足儿童的趣味同时也照顾到他们心理发展阶段，推荐的书籍要涵盖多元性，科普类的和文学类的兼有。

3.2 增进亲子关系的家庭阅读理念建设

由于国内儿童阅读推广起步较晚，亲子家庭阅读不像美国那么得到社会广泛的支持。我们公共图书馆应该通过各种类型、各种层次、各种规模的亲子阅读宣讲，呼吁全民阅读应该从亲子阅读抓起，呼吁政府提供更多的政策支持和公共服务来促进儿童阅读的发展。比如，举办各类讲座和论坛，传播科学的儿童阅读的理念、实践方法、推荐经典的优秀的儿童读物，教会更多家长解决儿童阅读的障碍，在日常生活中引导儿童热爱阅读。

3.3 儿童图书馆员的自我建设

"我的孩子 8 岁了，他应该读点什么书？""我应该为我的孩子选择哪些书作为合适的读物？"……这些可能是每个儿童图书馆员都会遇到的永恒的问题。作为一个图书馆员，要做好儿童阅读推广就必须要能策划、推出各种活动，又能解答家长和孩子们提出的各种问题。所以，一个合格的儿童图书馆馆员应该注意不断自我提高和学习。儿童图书馆员要多关注相关领域动态，比如优秀的儿童阅读指导书籍、著名的儿童阅读科研项目。要了解经典童书知道它的价值和适合的年龄；要熟悉馆藏，以便适当地推荐。多和辖区内学校、出版发行、文化科研等方面的专家建立联系。图书馆馆员应当具有一定儿童心理学、儿童文学知识背景。

3.4 图书馆与社区、家庭、学校及其他机构建立多方联动机制

在家庭、学校和图书馆之间建立合作，进行亲子阅读推广活动离不开家庭、学

校和图书馆的有机结合。另外图书馆也可以和社会上其他公益机构合作进行儿童阅读推广。例如 1995 年，由保德信基金会（Prudential Foundation）资助，儿童图书馆服务学会（Association for Library Service to Children）管理的“为阅读而生：如何培养爱学习的宝宝计划”(Born to Read: How to Nurture a Baby’s Love for Learning Porject)，最早在北卡罗来纳州 H.莱斯利佩里纪念图书馆、宾夕法尼亚州匹兹堡市卡内基图书馆及犹他州普洛佛市立图书馆共同展开，后来逐步扩展到美国各州。这是基金会、图书馆、医疗照护机构携手合作的项目，目的是为读写能力较差的父母、未成年人的父母提供儿童读写能力相关知识与有关资料，以提升儿童读写能力，减少可能出现的文盲数量，使父母认识和了解家长在儿童早期阅读与读写能力发展进程中所扮演的重要角色和关键作用，做好孩子的第一任老师。图书馆通过任何方式和途径丰富亲子阅读推广内容，采取各种阅读形式，与多方机构联动合作，有效发挥图书馆作为推手的优势。图书馆应重视与家庭的互动，让家长参与孩子阅读活动，成为亲子阅读的纽带。

3.5　开展充满乐趣的亲子阅读推广活动，指导少儿阅读方向

网络信息技术的快速发展，提供了一种新的阅读方式，但少儿是个特殊的阅读人群，网络上纷繁混乱的信息容易对少儿阅读产生一些负面影响，因此图书馆大力开展少儿阅读推广、指导少儿阅读方向，对于社会、对于家庭、对于孩子来说，意义重大、责任重大。而一个儿童的阅读状况，除了伴随年龄增长具有一定共性外，受孩子的家庭经济状况、父母受教育程度、居住的社区状况、孩子的学校、孩子自身的兴趣等综合因素影响，而呈现个体化差异。因此，图书馆的儿童家庭阅读推广活动，一定要具备广泛性、多样性、趣味性，努力让不同活动涵盖不同年龄不同阅读状况的儿童。常见的活动如带孩子参观图书馆，帮助儿童认识图书馆，了解继而喜欢图书馆，由此养成利用图书馆的习惯，热爱阅读。其次，定期举办绘本故事会，说故事的人可以大声朗读绘本故事文字,也可以做一些发挥将故事说得更具吸引力，读完故事后可以做一些延伸活动如绘画手工、戏剧表演等，这些都会打开儿童阅读兴趣的大门。另外还可以开展针对成人包括老师家长志愿者的亲子阅读分享会和沙龙及讲座活动。还要创新引入社会资源，丰富服务内容，打造品牌活动。比如成都图书馆为儿童量身定做的“阳光客堂”就是邀请联系与图书馆价值观一致的社会教培机构、专家、学者等社会各界热心人士共同开办的品牌活动。“阳光课堂”内容丰富，形式灵活多样：有培养英语兴趣的“快乐学英语”；有弘扬传统文化精髓的“经典阅读”；有领略音乐与绘画魅力的“音画美育”；有增进家长孩子情感的“亲子阅读”；有培养科学知识“科普课堂”。

正如学乐公司首席执行官理查德·罗宾逊所说："通过任何形式使孩子们和他们喜爱的故事联系起来，从小说到非小说，有章节的图书到图画小说，实体书到电子书——近 100 年来一直是学乐的使命。从我早期当老师开始，让学生多阅读，通过阅读理解世界，一直是我个人的使命。"作为公共图书馆，更应该积极行动起来，将创新儿童家庭阅读推广模式作为使命，为家庭提供专业指导，儿童阅读的前景将迎来绚烂华章。

参考文献

[1] Scholastic. Kids & Family Reading Report. [EB/OL]https://www.scholastic.com/readingreport/home.html, 2020-11-12.

[2] 金波.金波谈少儿出版界乱象：爱护这片净土 孩子不是"摇钱树"[EB/OL]. http://culture.people.com.cn/n/2013/0917/c87423-22942154.html, 2021-01-11.

[3] 李慧敏. 婴幼儿童（0—6 岁）阅读推广案例特色研究：以英国、美国、德国为例[J].图书馆工作与研究，2011（8）.

PART FIVE

公共图书馆数字化建设

发展公共数字文化，依托文献资源创建特色阅读空间，促进文旅融合

——以彭州市图书馆为例

张丽

（彭州市图书馆，四川成都，611930）

【摘　要】 彭州市图书馆积极开展和利用数字文化建设和文献资源服务，把共享工程作为推进文化创新、完善公共文化服务体系的重要抓手，大力加强数字设备投入和文献资源服务内容建设，充分利用数字资源，坚持开展类型多元化的阅读活动“彭州读”周末系列活动，依托文献资源与服务优势创建特色服务品牌，促进文旅融合，把全民阅读融入文化活动和旅游产业当中去，扩展图书馆阅读服务的作用和范围，实现文旅融合全民阅读全覆盖。

【关键词】 公共数字文化；彭州市图书馆；文旅融合；特色阅读空间

公共数字文化建设是公共文化服务体系建设的重要组成部分，怎样在文旅融合的新形势下，充分利用信息技术和图书馆文献资源来拓展公共文化的服务能力和传播范围，从而全域推进图书馆全民阅读，更好地满足人民群众不断增长的精神文化需求，是我们面临的一个新课题。本文结合彭州市图书馆的工作实际情况，以彭州市图书馆发展公共数字文化建设创建特色服务品牌依托文献资源促进文旅融合为例，为大家提供参考与借鉴。

1　完善文化信息资源共享工程体系，加大数字文化建设

彭州市图书馆建成了完善的县域文化信息资源共享体系，建成县级支中心 1 个、镇服务点 13 个、村级基层服务点 202 个。支中心面向读者提供电脑 48 台，各镇服务点配备电脑 20 台，各村服务点配备电脑 2 台，示范村配备 5 台，并直接提供共享工程相关图书、光盘等，在全市形成了功能齐全、设施完善的文化服务网络，实现了各基层服务点能够快速访问支中心的数字资源。

图书馆还积极整合信息资源，主动下沉服务，加强业务辅导。充分利用全国文化信息共享工程的网络资源，针对各镇、村基层服务点的需求，认真搜集选取合适的资源下载到本地服务器，并进行推广。此外，重视基层服务点的人员队伍建设，建立了完善的管理制度，每年制定基层服务点的管理、提升、指导方案，派专人开展业务辅导，对存在的问题进行及时指导和培训，确保了“共享工程”资源能够延伸到全市各乡镇、村、社区，让更多的人享受到共享工程带来的实惠，满足了广大人民群众精神和文化需求。

1.1 加大数字文化硬件设施投入

图书馆建成的数字文化体验区，利用现代高新技术手段，为彭州人民提供了区别于传统文化阵地的综合信息服务，使市民在图书馆享受到现代、舒适、快乐健康的图书阅读模式。接待读者约每年 4 万人次。图书馆还陆续引进 24 小时图书自助借还机、电子图书借阅机、智能朗读亭、数字书法机等先进的数字化设备。在行政中心大厅配送了一台电子图书借阅机，在市民云集的行政中心广场设置了一台户外电子图书借阅机，在白鹿法国风情旅游小镇也设置了一台户外电子图书借阅机，满足了不同层次人民群众的阅读需求。

1.2 开拓新媒体阅读

图书馆积极探索“互联网+”服务新模式，包含三位一体化公共图书馆综合管控及服务平台、RFID 智能图书馆、手机图书馆、数字图书馆等服务项目。运用先进的技术和设施设备，开拓新媒体阅读，使读者通过数字图书馆、移动图书馆等进行阅读体验，目前数字图书馆资源达到 50TB，接待读者每年 8 万人次。移动图书馆主要包括“移动图书馆”手机 App 和微信公众号平台，点击量和阅读量每年 9 万人次。图书馆全面实现了由传统模式向数字领域的转变。

1.3 依托数字文化资源，开展线上阅读活动

受新冠肺炎疫情影响，线下阅读活动一度受限暂停开展，为适应新形势下的新要求，彭州市图书馆充分利用数字文化资源，开展线上阅读活动。利用数字文化资源，开展线上阅读活动。自 2020 年以来累计开展线上阅读活动 260 期，其中线上湔江讲坛视频讲座 120 期，线上听书资源推介 98 期，线上展览 16 期，线上征文活动 10 期，其他线上阅读活动 14 期，参与读者达 5 万多人次。

1.3.1 “春节宅家中共享阅读乐”线上阅读系列活动

2020年春节疫情发生以来，彭州市图书馆及时反应，在短短3个小时内制定了“春节宅家中共享阅读乐”线上活动的初步方案，并于1月27日正式推出。活动分为“彭图线上阅读排行榜”“‘加油，武汉!’——彭图线上征文活动”“书香家庭诗歌朗诵赛”“彭图线上资源点赞有礼”四个子活动，在线上即可完成活动的参与及奖金领取，吸引1万多人次读者参与，解决了市民旺盛的精神文化需求。该活动是疫情发生后四川省图书馆界首个线上活动，得到各级领导、图书馆界同仁和读者的好评，引发了热烈反响，吸引了人民网、四川日报、四川新闻网进行报道。

1.3.2 线上“湔江讲坛”

彭州市图书馆积极利用名师讲坛线上讲座的海量电子资源，精选其中的优质讲座通过图书馆微信公众号进行推送，形成线上“湔江讲坛”，每周开展不低于2次，全年约开展120次。主题包括党史教育、三国文化、亲子育儿、经典名著、历史人文等，给市民带来更多精彩更多选择更多享受，足不出户随时随地自由免费观看学习。

1.3.3 线上“听书推介”音频

2020年，彭州市图书馆积极利用“博看有声”的数字资源，定期通过图书馆微信公众号推送有声读物，读者识别二维码即可随时随地听取图书音频资源。主题包括励志故事、生活哲理、情感家庭、生活娱乐，如《毛泽东周恩来与长征》《董存瑞》《祖国颂》《科技想要什么》等有声读物。

1.3.4 线上有奖征集活动

除了刚刚提到的在2020年春节开展的“加油，武汉!”征文活动之外，彭州市图书馆还分别在4.23世界读书日活动期间和国庆期间开展了“爱家·爱阅读”绘画作品线上有奖征集活动、“‘光影里的中秋国庆’——图片有奖征集”和“‘祖国，我为你歌唱’亲子红歌有奖征集”“‘我们的节日·万人赏月诵中秋——彭图线上诗歌朗诵征集活动’”4个征集活动。活动深受读者喜爱，参与人次达1 000多人次，优秀作品通过图书馆微信公众号进行线上展览。

1.3.5 其他线上阅读活动

此外，彭州市图书馆增加了少儿绘本和读联体服务平台两大数字资源供读者线上阅读，还开展“得知识闹元宵”“线上诗词分享会”“知识闯关云祭奠线上清明寄哀思”“‘中秋遇上国庆’双节朗读”“‘阅读一本名著——结识一位大师’线上打卡活动”“彭州市图书馆端午民俗文化展览”“‘23 天倾情陪伴’线上诗词分享会打卡活动”等形式多样、内容丰富的线上阅读活动，既减少了大家到馆聚集的风险，又让活动空间更加自由，活动形式更加灵活，活动内容更加丰富。

在数字文化建设的助力下，彭州市图书馆组织开展的这些全民阅读活动真正做到了零门槛、全公益，使全市人民群众能够在家门口享受文化和阅读带来的进步和乐趣，在全市营造了浓厚的书香氛围，增强了彭州市的文化软实力。

1.4 特色阅读品牌“彭州读”周末活动

2014 年，图书馆投入大量资金，对共享工程硬件设备进行了升级改造和更新换代，把“视听资源鉴赏室”打造成为共享工程资源的播放场所。每周末在“视听资源鉴赏室”开展“国学教育”活动和“精品视听资源鉴赏”活动，在数字文化体验区开展“互动乐园”活动，每年约开展 200 场，利用文化信息资源共享工程彭州支中心的资源播放影视节目和讲座，活动吸引了 6 万多人次收看共享工程的资源内容。

1.4.1 “国学教育”

活动通过播放共享工程相关视频资源、课堂互动、吟唱背诵等多种教育方法讲解《论语》《弟子规》《三字经》《声律启蒙》等国学经典著作，对少年儿童进行优秀传统文化教育，加强未成年人思想道德建设，提升未成年人的道德品格。活动吸引了成都、都江堰等地的小读者专程前来参加，产生了较大的社会影响。图书馆还专门编印了活动配套教材《彭州市图书馆国学启蒙读本》，免费发给前来听课的小读者。为保证“国学教育”活动的师资力量和持续开展，图书馆年轻的工作人员主动挑大梁，放弃周末休息时间来开展活动。图书馆人才引进的研究生负责这项工作，利用自己的中文专业知识来备课和教学，《汉字的演变》系列课程通过展现汉字从甲骨文、金文、小篆、楷书、繁体到简体的演变过程，以形象思维使小朋友们了解汉字文化，掌握汉字精髓，领略真正的汉字之美。通过活动，逐渐凝聚挖掘了一批热爱国学和教育的志愿者，还邀请专业的国学老师如流沙河先生的唯一弟子石地老师前来授课，与孩子们共同成长。“国学教育”活动的多位志愿者老师被彭州市宣传部聘为“彭州市全民阅读推广人”，这充分展现了各级领导对图书馆“国学教育”活动的肯定和支持。

1.4.2 “精品视听资源鉴赏”

活动在共享工程视听资源中选择有教育意义和观赏价值的电影进行播放，弘扬爱国主义精神，传递正能量。寒暑假及节假日期间增加活动次数，更好满足读者需求。今年是伟大的中国共产党建党一百周年，图书馆开展了“喜迎建党百年百部电影鉴赏”的系列活动，预计全年播放 100 部红色经典电影。这个活动家长可以带着孩子一起来，共享视听盛宴，增进情感共鸣。

1.4.3 “互动乐园”

活动以寓教于乐的形式，充分利用数字文化体验区的 IPAD、体感机、会展机、少儿一体机等各种设施设备，举办丰富多样的活动，提高共享工程资源的点击率，同时也增加了他们的知识储备。

1.4.4 “趣味英语”

利用多媒体工具，将英语单词融入实际生活中，并穿插亲子互动、小游戏等，让小朋友逐渐掌握简单的英语词汇。这个活动是最年轻的“95 后”馆员负责，该馆员曾经担任过英语老师，能充分发挥其特长优势。小朋友学习英语觉得很头疼、很枯燥，“趣味英语”活动一点也不，反而非常有意思，比如学习苹果、香蕉、葡萄这样水果的单词，我们会把这几种水果买来放在活动现场，小朋友们学会了，就马上拿给她吃，用这样的方式使她们对英语学习产生浓厚的兴趣。

1.4.5 “少儿绘本”

活动将阅读与绘画结合，通过老师讲解绘本小故事和现场绘画教学的方式，锻炼孩子们的思维和动手能力，同时邀请家长和孩子们共同完成绘画作品，极大地增进了亲子感情。绘本活动的老师四川师范大学美术系毕业的文化志愿者担当，现场为小朋友准备的有画架和水彩笔，在讲解绘本之后还会现场教小朋友们绘画。这就是“少儿绘本”活动的一个亮点，其他馆也做“少儿绘本”活动，但他们可能就只是给小朋友们讲解绘本，讲解完成后，根据绘本的人物形象或者某个场景，家长和小朋友们共同进行创作，形成绘画作品，有些小朋友们还会把活动中完成的作品带回去贴在家里墙上，这样就提升了小朋友们的学习兴趣。这个活动完了以后，还会给现场家长推荐 10 种馆藏的绘本，家长在活动结束后就可以带着小朋友去二楼的低幼阅览室借书，这也是推进全民阅读的一种方式。

周末活动确实获得了参与读者及家长的广泛好评和一致认可，使馆内先进的设施设备及共享工程资源能够真正为读者所用，发挥出最大价值。

2 依托文献资源促进文旅融合，打造特色阅读空间图书馆+

2.1 图书馆服务在文旅融合下创新

跳出“传统图书馆的圈子”，彭州市图书馆走进镇村、旅游景点、文化旅游产业点，并建了全市20个镇的文化旅游景点、特色产品、名小吃地图等文旅融合的创新。此外，图书馆创新服务方式，走进民宿与风土民俗相结合，走进景点与文创产品结合，走进社区送文艺演出与社区文化相结合，走进学校为学生们开展“不忘初心牢记使命”社会主义核心价值观讲座与校园文化教育相结合等不同形式的图书馆服务。延伸服务内容和手段，还为偏远山区的群众开展宣传普及知识的阅读活动，将图书馆阅读推广和文化旅游相结合，让文化提升旅游的品质，通过旅游使文化得以更加广泛地传播。

2.2 利用文献资源打造文旅融合特色阅读空间图书馆+

如何利用图书馆现有的文献资源进行阅读推广，与文化服务和旅游产业相结合促进文旅融合，把全民阅读融入文化活动和旅游产业当中去，扩展图书馆阅读服务的作用和范围，使图书馆的文献资源得到充分利用，实现文旅融合全民阅读全覆盖。打造文旅融合特色阅读空间图书馆+景区、民宿、咖啡店、餐饮店、文创空间等特色主题从而大力推广全民阅读提高文献资源的利用率，满足不同层次的群众文化需求。

为营造全民阅读的文化氛围，积极响应乡村振兴战略，结合文旅融合理念，彭州市图书馆充分利用馆藏文献资源优势，打造文旅融合图书馆+景区、民宿、咖啡店、餐饮店、文创空间等特色主题馆外阅读空间，为不同人群提供阅读服务。

近年来，彭州市依托龙门山湔江河谷生态旅游区的自然环境优势大力发展民宿旅游，建设国际山地旅游休闲度假目的地，力争形成“东有莫干山，西有龙门山”的民宿发展格局。如何把图书馆的文化服务和旅游产业相结合是文旅融合下图书馆服务方向。彭州市图书馆目前已在彭州市旅游地和民宿建立了有本地特色的阅读空间，为游客提供阅读服务。对于每一个定位不同、风格迥异的民宿和旅游地，图书馆通过定制式服务，根据客户的实际需求，或建立专门的书柜和阅读空间，或在景区、公共区域、客房内提供契合民宿、景区风格的主题图书。乘着彭州市旅游事业和民宿产业大发展的东风，彭州市图书馆在丹景山老站书吧、彭州好物文化咖啡吧、无所事事民宿、鱼凫湿地公园等地、龙门山柒村建立了特色阅读空间，它们被读者亲切地称为“山水之间的图书室”。2021 年，为响应成都市幸福美好生活十大工程的建设，彭州市图书馆在上书院、天彭书院、闲云来院、回龙沟云上索道咖啡厅、梨花读乡村图书馆、九尺美食文创园等文旅地标新设20个馆外阅读空间，流转图书、期刊共2万多册，为大家提供免费借阅服务。目前，有越来越多的游客选择在放松身心、欣赏美景的同时，在民宿和酒店的阅读空间里看书、写字和三五好友喝茶聊天、畅想未来，在旅游或出行途中，阅读正逐渐成为一种趋势。特色阅读空间的建设，有效地推进了行走阅读、休闲阅读、全民阅读的发展，让浓郁的书香和阅读推广充盈彭州的每一个角落。提升了彭州旅游的内涵品位、精神价值和人文含量，以书香彭州的建设推动大美彭州的建设，充分体现了文旅融合的大繁荣大发展，让更多的人享受在身边阅读的快乐，扩大公共文化服务的有效覆盖，满足基层群众文化需求。

表1　彭州市图书馆在全市建立
文旅融合特色阅读空间图书馆+景区、民宿、咖啡店、餐饮店、文创空间汇总表

序号	名称	所属镇（街道）	性质（景区景点、民宿、酒店、咖啡店、社区文化空间、文创空间）	流转图书册数
1	闲云来院	天彭镇	餐饮店+景区景点	1 000
2	天彭书院	白鹿镇	景区景点	500
3	上书院阅读空间	白鹿镇	景区景点	1 000
4	云上索道咖啡厅乡村阅读空间	龙门山镇	咖啡店+景区景点	500
5	九尺美食文创园乡村阅读空间	九尺镇	餐饮店+文创空间	1 000
6	梨花读乡村图书馆	葛仙山镇	景区景点	200
7	城南邻里人家阅读空间（清林社区）	清林社区	社区文创空间	1 500
8	禾文阿思文创园阅读空间	致和街道	印巴文化文创空间	1 000
9	鱼凫人家乡村阅读空间	通济镇	民宿酒店	1 000
10	丹景·务观阅读空间	丹景山镇	景区景点	1 000
11	釉白民宿（龙门山柒村白瓷艺术馆）	龙门山镇	民宿酒店	1 000
12	南津社区阅读空间	天彭街道	咖啡店+社区文化空间	1 000
13	龙门山民宿	龙门山镇	景区景点	1 000
14	彭州读迷你图书馆	博物馆	咖啡店+文创空间	500
15	无所事事民宿	磁峰镇	民宿酒店	500
16	乡村记忆馆（鱼凫湿地）	丹景山镇	景区景点	500

续表

序号	名称	所属镇（街道）	性质（景区景点、民宿、酒店、咖啡店、社区文化空间、文创空间）	流转图书册数
17	老站书吧	丹景山镇	餐饮店+景区景点	500
18	仙山云居乡村阅读空间	葛仙山镇	社区文创空间	500
19	茶语丹韵（奶茶店）	丹景山镇	奶茶店+景区景点	500
20	柒村书屋	磁峰镇	民宿+景区景点	500
21	宝山分馆	龙门山镇	景区景点	5 000
22	若溪乡情民宿农家乐	磁峰镇	民宿+景区景点	500
23	龙窑古陶文化休闲餐饮园	磁峰镇	餐饮店+文化空间	500
24	磨刀石餐饮民宿园	龙门山镇	民宿+餐饮店	500
25	皂角树乡村酒店	龙门山镇	民宿+景区景点	500
26	先锋猪圈咖啡店	天彭镇	咖啡店+文创空间	600
27	蚂蚁家森林自然教育基地	葛仙山镇	文化空间	600

3 结语

发展公共数字文化建设创建特色服务品牌依托文献资源促进文旅融合，是适应时代发展的必然要求和战略选择，新形势、新任务对图书馆公共数字文和特色品牌建设工作提出了更高要求，文献资源的充分利用有效地促进文旅融合的发展。特色阅读空间的建立满足了不同层群体的人们对文化和旅游需求，实现了多元化供给，惠及全民、体现公益原则的公共文化服务体系。在今后的工作中，彭州市图书馆将巩固已有成绩，继续扎实做好各项工作，利用现有设施设备，整合文化资源来实现共建共享，增强服务辐射能力，提高文化服务水平，依托数字文化建设，全域推进全民阅读，分满足人民群众的精神文化需求，为彭州市经济社会的发展提供资源保障和智力支持，为成都市数字文化建设和文旅融合工作做出积极贡献。

参考文献

[1] 国图启动首届海淀区研学旅游季系列活动[EB/OL]. http://culture. people. com.cn/n1/2018/0806/c1013-30211064.html, 2020-08-28.

[2] 刘淑华，鞠红耘，周明璇. 公共图书馆社会服务能力建设与实践——以赤峰市图书馆为例[J]. 图书情报工作，2019（1）.

[3] 李静霞，李真吾. 新时代图书馆专业性的追问与思考——以武汉地区公共图书馆的抗疫实践为例[J]. 中国图书馆学报，2020（3）.

[4] 乐懿婷，薄依斐，储灏. 服务设计在图书馆创新服务中的实践与思考——以上海图书馆“创. 新空间”项目为例[J]. 四川图书馆学报，2021（2）.

[5] 许迎霞，朱江，董小鹏. 文旅融合下公共图书馆研学旅行服务思考——以鞍山市图书馆研学基地活动为例[J]. 图书馆学与研究，2021（3）.

基于 SPSS 实证分析的图书馆"世界读书日"活动预告发布策略研究

罗玲

（成都图书馆，四川成都，600041）

【摘　要】 为了解图书馆对第 24 个"世界读书日"的关注程度，本文利用网络调查法，以 2019 年图书馆类微信公众号排行榜前 42 名图书馆为研究样本，通过调查图书馆微信公众号发布的关于第 24 个"世界读书日"活动预告的内容和形式，利用 SPSS 工具，分析预告发布时间、预告标题是否有类似"世界读书日"字样、预告中是否有活动详情、预告中是否有关于"世界读书日"的文案和图案、预告简明清晰程度如是否利用可视化图表呈现、预告是否有其他激励因素存在这六个方面对预告消息阅读数和"在看数"能否产生显著影响，检验其合理性和科学性，探讨这些预告消息是如何吸引读者关注、唤起读者兴趣的。最后从 4 个方面提出图书馆"世界读书日"活动预告发布策略的建议，为图书馆利用微信公众号平台发布预告消息宣传"世界读书日"阅读活动、提高活动参与量、促进全民阅读提供一定的借鉴和启发。

【关键词】 图书馆；世界读书日；活动预告；发布策略；实证分析

1995 年，联合国教育、科学及文化组织将 4 月 23 日确定为"世界读书日"。"世界读书日"设立的主要目的有两个方面，第一是因为书籍是保存知识最有效的方式；第二是建立一项众所周知的"读书日"活动可以更加有效地促进知识传播。2012 年，"开展全民阅读活动"在党的十八大报告中被提出。2014 年以来，"倡导全民阅读"连续 3 年被写入《政府工作报告》。2016 年 12 月，国家新闻出版广电总局印发《全民阅读"十三五"时期发展规划》，这是我国制定的首个国家级"全民阅读"规划，要求广泛开展各类全民阅读活动，加快构建全民阅读推广服务体系，将全民阅读提升到国家战略高度，这充分说明了国家对全民阅读的高度重视。读书可以打开一个人的心灵，改变一个人的生活方式，以及提高他们的精神境界，是人类获取知识、增长智慧的重要途径。图书馆的读书活动可以将不同的阅读爱好者聚集到一起，通过阅读交流的形式来增进感情、扩充知识，形成良好的阅读氛围。如今微信公众号的影响力也在日益剧增，阅读公众号的消息成为当代大学生每天的习惯。因此，图书馆要积极响应号召，围绕“世界读书日”这一特色主题日，借助微信公众号平台发布多种多样主题新颖、形式多样的活动消息，促进全民阅读，吸引读者更加自觉地利用图书馆。文章选定 2019 年 1 月 1 日到 4 月 23 日之间图书馆类微信公众号排行榜前 42 名图书馆在其微信公众号上发布的关于第 24 个“世界读书日”预告消息，利用 SPSS 工具对其预告消息的内容和形式进行实证分析，得出科学的预告消息发布策略，以期为图书馆宣传“世界读书日”，提高活动参与量提供参考借鉴。

1 现状分析和功能定位

全国各级部门都高度重视“世界读书日”，各行业机构都围绕“世界读书日”开展了一系列极具主题特色的活动。笔者以“世界读书日”为关键词在 CNKI 中检索出 556 条结果，部分学者从省级公共图书馆、高校图书馆“世界读书日”活动进行探析，调查图书馆阅读活动现状，为图书馆阅读工作提供指导建议。也有学者从“世界读书日”这一平台对图书馆营销宣传的作用进行研究，探究图书馆如何从这一特色活动中实现自我价值、扩大社会影响力。还有学者从“世界读书日”对我国的图书馆事业发展的影响、“世界读书日”的人文理念、“世界读书日”与阅读推广的联系等方面进行分析，总结了“世界读书日”系列活动的特色，如何以读书活动为载体来促进全民阅读。综上所述，大多数学者聚焦于图书馆开展的“世界读书日”活动，探究如何从活动主题、活动形式以及活动内容等方面来优化活动开展方式；利用“世界读书日”这一主题活动日进行阅读推广；还有探析“世界读书日”与图书馆事业的关系等方面。

本文从另一个视角对“世界读书日”的活动进行研究，利用网络调查法，以 2019 年图书馆类微信公众号排行榜前 42 名图书馆为研究对象。调查这 42 个图书馆于 2019 年 1 月 1 日至 2019 年 4 月 23 日之间在其微信公众号上发布的关于第 24 个“世界读书日”活动预告的内容和形式，利用 SPSS 工具，分析预告发布时间、预告标题是否有类似“世界读书日”字样、预告中是否有活动详情、预告中是否有关于“世界读书日”的文案和图案、预告简明清晰程度如是否利用可视化图表呈现、预告是否有其他激励因素存在这六个方面对预告消息阅读数和“在看数”能否产生显著影响，探究这些预告消息是如何吸引读者关注、唤起读者兴趣的。为图书馆利用微信公众号平台发布预告消息宣传“世界读书日”阅读活动、提高活动参与量提供一定的参考和借鉴。

2 调查对象和研究方法

2019 年 1 月 11 日，第十二届新闻出版业互联网发展大会发布了《2018 年阅读行业“两微一端”运营报告》(简称《报告》),《报告》中公布了《阅读行业微信 TOP20 榜单及六大榜单》,图书馆类微信公众号排行榜总共有 207 个图书馆上榜，包括公共图书馆和高校图书馆。根据《2018 年全国新闻出版业互联网发展报告》的微信分析，微信传播指数 WCI 矩阵呈金字塔分布，WCI 值在 0～400 的为中低端影响力账号，WCI 值在 400 以上的微信公众号传播影响力更佳，更能吸引读者关注，具有一定的参考价值。其中上榜的前 42 名图书馆 WCI 值在 400 以上，因此本文最终选取图书馆类微信公众号排行榜 WCI 值在 400 以上的前 42 名图书馆为调查对象。

本文采用网络调查法，首先，逐一浏览 42 所图书馆的微信公众号网页，查找其在 2019 年 1 月 1 日到 2019 年 4 月 23 日之间发布的关于第 24 个“世界读书日”的活动预告消息，统计预告发布时间、预告标题是否有类似“世界读书日”字样、预告中的活动形式、预告中是否有活动详情、预告中是否有关于“世界读书日”的文案和图案、预告简明清晰程度如是否利用可视化图表呈现、预告是否有其他激励因素存在、该条消息阅读量、该条消息“在看数”。然后，利用 SPSS 非参数检验方法，第一步是提出假设，对样本进行分组；第二步对样本进行单样本 Kolmogorov-Smirnov 检验，检验其是否满足正态分布；第三步，如果不满足正态分布，再对样本进行 Kruskal Wallis H 检验，通过结果分析假设是否成立，即渐近显著性<0.05，说明有显著性影响，否则没有显著性影响。最后，根据分析结果总结出几条关于图书馆如何利用微信公众号平台发布“世界读书日”活动预告来吸引读者关注、唤起读者兴趣，提高“世界读书日”活动参与量的建议。

3 调查结果分析

3.1 活动预告的内容和形式

笔者于 2019 年 4 月 1 日至 4 月 23 日，逐一进入这 42 所图书馆微信公众号查找关于第 24 个“世界读书日”的活动预告，有的图书馆微信公众号在 4 月 23 日当天才发布预告消息，还存在一些图书馆微信公众号未发布活动预告、以及发布的预告不全面等情况。统计结果如表 1 所示。

表 1　42 所图书馆活动预告的内容和形式

排名	WCI	图书馆	预告发布时间	预告标题	活动形式	预告中是否有活动详情	预告是否有关于"世界读书日"的文案和图案	预告简明清晰程度如是否利用可视化图表呈现	预告中是否有其他激励因素存在	该条消息阅读量	该条消息"在看数"
1	801	杂书馆	4.23	说实话，我害怕读书的人	展览	×	√	√	√	9273	106
2	741	厦门市图书馆	4.19	"同城共读，万卷共知"	线上阅读推广活动	√提供了试题范围、活动安排、竞答赛制以及推荐书目等信息	×	√	√	431	7
3	736	法律图书馆									
4	644	杭州图书馆	4.17	静心，在阅读的路上走得更远	现场沙龙活动	√有参与方式和注意事项等信息	√	×	×	388	2
5	642	广州图书馆	4.18	读书月系列活动	咨询、分享会、竞答、诵读、体验等	√有活动详情链接，包括活动描述、活动步骤、参与信息等	√	√	√	2739	9
6	629	深圳图书馆	4.16	世界读书日，深图邀你共赴阅读之约	11 项 130 余场活动，包括朗读、主题沙龙、创作大赛、图片展等	×	√	√	×	3194	20

续表

排名	WCI	图书馆	预告发布时间	预告标题	活动形式	预告中是否有活动详情	预告是否有关于“世界读书日”的文案和图案	预告简明清晰程度如是否利用可视化图表呈现	预告中是否有其他激励因素存在	该条消息阅读量	该条消息“在看数”
7	611	青岛市图书馆	4.12	不负春光,醉书香——第四届读书节活动	190余场公益文化活动,包括好书推荐、故事会、作品展、体验活动等	×	√	√	√	1482	13
8	600	我去图书馆									
9	595	长沙图书馆	4.19	读经典,学新知,链接美好生活	图片展、图书展、讲座等	×	√	×	×	464	4
10	589	上海图书馆	4.17	穿越世界读书日的13种方式,来上图悦读吧	阅读马拉松、朗诵会、讲座、微阅读行走等	×	√	√	×	8190	3
11	588	武汉大学图书馆	4.12	大手笔|壕气指数:满天星!	风采展示、挑战赛、知识竞赛等	√有活动详情的链接,包括参与对象、参与方式等信息	√	√	√	2505	7
12	584	国家图书馆	4.17	世界读书日,国图喊你来读书	线下游览、企鹅号读书日众包活动、体验活动等	√有活动详情链接,包括参与报名方式、参考内容等信息	√	√	√	1890	10

续表

排名	WCI	图书馆	预告发布时间	预告标题	活动形式	预告中是否有活动详情	预告是否有关于“世界读书日”的文案和图案	预告简明清晰程度如是否利用可视化图表呈现	预告中是否有其他激励因素存在	该条消息阅读量	该条消息“在看数”
13	574	浙江图书馆	4.19	世界读书日|天文探险+科幻狂欢	挑战赛、展览、摄影作品展、手工体验等	×	√	√	√	6327	20
14	570	合肥市图书馆	4.18	合小图喊你来参加活动	竞答、悦读会、DIY 等	×	×	√	×	352	5
15	555	长春市图书馆	4.22	读经典，学新知，链接美好生活|世界读书日全民阅读活动	10 大类 62 项活动，包括讲座、文化沙龙、展览、诵读会等	√有参与方式等信息	√	√	×	565	3
16	545	悠贝亲子图书馆	4.2	领读者阅读接力，闪亮世界读书日	3000 余场活动，包括故事会、马拉松、儿童绘本剧等	√有参与方式、推荐书目、怎样阅读等信息	√	√	√	2843	0
17	534	宁波市图书馆	3.30/4.16	世界读书日系列活动	阅读市集、竞答、讲座、VR 体验等	×	√	√	√	6297	15
18	511	四川省图书馆	4.17	悦读，中国|世界读书日系列活动	阅读竞答、作品展、朗诵、讲座等	×	√	√	√	2578	14

续表

排名	WCI	图书馆	预告发布时间	预告标题	活动形式	预告中是否有活动详情	预告是否有关于“世界读书日”的文案和图案	预告简明清晰程度如是否利用可视化图表呈现	预告中是否有其他激励因素存在	该条消息阅读量	该条消息“在看数”
19	501	华东师范大学图书馆	4.18	同城共读，万卷共知	试题竞答等活动	√有报名方式、活动安排、试题范围等信息	×	×	√	142	1
20	496	太原市图书馆	4.10/4.20	“4.23世界读书日活动”不负春光读书正好，人间四月乐享太图	打卡、竞赛、互动、见面会、体验活动等127场全民阅读文化活动	×	√	√	√	1657	10
21	487	佛山市图书馆	4.13	携四月书香，赴思想之约|2019年世界读书日系列活动	公益展览、邻里图书馆、阅读竞赛、讲座等	×	√	√	√	1099	3
22	486	四川大学图书馆									
23	486	中山大学图书馆	4.17	世界读书日东图系列活动	实物展览、分享会作品大赛、有奖答题活动等	×	√	√	√	1495	7
24	480	大象佛学图书馆									

续表

排名	WCI	图书馆	预告发布时间	预告标题	活动形式	预告中是否有活动详情	预告是否有关于"世界读书日"的文案和图案	预告简明清晰程度如是否利用可视化图表呈现	预告中是否有其他激励因素存在	该条消息阅读量	该条消息"在看数"
25	475	复旦大学图书馆	3.7	旦旦悦读|在2019年读书节等待一个爱读书的你	思政、驿站等研读活动	×	√	√	√	4307	17
26	473	天津大学图书馆	4.21	知学悦读	影像阅读活动、讲座分享会等活动	√有具体的播放方式、参与方式、图书推荐等信息	√	×	×	314	5
27	470	哈工大威海图书馆	4.23	读书、学习、成长	讲座、朗读大赛、捐书活动、摄影活动	√有具体的活动简介和安排	√	×	×	506	0
28	451	大连理工大学图书馆	4.11	世界读书日阅读书单系列活动	读书会等活动	√有具体的嘉宾介绍、读书内容等信息	√	√	√	2429	40
29	442	江阴市图书馆	4.17/4.21	书香4月	朗读会等	√有具体的参与步骤等信息	√	√	√	1137	26
30	441	山东大学图书馆									
31	438	东莞图书馆	4.4	读经典，学新知，链接美好生活世界读书日系列活动	图文展、阅读竞答、作品展分享会、讲座等	×	√	√	√	2032	9

续表

排名	WCI	图书馆	预告发布时间	预告标题	活动形式	预告中是否有活动详情	预告是否有关于“世界读书日”的文案和图案	预告简明清晰程度如是否利用可视化图表呈现	预告中是否有其他激励因素存在	该条消息阅读量	该条消息“在看数”
32	437	清华大学图书馆	4.9	2019年清华大学读书文化月活动	讲座、读书评议、读书打卡、师生问答	×	√	√	√	1585	9
33	436	湖南大学图书馆	1.2	你在2018年付出的，终会在2019年结出硕果	宣讲活动、创意大赛、捐赠活动等	×	√	√	√	1164	22
34	429	广东财经大学图书馆	4.12	4.23读书月系列活动火热来袭	捐赠活动、真人图书馆、征文比赛、展示活动等	×	√	√	√	828	9
35	427	西安图书馆	4.23	读经典，学新知，链接美好生活	读书答题活动、朗读大赛、图书漂流等20余项	×	√	√	×	310	8
36	424	唐山市图书馆	4.17	世界读书日活动安排	倡议活动、阅读推广活动、阅读竞答、分享会等	√有具体的活动介绍	√	√	√	755	7
37	421	江苏省少儿数字图书馆	4.10	4.23系列活动上线啦	知识竞答、摄影、绘画等活动	√有具体的参与方式评选方式等信息	√	×	×	209	2

续表

排名	WCI	图书馆	预告发布时间	预告标题	活动形式	预告中是否有活动详情	预告是否有关于“世界读书日”的文案和图案	预告简明清晰程度如是否利用可视化图表呈现	预告中是否有其他激励因素存在	该条消息阅读量	该条消息“在看数”
38	419	泰达图书馆档案馆	4.16	同城共读 万卷共知	深度阅读、扩展阅读、电影放映、书法讲座等活动	×	×	×	×	556	7
39	415	湖南师范大学图书馆									
40	410	济南图书馆	4.5	图书馆，让世界倾听	风采展示大赛、读书朗读比赛	√有具体的活动流程和活动介绍等信息	√	×	√	1051	7
41	406	海南省图书馆	4.18	4.23 世界读书日|同城共读，万卷共知	阅读竞答活动	√有具体的阅读书目、试题范围以及活动安排等	√	√	√	1316	14
42	404	重庆工商大学图书馆	4.17	书非“荐”不能读	好书推荐	√有具体的参与方式	√	×	×	379	6

注：“√”表示有，“×”表示无。

调查结果显示，42 所图书馆中有 6 所没有发布活动预告消息，所占比例较小。其余 36 所图书馆所发布的预告消息基本上都包含了预告发布时间、预告标题、活动主题、具体活动和活动形式、活动时间和地点，有 20 所图书馆的预告标题中有类似“世界读书日”字样的，只有 4 所图书馆的预告消息中没有关于“世界读书日”的文案或者图案，有 9 所图书馆预告消息清晰简明程度不明显。其中有 24 所图书馆的预告消息中有其他激励因素存在，如抽奖、送礼品、捐书、赠送杂志等，有 17 所图书馆涉及活动详细信息。这些预告内容对于读者了解活动的整体情况具有非常重要的意义。

3.2 预告发布时间分析

（1）预告发布时间是否对该条预告消息的阅读量和“在看数”产生显著影响？

（2）首先对 36 所图书馆预告发布时间这一因素进行分组，依次为 0=4 月份前、1=4.1-4.10、2=4.11-4.20、3=4.21-4.23。

（3）其次进行单样本 Kolmogorov-Smirnov 检验，检验其是否满足正态分布；通过计算，渐近显著性<0.05，不满足正态分布。

（4）然后进行 Kruskal Wallis H 检验，计算结果如表 2、表 3 所示。

检验结果阅读数和“在看数”渐近显著值>0.05，即预告发布时间对阅读数和“在看数”没有显著性影响。

表 2　等级

	预告发布时间	N	平均等级
该条消息阅读量	4 月份前	3	27.67
	4.1-4.10	6	19.50
	4.11-4.20	22	18.23
	4.21-4.23	5	13.00
	总计	36	
该条消息“在看数”	4 月份前	3	30.67
	4.1-4.10	6	14.83
	4.11-4.20	22	18.68
	4.21-4.23	5	14.80
	统计	36	

表 3　检定统计资料 a，b

	该条消息阅读量	该条消息“在看数”
卡方	3.702	5.389
df	3	3
渐近显著性	.295	.145
a. Kruskal Wallis 检定		
b. 变数分组：预告发布时间		

3.3 预告标题是否有类似“世界读书日”的字样分析

（1）预告标题中有无类似“世界读书日”字样是否对该条预告消息的阅读量和“在看数”产生显著影响？

（2）对 36 所图书馆预告标题这一因素进行分组，依次为 0=没有类似“世界读书日”字样、1=有类似“世界读书日”字样。

（3）然后进行单样本 Kolmogorov-Smirnov 检验，检验其是否满足正态分布；通过计算，渐近显著性<0.05，不满足正态分布。

（4）再进行 Kruskal Wallis H 检验，计算结果见表 4、表 5 所示。

检验结果阅读数渐近显著值<0.05，“在看数”>0.05，即预告标题中有无类似“世界读书日”字样对阅读数有显著性影响，对“在看数”没有显著性影响。

表 4 等级

	预告标题是否有类似“世界读书日”字样	N	平均等级
该条消息阅读量	没有类似“世界读书日”字样	16	13.06
	有类似“世界读书日”字样	20	22.85
	总计	36	
该条消息“在看数”	没有类似“世界读书日”字样	16	16.56
	有类似“世界读书日”字样	20	20.05
	总计	36	

表 5 检定统计资料 a，b

	该条消息阅读量	该条消息“在看数”
卡方	7.671	.981
df	1	1
渐近显著性	0.006	.322
a. Kruskal Wallis 检定		
b. 变数分组：预告标题是否有类似“世界读书日”字样		

3.4 预告中有无活动详情分析

（1）预告中有无活动详情是否对该条预告消息的阅读量和“在看数”产生显著影响？

（2）对 36 所图书馆发布的预告消息有无活动详情这一因素进行分组，依次为0=无活动详情、1=有活动详情。

（3）然后进行单样本 Kolmogorov-Smirnov 检验，检验其是否满足正态分布；通过计算，渐近显著性<0.05，不满足正态分布。

（4）再进行 Kruskal Wallis H 检验，计算结果如下表 6、表 7 所示。

检验结果阅读数、“在看数”渐近显著值<0.05，即预告中有无活动详情对阅读数和“在看数”有显著性影响。

表 6　等级

	预告中是否有活动详情	N	平均等级
该条消息阅读量	无活动详情	19	21.89
	有活动详情	17	14.71
	总计	36	
该条消息“在看数”	无活动详情	19	21.95
	有活动详情	17	14.65
	总计	36	

表 7　检定统计资料 a，b

	该条消息阅读量	该条消息“在看数”
卡方	4.177	4.339
df	1	1
渐近显著性	.041	.037
a. Kruskal Wallis 检定		
b. 变数分组：预告中是否有活动详情		

3.5　预告中是否有关于“世界读书日”的文案和图案分析

（1）预告中有无关于“世界读书日”的文案和图案是否对该条预告消息的阅读量和“在看数”产生显著影响？

（2）对 36 所图书馆发布的预告消息有无关于“世界读书日”的文案和图案这一因素进行分组，依次为 0=无关于“世界读书日”的文案和图案、1=有关于“世界读书日”的文案和图案，统计标准为：预告中是否有文案和图案对“世界读书日”的由来、简介等进行介绍和描述。

（3）然后进行单样本 Kolmogorov-Smirnov 检验，检验其是否满足正态分布；通过计算，渐近显著性<0.05，不满足正态分布。

（4）再进行 Kruskal Wallis H 检验，计算结果见表 8、表 9 所示。

检验结果阅读数、渐近显著值<0.05，“在看数”>0.05，即预告中有无关于“世界读书日”的文案和图案对阅读数有显著性影响，对“在看数”没有显著影响。

表 8　等级

	预告是否有关于“世界读书日”的文案和图案	N	平均等级
该条消息阅读量	无关于“世界读书日”的文案和图案	4	6.25
	有关于“世界读书日”的文案和图案	32	20.03
	总计	36	
该条消息“在看数”	无关于“世界读书日”的文案和图案	4	11.13
	有关于“世界读书日”的文案和图案	32	19.42
	总计	36	

表 9　检定统计资料 a，b

	该条消息阅读量	该条消息“在看数”
卡方	6.084	2.221
df	1	1
渐近显著性	.014	.136
a. Kruskal Wallis 检定		
b. 变数分组：预告是否有关于“世界读书日”的文案和图案		

3.6　预告简明清晰程度分析

（1）预告简明清晰程度如有没有利用可视化图表呈现是否对该条预告消息的阅读量和“在看数”产生显著影响？

（2）对 36 所图书馆发布的预告消息简明清晰程度这一因素进行分组，依次为0=否、1=是。统计标准为：预告消息有没有利用可视化图表呈现出活动场次等信息。

（3）然后进行单样本 Kolmogorov-Smirnov 检验，检验其是否满足正态分布；通过计算，渐近显著性<0.05，不满足正态分布。

（4）再进行 Kruskal Wallis H 检验，计算结果如表 10、表 11 所示。

检验结果阅读数、“在看数”渐近显著值<0.05，即预告消息的简明清晰程度如

有没有利用可视化图表呈现对阅读数和“在看数”有显著性影响。

表 10　等级

	预告简明清晰程度如是否利用可视化图表呈现	N	平均等级
该条消息阅读量	否	9	7.22
	是	27	22.26
	总计	36	
该条消息“在看数”	否	9	8.44
	是	27	21.85
	总计	36	

表 11　检定统计资料 a，b

	该条消息阅读量	该条消息“在看数”
卡方	13.750	11.009
df	1	1
渐近显著性	.000	0.001
a. Kruskal Wallis 检定		
b. 变数分组：预告简明清晰程度如是否利用可视化图表呈现		

3.7　预告中是否有其他激励因素存在分析

（1）预告中有无其他激励因素存在是否对该条预告消息的阅读量和“在看数”产生显著影响？

（2）对 36 所图书馆发布的预告消息中有无其他激励因素存在这一因素进行分组，依次为 0=无、1=有，统计标准为：是否有赠书、抽奖、赠送奖品等激励因素存在吸引读者关注。

（3）然后进行单样本 Kolmogorov-Smirnov 检验，检验其是否满足正态分布；通过计算，渐近显著性<0.05，不满足正态分布。

（4）再进行 Kruskal Wallis H 检验，计算结果如表 12、表 13 所示。

检验结果阅读数、“在看数”渐近显著值<0.05，即预告消息中有无其他激励因素对阅读数和“在看数”有显著性影响。

表 13　检定统计资料 a，b

	该条消息阅读量	该条消息“在看数”
卡方	8.524	9.085
df	1	1
渐近显著性	.004	.003
a. Kruskal Wallis 检定		
b. 变数分组：预告中是否有其他激励因素存在		

表 12 等级

	预告中是否有其他激励因素存在	N	平均等级
该条消息阅读量	无	12	11.25
	有	24	22.13
	总计	36	
该条消息“在看数”	无	12	11.04
	有	24	22.23
	总计	36	

4　图书馆关于“世界读书日”预告消息发布策略的建议

4.1　醒目新颖的标题是关键

预告标题醒目清晰，有“世界读书日、读书月、读书节”字样让人一目了然，让读者了解到该条消息是关于“世界读书日”活动的，抓住对“世界读书日”活动感兴趣的读者的眼球，提升阅读量。醒目的标题可以让读者抓住主要内容浏览，而不用在茫茫的文字大海中寻找这篇预告消息的主要内容。如今大多数阅读都是“快餐式”阅读，醒目新颖的标题可以夺人眼球。如广州图书馆、深圳图书馆、国家图书馆、宁波市图书馆、浙江图书馆、大连理工大学图书馆等直接以“世界读书日系列活动”为标题，简单清晰，大大提升了该条预告消息的阅读量。其次新颖有趣的标题也是图书馆发布预告消息时可以纳入考虑的因素，如新书馆发布预告的标题为“说实话，我害怕读书的人”，该条消息的阅读量达 9 273，点赞数达 106，成功吸引了广大读者关注。

4.2　突出全面的活动详情信息

预告消息中有明确的活动详情，如参与步骤、评选方式、活动安排、报名方式、试题范围等这些信息可以更大程度地吸引读者浏览，提升阅读量和“在看数”；

有 17 所图书馆包括了活动详情，介绍活动安排、活动具体的时间和地点、活动内容、活动参与方式等信息。告知读者这些活动详情，方便读者提前安排自己的时间，提前了解参与活动的方式，以免在参与活动期间出错、混淆活动流程。另外，预告消息的全面性也是活动详细程度的一部分，一条预告消息尽量包含“世界读书日”的所有活动，发布的预告条数太多，会让读者混淆活动信息，对活动没有整体的把握。如大连理工大学图书馆、天津大学图书馆，不同的活动发布了不同的预告，没有一个整体的概况，这会让读者难以寻找自己感兴趣的活动。

4.3　预告形式要新颖多样

预告形式可以从载入关于“世界读书日”的文案图案、利用可视化图表来突出预告的简明清晰程度以及预告中涉及其他激励因素这些方面进行提升。

有趣的文案和图案是吸引读者的一种方式，上海图书馆、武汉大学图书馆、泰达图书馆档案馆等都有“世界读书日”的来源、创意以及设立的目的等文案，再附上一些生动活泼的图片，更能让读者产生共鸣，提升消息阅读量。

预告简明清晰程度是提升预告消息阅读量和“在看数”的一个点，预告的活动场次有层次，很多图书馆都利用表格、流程图等可视化工具将“世界读书日”系列活动呈现出来，包括活动主题、活动形式、活动时间和地点等信息，简单清晰。

预告中有其他激励因素也是提升阅读量和“在看数”一个关键的点，有 24 所图书馆提供抽奖活动、赠书活动、电子资源免费送以及罗列参与奖品等，如青岛市图书馆、武汉大学图书馆、宁波市图书馆等在预告中附加抽奖、赠书、提供推荐阅读书目、赠送展览、免除借书逾期费等消息，这些信息可以增加读者的积极性，提高读者参与度，充分利用图书馆。

4.4　预告内容要丰富

预告内容的丰富性可以从活动主题、活动创新性以及活动形式方面进行提升。

经调查，图书馆发布预告的消息中基本上都包括了活动主题、具体活动以及活动形式，活动时间和地点。主题鲜明的活动更能吸引读者参加，产生心灵上的共鸣，因此图书馆在发布活动预告时，要将符合当年社会热点的活动主题体现出来，并且图书馆还应该将当年创新性的活动突出显示，吸引更多读者参与，激发读者的求知欲。另外，将新颖多样的活动形式提前告知读者，如展览、咨询、分享会、竞答、诵读、体验、创作大赛、影视阅读、讲座、竞答活动、读书评议、好书推荐、主题沙龙等，以便于读者提前根据自己的阅读习惯，选择自己喜欢的活动形式进行参加，考虑活动的选择与读者的适应性，充分满足读者阅读需求。

5 结语

“倡导全民阅读，建设书香中国”，图书馆担任着艰巨而光荣的使命。图书馆是公民阅读和学习的重要场所，如今各大图书馆都开展了微信公众号平台，微信公众号作为图书馆阅读推广的一种重要方式，利用微信公众号这一平台来宣传阅读活动更能引起读者的阅读兴趣。“世界读书日”这一主题鲜明的活动日主要是推动更多的人去阅读，因此，图书馆应该更大程度地关注“世界读书日”，有效地利用微信公众号平台发布活动消息，吸引更多读者利用图书馆进行阅读，促进全民阅读，以形成良好的阅读氛围，扩大图书馆的影响力，彰显图书馆的价值和功能[12]。本文在一定程度上反映了 36 所图书馆发布“世界读书日”预告消息的内容和形式，利用 SPSS 对 36 个样本进行了全面的实证分析，提出几条关于图书馆如何发布吸引读者关注的预告消息的建议，为图书馆更好地开展“世界读书日”阅读活动、吸引更多读者参与提供参考借鉴。之后的研究会继续关注各大图书馆举行的“世界读书日”具体活动，对活动主题、活动形式、活动内容等方面做相关性分析。

参考文献

[1] 徐雁.“世界读书日”人文理念在阅读推广实践中的“中国化”[J].图书馆杂志，2016，35(03):1-3.

[2] 方飞燕.省级公共图书馆“世界读书日”活动探析[J].国家图书馆学刊，2015，24(03):36-42.

[3] 丘瑜. 基于“4·23 世界读书日”的图书馆阅读推广活动调查分析——以“211 工程”师范大学图书馆为例[J].图书馆学研究，2013(07):78-82.

[4] 陈茂国.高职高专图书馆读书活动探析——以“首届泰州高校‘4·23’世界读书日活动”为例[J].图书馆论坛，2010，30(01):142-144.

[5] 周长强，焦运立.从世界读书日谈图书馆的宣传营销策略[J].图书馆工作与研究，2010(12):69-71.

[6] 徐立纲.“世界读书日”宣传活动对我国图书馆事业发展的影响[J].新世纪图书馆，2014(08)：47-50.

[7] 张炜，徐卫. 阅读推广、文化使命与知识传播———以《全民阅读参考读本》迎接“2012 世界读书日”[J].图书馆杂志，2012，31(03):108-109.

[8] 陈冬玲. 基于 SPSS 实证分析的高校图书馆微信公众平台内容运营策略研究[J]. 图书馆杂志，2018，37(04)：51-57.

[9] 陈香珠，何宜强. 我国图书馆阅读推广实践调查与分析[J].现代情报，2013，33(11)：131-136.

数据库资源优化与“悦读”推广

何明翔

（成都图书馆，四川成都，610041）

【摘　要】 建设地方文献特色数据库，对于图书馆服务创新及优秀地方文献资源的整合具有重要的推动作用。本文从实际应用出发，对资源的开发利用、数据库优化建设、多种“悦读”推广方式三个方面进行了思考与探讨。

【关键词】 图书馆；资源优化；数据库建设；“悦读”推广

地方文献因其特有的文献来源广泛性和鲜明的地域内容特性，成为图书馆服务体系中不可缺少的组成部分。借助地方文献开展学科研究也是与日俱增，在研究本地经济、城市发展和人文方面，拥有极高的实用价值和保存价值。如何利用数字化、信息化手段更加全面地开展地方文献服务，更好地为本地区的社会发展、经济发展服务，值得我们进行重点研究与探索。

1　地方文献的特征

地方文献翔实地记录本地域的地方史料，具有地域性鲜明、年代性突出、多样化载体的特点。区域性特征针对性强，内容丰富多彩，除常见的正式出版物以外，也包括手册、手稿、资料快报、档案等非正式出版类，也就是俗称的民间文献或灰色文献。文献内容来源分散、涉及面较广，有着跨越时代、学科和行业的特征，具备一定的史料价值与学术价值。

2　关于资源数据库的优化建设

成都图书馆在传统资源建设的基础上更是重视数字化资源的开发利用。地方文献专题数据库主要设有：“锦绣成都”“老成都影像馆”“成都非物质文化遗产数字博物馆”等 9 个大栏目 22 个子栏目，文献资料 16 900 条以上。尽管取得了一些成绩，同时也带来了服务模式的思考：目前数据库无论是资源内容上还是专题特色上都还做得不够，还未达到预期发展目标。这就需要我们改变思路、拓展思路、创新思路，在原有资源的基础上进行丰富、革新。为此成都图书馆也做了许多新的尝试与努力：如召开数据库优化建设的专题研讨会，制定新数据库建设的实施方案，策划设计数据库资源的展示方式，研究数据库资源的来源途径等等。通过努力，希望能充分吸引读者的注意力，增加读者美誉度，有效地提高与读者之间的互动交流。

那么作为一个专题资源数据库，怎样才能充分展现地方特色资源？怎样才能建设好更翔实的地方特色资源数据库？怎样才能更好地掌握读者的需求并为其服好务呢？针对这些问题，我做了以下思考。

2.1　现有资源的开发利用

现有资源的开发利用是特色数据资源开发的重要环节，根据各专题栏目的定位，整理相关的信息资源，充分发挥自有资源的特色。这一环节做好了不仅能起到充实自己特色数据资源的作用，还能在与其他数据库的比较中脱颖而出，进一步提高自身知名度、认同度和关注度。

特别强调的是在已有资源上的二次开发利用。现有资源内容丰富，涉及面广，完全可以从各个不同的资源中根据专题需求对相关内容进行再度整理归纳，提炼出新的专题栏目，比如：我们准备在现有资源基础上提炼出像“成都往事”“每月看台”等有代表性、有地方特色的专题，以图文并茂的形式在原有基础上对资源内容加以完善、充实，从而让资源更专业、更精致。

2.2　专题数据库后续建设

地方文献数据库后期资源建设，除了在数据资源上进行不断丰富外，注重创新也是很重要的。如何加强对读者的吸引力，使读者更加认同我们，将成为我们后续建设的重点。服务内容可以从以下两方面进行拓展：

2.2.1　专题数据库的创新与补充

成都是一座有着悠久历史的城市，其中不乏丰富的地方史料、逸闻趣事、风俗民情。在对比现有资源的情况下，开发出一批新颖的、群众喜闻乐见的、有较强吸引力和特色的专题资源，对整个地方文献数据库的建设也是强有力的补充。如：我们正在开发中的“成都民俗故事”“古蜀文明”“天府览胜”等专题；集趣味性与知识性于一体，从各个方面对成都人文地理知识进行深入研究归纳，注重图文并茂的展示方式，加强了资源内容表达形式与可观赏性，加深了人民群众对成都本地文化的了解和认识。

2.2.2 服务面的拓展

专题数据库有了，资源也丰富了，还需要一个更直观、更简捷的互动平台，才能得到读者的认同与支持，才能更好展示地方特色文化信息。这方面图书馆也在不断探索与思考，如计划新增互动形式的本土知识问答方式，通过趣味性的互动内容，让知识在不知不觉中得到吸收，这种益教于乐的形式不仅能有效调动读者参与的积极性，还能增进知识普及度。第二，通过“来访留言”互动形式同读者取得信息沟通，形成实时有效地参考咨询与代查代阅服务，不仅能为读者提供线上信息查找，将服务内容按读者需求快捷送达，还可收集极具建设性的意见和建议。

3 数据库资源的“悦读”推广

“悦读”在潜移默化中影响着我们的生活品质和生命状态，“悦读”使我们的思想更丰富、境界更高远、情怀更动人；当内容更丰富、专题性更强、互动效果更好的数据库资源平台做好后，如何加以推广宣传？如何让广大读者朋友们及时、快速地查询到自己所需的资料？这就要求我们运用科学合理的推广方法，以提供更加便捷、行之有效的阅读服务。

3.1 关键字在推广中的应用

搜索引擎是目前常用的资源查找与信息识别手段。通过内容筛选进一步缩小资源检索范围，最终得到理想的数据结果，在资源大数据化的加持下，无论是信息检索量还是精准率都有着无与伦比的优势。这里要特别强调关键字的作用，精准的关键字能够让网络搜索机制更直接找到我们自己的专题数据库，在关键字这一环节可以到各大搜索引擎去参考近期的热门关键字再结合我们的实际情况来进行设定，但要注意关键字在于精，不在多。

3.2 信息发布推广

一直以来，新建数据库快速推广的有效方式往往离不开资源信息的发布。将数据库资源的推广信息发布于用户潜在访问量高的综合网站中，合理利用访问者在获取信息的同时达到数据库快速推广的预期目标。一般来说，专业学术资源库、短视频直播平台、综合类站点、各大论坛、微博公众号、行业信息平台等都是非常理想的信息发布渠道。除此以外，还可以通过主动与其他单位合作数据链接交换、资源共建共享等形式，将针对性、专业性强的自有特色信息形成线上线下一体化联动，以资源平台为载体向外扩展信息推送辐射范围，进一步提升宣传影响力和关注度。

3.3 利用免费的服务来合理引导

无论是搜索引擎关键字推广还是信息发布推广方式，都不如免费的资源服务更具有吸引力，其对于提高访问流量效果可谓立竿见影，也是目前资源信息推广较为常用的方式之一。虽说免费资源前期建设会消耗一定的精力和时间，但对访问流量的增长、知名度的提升效果非常明显。免费资源的定义也是极为广泛的，可以是纯粹无限制的资源，也可以是对基藏的资源根据需要解除权限，还可以是开放活动类的形式。需要注意的是，免费的内容最好能与自我的资源有关联性，如此被资源信息吸引而来的读者才可能是潜在目标用户群体，同时也要提供多类链接方式将访问免费资源用户的注意力引导至我们建立的各栏目资源内容。

3.4 与学校、单位建立联系

地方文献类数据资源特色鲜明，是本地文化知识良好的学习平台，具有极大的教育价值。我们可以与学校进行多方合作，成立数据资源库相互访问机制，积极开展文化宣传与教育普及活动，也可以在校园中发放宣传广告，宣传栏张贴海报等推广形式，这将是一个产生巨大效益的方式，学生接受新生事物快，群体大，很快会有链式反应。这也能带动我们数据库自身建设的发展，且效果明显。同时，企业和单位中潜在的用户量也不可小视，运用得当则其效果与学校用户不相上下，通俗点来说就是多联系、多收益。这就要求我们在有条件的情况下尽可能地与更多的单位相互合作，开展宣传活动和业务往来。

3.5 通过其他方法帮助推广

除了以上的宣传方法，还可以在页面中放上计数器，通过排行榜来吸引访客；也可以动员周围的亲朋好友一起来，利用大家的智慧和力量帮助我们进行宣传。在日常生活中，通过印制宣传手册、有奖答题、亲子活动、问卷调查等多种形式扩大受众面，或者在名片中放上我们数据资源的地址，在人际交往间可以通过名片来宣传站点，增强数据资源的亲切感和交互性，提升数据资源的知名度。

4 结语

综上所述，不管是数据库优化建设还是资源“悦读”推广，关键都在于图书馆的开发拓展；要抱定将资源平台建设为精品的愿望去做，不断充实数据库资源，资源平台内容的丰富是吸引更多访问者的基本条件。只有这样，才能将我们的数据库最终打造成有特色、有层次的精品数据库。希望以书为伴的美丽风景线辐射更多的读者，让阅读的快感愉悦身心，让知识的获益提升自我，让阅读成为我们的生活方式，大家都做幸福的读书人。

参考文献

[1] 程文娟. 试析图书馆地方文献的开发利用[J]. 现代情报，2004（05）.
[2] 谢秀明. 探索地方文献工作的新路[J]. 图书馆论坛，2005（4）.
[3] 李静. 网络环境下地方文献工作模式的探索[J]. 图书馆论坛，2001（2）.